LES CHERCHEURS D'OR

1ʳᵉ SÉRIE GRAND IN-8°.

JOHN SCHÉRER

LES
CHERCHEURS
D'OR

TRADUCTION DE RAOUL BOURDIER

NOUVELLE ÉDITION REVUE.

LIMOGES

EUGÈNE ARDANT ET Cie, ÉDITEURS.

LES
CHERCHEURS D'OR

I. — Départ et voyage.

Depuis mon retour d'Australie, vous m'avez tant et si souvent pressé de publier la relation des aventures qui me sont arrivées pendant que j'étais à la recherche de cet or qui m'assure désormais une existence indépendante et fortunée, que je me suis enfin décidé à tenter cette grande entreprise.

Vos encouragements m'aideront, je l'espère, dans l'accomplissement de cette tâche ; j'y serai d'ailleurs stimulé par l'intérêt qui ne saurait manquer de s'attacher aux récits consciencieux des choses extraordinaires que j'ai vues dans un pays curieux sous tant de rapports, que je m'estime heureux d'avoir habité, et plus heureux encore de l'avoir quitté pour toujours.

Ce fut en 1851, comme vous vous le rappelez peut-être, que je quittai l'Angleterre.

J'étais jeune, sans fortune, sans état, et paraissant même assez peu propre à affronter les périls de la vie des bois, et à endurer les rudes labeurs de la vie de mineur. Mais j'avais pour moi un grand courage.

Or, un beau jour, mon oncle, brave homme que Dieu bénisse, me prit à part, me mit cinquante livres dans la main, et me tint ce petit discours :

— Mon cher Myln, vous ne faites rien ici, vous engraissez trop, ce qui est malsain pour un jeune homme de votre âge. Vous êtes robuste ; allez travailler aux mines, vous y trouverez, j'en suis sûr, l'emploi de votre temps et de vos forces. Voici quelque argent pour vous y conduire. Faites-en bon usage et portez-vous bien. Adieu !

Sur ce, je partis sans plus de cérémonie.

Je n'eus pas de peine à trouver un navire à destination de Port-Philippe, où je voulais me rendre d'abord, ayant souvent entendu dire que cette partie de l'Australie était, sous le rapport du climat, bien préférable aux latitudes plus septentrionales. Me voilà donc passager à bord de *la Marie-Anne*, léger d'argent non moins que de souci, mais comptant bien revenir un jour réclamer mes droits de fils de la vieille mère Angleterre. En attendant, je lui fis mes adieux sans verser de larmes.

Ce ne fut pourtant pas sans pousser un profond soupir que je vis disparaître à l'horizon la ceinture crayeuse de ses rochers. Pourquoi ? Elle n'avais pas été pour moi une mère bien tendre ; mais qui pourrait quitter pour la première fois sans quelques regrets le pays où s'écoulèrent ses premières années, la terre à laquelle se rattachent tous les souvenirs de la famille ? D'ailleurs, malgré les radieuses espérances qui m'entraînaient vers le nouvel Eldorado, je ne pouvais au moment du départ me défendre d'un certain effroi, et ce n'était pas sans quelque émotion que j'envisageais ce périlleux voyage de six mille lieues.

Nous atteignîmes en peu de jours la baie de Biscaye. Le temps n'était pas favorable, de grosses rafales nous assaillaient à chaque instant ; aussi nous étions ballottés de la plus rude façon. La plupart des passagers étaient malades. Je souffrais moi-même si horriblement, que je demandais la terre ou la mort ; n'importe quelle situation me semblait préférable à celle dans laquelle je me trouvais, et de toutes les plaies qui affligent l'humanité, j'étais prêt à déclarer que la pire était sans contredit le mal de mer.

Au bout de quelques jours le beau temps reparut, le vent et la mer tombèrent à la fois, et l'affreuse torture cessa enfin pour moi et pour la plupart de mes compagnons de voyage. La gaieté revint avec la santé. La patrie disparue s'oubliait à chaque pas davantage, et nous commençâmes à envisager l'avenir sous des couleurs moins sombres.

Mais il n'entre pas dans mes intentions de m'appesantir sur les particularités d'une traversée longue et monotone, dont chacun peut se faire une juste idée sans se mettre en grands frais d'imagination. Il me suffira de dire que nous arrivâmes sans encombre.

II. — Arrivée. — Description de Melbourne. — La passion de l'or. — Premières indications sur les mines. — Anecdotes. — Etat de la société en Australie. — Prix courant des matières.

J'arrivai à Melbourne en plein midi, dans la plus belle saison de l'année. Je n'ai jamais été depuis aussi sensiblement touché des beautés de la nature que je le fus en ce moment. Ce sentiment si vif provenait-il de la satisfaction bien naturelle que j'éprouvais à revoir la terre après un aussi long séjour en mer, ou étais-je au contraire plus particulièrement frappé de la beauté réelle de la contrée que j'avais sous les yeux? C'est ce que je ne saurais dire; toujours est-il que je me souviendrai toute ma vie du plaisir que je ressentis en abordant cette terre promise.

Melbourne n'est pas une grande ville; elle n'a en superficie guère plus d'un mille carré. Sa population peut être évaluée à quinze ou vingt mille habitants. Elle est située à l'entrée de la baie de Port-Philippe, près de l'embouchure du Yarra-Yarra ; singulier nom, en vérité, et que j'ai toujours été tenté de prendre pour un aboiement de chien chaque fois que je l'ai entendu prononcer par un Irlandais, ou par un Ecossais du Nord.

Le débarquement des marchandises et des passagers ne put avoir lieu à Melbourne même, car la rivière, en cet endroit, n'est pas assez profonde pour permettre l'accès aux bâtiments de fort tonnage ; on descend en chaloupe à environ six milles au-dessous de la ville.

La situation de Melbourne est des plus charmantes qui se puissent imaginer. Cette ville, assise sur la rive droite du Yarra, occupe l'un des côtés de la vallée arrosée par le fleuve. La plupart des constructions y sont en briques ; ses rues larges et droites sont disposées parallèlement; on y trouve de beaux édifices publics, grand nombre de magasins qui, s'ils ne peuvent rivaliser avec ceux de nos villes de première classe, soutiennent cependant la comparaison avec les élégantes boutiques de nos villes de second ordre. Melbourne se glorifie de posséder quatre feuilles publiques, dont l'une est quotidienne. Elle envoie ses bateaux à vapeur dans toutes les directions, et reçoit chaque jour des paquebots qui lui arrivent régulièrement de toutes les parties du continent australien.

Rien ne saurait donner l'idée des passions tumultueuses que nous vîmes s'agiter à notre arrivée dans cette petite ville : c'était un spectacle des plus pittoresques, une réalisation des poétiques fictions des Scott et des Byron, les costumes à part pourtant, car nous n'avions devant nous ni cotte de

mailles de chevaliers, ni brillants atours de châtelaines ; mais seulement
une foule vêtue de larges surtouts de laine, de flanelle et de futaine ; c'était
une réunion complète des échantillons variés de toutes les races et de toutes
les nations du globe, depuis le Yankee et le sauvage Californien jusqu'à
l'Irlandais à la fois si simple et si lourd. Cette agglomération d'hommes se
pressait et se remuait dans tous les sens, chacun cherchant à se pourvoir
au plus vite des objets de première nécessité, pour courir en toute hâte
aux placers, dans la crainte d'y arriver trop tard. Je faisais comme tout le
monde ; car je n'étais, je l'avoue, ni moins pressé ni plus rassuré que les
autres, je tremblais qu'on ne m'enlevât ma part du précieux métal, et ce
n'était pas sans une certaine transe que je considérais la foule des nouveaux
arrivants que chaque heure jetait sur les quais de Melbourne.

On ne parlait autour de nous que de fortunes aussi rapides que merveilleuses. Un avenir doré s'ouvrait devant nous, et nous nous regardions
comme millionnaires, même avant d'avoir acheté la pioche qui devait nous
servir à extraire nos richesses des entrailles de cette terre bénie.

Je m'étais rencontré à bord avec deux jeunes gens qui, se voyant comme
moi sans position dans leur pays, s'étaient déterminés à aller tenter la
fortune en Australie. C'étaient deux garçons pleins de gaieté et de résolution, appartenant à cette classe moyenne de la société dont je faisais moi-
même partie. Ainsi attirés les uns vers les autres par ces rapports d'âge,
d'éducation et de fortune, nous nous étions bien vite liés d'une étroite
amitié, dont la conséquence avait été une bonne et loyale association. Tout
fut mis en commun, espoir, ressources, plaisirs, chagrins. Le but identique
que nous poursuivions et notre intérêt commun nous faisaient une loi de
la plus étroite union, et je puis dire avec orgueil que pendant tout le temps
que nous avons demeuré ensemble, il n'est jamais survenu entre nous la
moindre jalousie ni la plus légère discussion.

Nous demeurâmes deux nuits et un jour à Melbourne, moins encore
pour goûter les douceurs d'une bonne nourriture et d'un bon lit que pour
recueillir des renseignements sur la meilleure route à prendre. Nous entendîmes parler d'un grand nombre de localités favorables à la recherche
de l'or ; mais les indications qu'on nous donnait étaient si différentes et si
contradictoires, que c'était chose plus que difficile de se déterminer sur le
choix d'une bonne direction à suivre. Les uns voulaient les gisements de
Geelong et de Ballarat, tandis que d'autres préféraient ceux du mont
Alexandre. Enfin, après une longue hésitation, nous prîmes le chemin de
ces derniers placers, bien munis de tous les ustensiles nécessaires au nouveau genre de travail que nous allions entreprendre.

Ce que l'on rapportait des gisements de Ballarat était vraiment merveilleux; mais, d'autre part, nous avions appris que beaucoup de mineurs les avaient abandonnés pour aller au mont Alexandre, où le minerai était, il est vrai, bien moins abondant, mais en revanche d'une extraction beaucoup plus facile.

Du reste, tout ce que l'on racontait autour de nous était de nature à exciter la convoitise jusqu'à la frénésie.

Un homme avait, disait-on, retiré du sol, en une heure, quatre-vingts livres d'or. La récolte d'une certaine semaine au mont Alexandre s'était élevée au chiffre prodigieux de vingt-trois mille sept cent cinquante onces d'or. Dans le même espace de temps on n'avait recueilli dans les gisements de Ballarat que deux mille deux cent vingt-quatre onces. Cette différence considérable tenait à ce qu'un grand nombre de mineurs avaient quitté cette dernière localité pour la première, et que celle-ci se trouvait par suite exploitée dans de plus larges proportions.

De semblables récits n'avaient pas manqué de provoquer un déchaînement général des passions cupides. Le petit marchand avait déserté son comptoir, le marin son vaisseau, le typographe ses presses, le docteur ses malades, l'ouvrier son atelier; l'avocat avait jeté ses dossiers. Dans cette société étrange, chaque chose avait pris un caractère révolutionnaire. La soif de l'or qui tourmentait jour et nuit les imaginations avait changé toutes les habitudes de la vie humaine. Tout était sens dessus dessous. Quant à moi, jusqu'alors je n'avais que très-légèrement partagé ces entraînements, mais l'exemple est contagieux. La fièvre de l'or commençait à me gagner. Je me sentais en proie à d'étranges enivrements. J'avais hâte, en un mot, de fouiller le sol, et de découvrir un trésor que je pusse aussi appeler mien.

Cet état de chose exerçait une influence des plus funestes sur les intérêts généraux de la colonie. Les prix de main-d'œuvre étaient doublés, souvent même quadruplés. C'était dans la société un revirement complet, un tohu-bohu général; les différences sociales étaient effacées, les distinctions de classes n'existaient plus. On ne reconnaissait plus rien.

Parmi les faits innombrables qui témoignent des changements singuliers opérés dans les différentes classes du monde colonial, je me contenterai d'en citer quelques-uns que je prends au hasard.

Un riche propriétaire de troupeaux se rendit aux mines pour y trouver des pâtres, et leur proposer de tondre ses nombreux moutons. Il s'attend à de grandes exigences, mais le cas est pressant, et il est tout disposé à accorder les salaires qui lui seront demandés. Arrivé aux gisements, il trouve ceux qu'il vient chercher installés autour d'un bon feu. D'un ton protecteur, il leur explique le motif de sa venue. Les pâtres le considèrent un moment, se retirent à l'écart pour se consulter, et enfin députent l'un d'entre eux pour traiter avec lui.

— Eh bien ! lui dit cet homme, nous consentons à vous suivre, mais il nous faut des conditions arrêtées par écrit.

En même temps il lui présente des plumes, de l'encre et du papier.

— Quels gages voulez-vous ? demande le propriétaire.

— Nous ne sommes assurément pas trop exigeants, répond le pâtre, nous demandons seulement TOUTE LA LAINE ; nous ne consentirons à traiter à aucune autre condition.

Le propriétaire se retirait fort désappointé, lorsqu'il s'entendit rappeler. Il revint tout joyeux, pensant qu'il allait entendre des offres plus raisonnables. Les pâtres voulaient seulement lui dire qu'ils désiraient trouver un cuisinier, et que s'il consentait à remplir auprès d'eux cet office, il recevrait par jour quinze schellings.

Un autre fait du même genre est peut-être plus significatif encore. Un passager prend place avec aisance à la table d'hôte d'un paquebot et offre du vin au commensal placé à sa gauche, en lui disant : — Me reconnaissez-vous, Monsieur ? Il y a quelques jours j'avais l'honneur d'être votre domestique. Les choses sont aujourd'hui changées ; mais, puisque vous êtes au bout de la table, je vous servirai avec plaisir.

On peut s'imaginer ce que doit être une société dans laquelle ces brusques changements de fortune se représentent journellement. Tous les sentiments d'honneur, de dignité et de distinctions sociales s'y sont promptement effacés. La plèbe de tous les pays, la plus vile populace du monde semble s'y être donné rendez-vous de tous les coins du globe, et comme la richesse est devenue dans ce pays la seule base d'après laquelle on établit le mérite d'un homme, il s'ensuit qu'on n'est apprécié, classé et considéré que d'après le chiffre de sa fortune. On ne vous demande pas qui vous êtes et d'où vous venez, mais bien ce que vous possédez. Que votre père ait été pendu pour vol, ou qu'il ait été duc et pair d'Angleterre, peu importe, c'est ce dont on ne s'inquiète guère dans ce pays de l'or et des aventuriers.

Le travail manuel est en Australie le seul moyen de réussite et de prospérité. Si vous en êtes incapable, attendez-vous à la misère la plus complète. Que celui qui projette de s'y rendre y songe bien avant d'entreprendre le voyage ; s'il ne possède des ressources pécuniaires assez considérables pour faire travailler, ou s'il ne peut se mettre personnellement à l'œuvre, il tombera infailliblement au plus bas de l'échelle sociale. Il en est ainsi partout où les aptitudes physiques sont devenues les plus précieux moyens de la fortune.

Puisque je suis sur ce sujet, permettez-moi de terminer ce chapitre par quelques renseignements sur le prix actuel des salaires à Victoria. Les chiffres que je vais citer sont extraits d'une feuille publiée dans cette ville, sous la direction de M. Fitchett; leur exactitude ne peut être mise en doute.

Deux domestiques mariés, employés comme garçons et servant l'hôtellerie, gagnent, outre leur nourriture, de soixante à soixante-dix livres sterling (de 1,500 à 1,750 fr.) par année; un berger, quarante livres (1,000 fr.); un bouvier, cinquante livres (1,250 fr.); une servante de ferme, cinquante livres (1,250 fr.); un bûcheron, deux livres ou (50 fr.) par semaine; un cuisinier, le même prix; une servante ordinaire, quarante livres (1,000 fr.)

Tel était encore il y a un an le prix des salaires sur ce marché. D'après les rapports des émigrants revenus sur les derniers vaisseaux entrés dans nos ports, les prix auraient fléchi momentanément; mais d'après les prévisions générales, on s'attend à les voir dépasser les chiffres exorbitants que nous venons de citer.

Les prix courants des denrées s'élèvent et s'abaissent comme le mercure d'un baromètre, et l'on pourrait citer telles circonstances où des variations de plus de moitié ont été constatées du jour au lendemain.

III. — Mes compagnons. — Equipement. — Départ. — Une Irlandaise et son mari. — Coup d'œil général sur l'Australie. — Premier campement. — Climat. — Lever du soleil. — Les bois. — La route. — Les émigrants. — Le maître d'école. — Matelots déserteurs. — Seconde nuit dans les bois.

Mais il est temps de vous faire faire connaissance avec mes deux associés, Thomas Bink et John Brown. Ce sont deux grands et robustes gaillards, au cœur ferme et généreux, animés tous deux de ce courage calme et persévérant particulier à mes braves compatriotes. Ils joignent à ces avantages deux qualités non moins précieuses, un grand sang-froid et une prudence extraordinaire chez d'aussi jeunes hommes. Quant à ce qui me concerne, je n'en ai rien à dire, et je laisse à ceux qui voudront bien lire ce livre le soin de se former une opinion sur mon compte.

Je passe à notre équipement.

Les hamacs que nous avions emportés d'Angleterre pour notre traversée furent conservés pour notre expédition, pendant laquelle ils devaient nous rendre les plus grands services ; nos grosses bottes de mer furent aussi empaquetées avec soin : c'étaient des objets aussi indispensables que précieux, et qui ne valaient pas moins de 6 livres sterling (150 fr.) la paire.

Chacun de nous avait en outre dans son sac deux chemises de laine bleue, une demi-douzaine de caleçons de tricot, deux pantalons de gros drap bleu et deux autres pantalons de toile ; une jaquette, une veste de castorine, un chapeau noir à larges bords et une coiffure écossaise complétaient notre équipement de travail.

Il ne faut pas oublier non plus une chose non moins essentielle que tout ce que je viens d'indiquer, une paire de pistolets à six coups dit *revolvers*, que chacun de nous portait à sa ceinture en guise de porte-respect, et grâce auxquels nous avions constamment à notre disposition de puissants moyens de défense. Selon l'usage du pays de laisser croître sa barbe pour paraître aussi terrible et aussi laid que possible, nous avions laissé nos mentons abandonnés à eux-mêmes, par suite de quoi ils furent bientôt couverts d'une forêt inculte capable d'effrayer un ours de Russie, si quelqu'un de ces monstres hyperboréens avait eu l'audace de s'aventurer sur notre route dans ce radieux pays d'Australie.

La distance que nous avions à franchir pour arriver aux gisements était de soixante milles environ ; l'exiguïté de nos ressources ne nous permettant pas de louer un chariot, nous nous déterminâmes à faire la route à pied en marchant gaiement devant nos équipages, comme disent les troupiers, c'est-à-dire en portant notre bagage sur nos épaules. Le chemin que nous avions à suivre était battu par la foule des émigrants qui nous avaient devancés et par ceux qui revenaient des gisements ; aussi, quelque déserte que fût la contrée que nous avions à traverser, il n'y avait pas le moindre danger de s'égarer.

Ce fut le 10 janvier, à la pointe du jour, que nous nous mîmes en route. Outre les objets que j'ai déjà mentionnés, chacun de nous portait un léger matelas et une couverture à son usage personnel ; nous avions aussi un pic, une pioche, un chaudron et des provisions d'un usage commun, dont il fut convenu que nous nous chargerions à tour de rôle.

Nous prîmes au moment de notre départ une résolution dont nous eûmes beaucoup à nous féliciter par la suite, celle de nous abstenir strictement de toute liqueur forte ; l'eau, le thé, le café, furent constamment nos seules boissons. Nous eûmes même grand soin de ne boire de l'eau qu'en très-petite quantité pendant les mois de la plus grande chaleur : c'était précisément à cette époque de l'année que commença notre voyage, car l'ordre des saisons en Australie ne ressemble en rien à celui que nous sommes habitués à voir régner en Angleterre et dans le reste de l'Europe. En Australie, on est en plein été au mois de janvier, en plein hiver au mois de juillet ; le jour le plus court de l'année en Angleterre est précisément celui où le soleil demeure en Australie le plus longtemps au-dessus de l'horizon. Tout dans ce pays d'antipodes se passe au rebours de notre vieux monde ; les animaux eux-mêmes offrent des exemples nombreux de ce contraste frappant. Ainsi le cygne, dont le duvet blanc, fin et soyeux a l'honneur d'être pris en Europe pour l'emblème de la candeur et de la pureté, est en Australie, n'en déplaise à nos poètes, noir comme du charbon.

Tant de différences nous étonnèrent, et ce n'était pas sans une sorte de stupéfaction que, nous sachant au milieu du mois de janvier, auquel par une longue habitude nous attachions une idée de froid et d'humidité, nous nous trouvions au milieu d'une campagne verdoyante, et sous un ciel aussi pur et aussi chaud que celui de l'Espagne ou de l'Italie.

Après avoir marché quelque temps, nous rencontrâmes un premier groupe composé de trois hommes et d'un jeune garçon qui se rendaient aux gisements aurifères, et suivaient la même route que nous.

Deux de ces hommes nous dirent qu'ils avaient déjà tenté la fortune aux mines, mais sans succès positifs. Cependant, ils étaient tout pleins d'espoir, et cheminaient allègrement portant à dos leur cuve de lavage, leur crible, leur couverture et leur matelas.

Devant eux marchait un autre groupe qui se rendait au mont Alexandre. Ces derniers emmenaient un chariot attelé de bœufs. Deux de ces voyageurs étaient accompagnés de leurs femmes.

L'une de ces femmes surtout, grande et vigoureuse Irlandaise, habituée dès l'enfance à fouir les champs de pommes de terre, ne paraissait nullement s'effrayer d'être condamnée à creuser le sol aurifère. Loin de là, elle s'applaudissait tout haut de sa nouvelle condition.

— Creuser, disait-elle ; je n'ai jamais fait autre chose en Irlande ; mais je n'ai jamais trouvé en terre autre chose que de tristes os !

— C'est bien vrai, ajoutait Mike, son digne mari, robuste gaillard de la même trempe que sa femme, c'est bien vrai ; nous n'avons jamais semé de l'or que dans l'escarcelle du propriétaire ou de son fermier.

— Dis plutôt que la peste les étouffe ; ce qu'ils savent le mieux dans notre vieille Irlande, c'est de ruiner le corps et l'âme du pauvre monde.

Certes, l'Irlande est un bon pays, peuplé d'une race de braves paysans; mais les propriétaires et ces coquins de parlementaires mériteraient autant de malédictions qu'un homme pourrait en proférer en un jour. Quand il m'arrivait entre deux dimanches de mettre un morceau de viande sous ma dent, chose rare certes, ce n'était jamais qu'un peu de porc salé. Ah! ce n'est pas chez nous qu'un homme s'engraisse de viande.

— C'est encore vrai, répondait Mike, qui paraissait avoir l'heureuse habitude d'affirmer tout ce que sa femme disait, c'est encore vrai! ce sont précisément ces coquins de parlementaires qui ont ruiné mon pays. Depuis la mort du grand O'Connell, ils n'ont,pas proféré un mot de liberté, ni rien fait qui puisse améliorer le sort des Irlandais. Que Dieu bénisse notre Daniel! s'il vivait encore, je voudrais retourner en Irlande.

— Depuis combien de temps êtes-vous en ce pays? demanda Bink, l'un de mes compagnons.

— Il y aura bientôt cinq ans. Oui, cinq ans, vienne avril, dit la femme, que Mike et moi arrivâmes de Cork dans un grand vaisseau. A peine aurait-on trouvé un penny dans nos poches, et maintenant, Dieu soit béni! nous pouvons louer un chariot avec nos voisins, et nous rendre aux mines aussi commodément que qui que ce soit. Je dis et j'affirme, s'écria-t-elle sur le ton de l'inspiration, que voici un bon pays pour le peuple, un pays où devraient accourir les gens forts et courageux. Mais je n'engagerais pas, par exemple, vos belles dames des villes à en faire autant; elles seraient assez inutiles ici; les hommes n'en feraient pas grand cas; les femmes encore moins. C'est qu'il faut travailler ici, ou mourir de faim, car ici personne ne s'inquiète de vous. Mais quand une pauvre femme peut et veut travailler, il n'y a pas un pays qui vaille celui-ci, n'est-ce pas, Mike?

— Rien de plus vrai, répondit Mike; ce pays vaut mieux que l'Irlande elle-même. Les pommes de terre y sont moins bonnes, c'est vrai, mais le bœuf et le mouton remplacent les légumes avec avantage.

Les détails fournis par ces braves gens n'étaient pas pour nous sans un vif intérêt, mais comme nos Irlandais marchaient trop lentement à notre gré, nous les quittâmes pour prendre les devants.

A mesure que nous nous éloignions de la côte, nous étions de plus en plus frappés de la beauté des sites qui se déroulaient à nos yeux, et des inépuisables ressources que la contrée nous paraissait offrir. Involontairement je me rappelais la belle description du docteur Makenzie, dont chaque pas que nous faisions nous constatait l'exactitude.

Je ne puis résister au désir de citer quelques lignes de ce savant écrivain.

« Imaginez, dit-il, aux antipodes de l'Angleterre, et au milieu de
» l'Océan, une immense forêt entourée de tous côtés par d'énormes rochers
» à pic; des montagnes et des vallées sans nombre divisent et entrecoupent
» cette forêt. Tantôt ce sont des pins qui perdent leur front dans les nues,
» tantôt des plaines immenses arrosées par d'innombrables cours d'eau. De
» ces rivières les unes forment une longue suite d'étangs et de marais, les
» autres, après un cours de quelques centaines de milles sur de vertes
» prairies, disparaissent tout à coup sous des sables arides; d'autres enfin
» poursuivent majestueusement leur cours jusqu'à l'Océan. Çà et là, comme
» une oasis dans le désert, apparaît un terrain défriché, adossé à une
» chaumière de roseaux et d'écorce. Plus loin, une tribu de noirs indigènes,
» nus, armés en guerre et rôdant au milieu de l'inculte campagne. Cette
» forêt sans bornes est percée comme un arc anglais de longues avenues
» naturelles, mais elle n'est parcourue que par le kangourou et l'ému, qui
» semblent en jouir comme d'une possession héréditaire. Des chaînes de
» collines élevées couvertes jusqu'à leur sommet de la plus luxuriante ver-
» dure. Au sein de vastes marécages se pressent des légions de canards
» sauvages et de sarcelles qui offrent une proie facile et sûre au chasseur.
» Des troupes innombrables d'oiseaux du plus brillant plumage gazouillent
» sur chaque branche. Des fleurs de toutes couleurs et de toutes nuances
» émaillent les verts sentiers, l'air est embaumé, le ciel est pur, le soleil
» est radieux comme celui de Naples, et pourtant parfois un sauvage et
» terrible rugissement parti du sein des forêts trouble tout à coup le si-
» lence du désert, et rappelle au voyageur épouvanté qu'il foule les vierges
» solitudes d'un monde nouveau. » *Telle est l'Australie.*

En poursuivant notre route, nous ne rencontrâmes ni les émus ni les
kangourous du savant docteur, mais seulement une autre espèce de bipèdes
d'un genre bien plus formidable. C'était un couple de brigands à la figure
renfrognée, aux larges mâchoires et à l'œil féroce, affreux chenapans dont
la seul mine eût, à défaut d'autres preuves, justifié la condamnation en
cour d'assises. Ces deux industriels se tenaient adossés au tronc d'un arbre,
tout prêts à percer de leurs carabines à double canon la peau du premier
mineur heureux allant déposer à Melbourne l'or produit d'un pénible travail. Nous ne fîmes qu'entrevoir ces gentlemen, car vous jugez que nous
ne nous arrêtâmes pas à les inspecter des pieds à la tête. Ils nous regardèrent de leur côté avec un air féroce, mais en s'apercevant que nous étions

bien armés, ils nous laissèrent passer sans nous rien dire; il est probable aussi que nous voyant suivre la route qui conduisait aux mines, ils jugèrent que nous ne devions pas être chargés d'or, et qu'il n'y avait rien de bon à tirer d'une lutte avec nous.

Le nombre de ces coupe-jarrets s'accroît de jour en jour dans le pays, aussi les assassinats et les vols se multiplient-ils d'une manière effrayante. Il devient aujourd'hui extrêmement dangereux de voyager autrement qu'en troupe. Des bandes de brigands à cheval, masqués et armés jusqu'aux dents, battent les bois, infestent toutes les routes, arrêtent les voyageurs et jusqu'aux convois d'or de l'Etat, s'ils ne sont escortés par une force suffisante. Quelques jours avant notre passage, trois mineurs avaient été attaqués par quatre rôdeurs des bois; des coups de feu avaient été échangés, les mineurs avaient pris la fuite, mais deux seulement arrivèrent à Melbourne, le troisième ayant sans doute péri dans la bagarre. Vers la même époque, deux hommes revenant des gisements de Geelong avaient aussi été arrêtés par des brigands à cheval, qui, après leur avoir volé leur poudre d'or, leur argent et leurs armes, les avaient laissés sur la route attachés à des arbres.

Ces odieux attentats s'étaient accomplis en plein jour. A l'approche du soir, lorsque nous vîmes les ombres des arbres commencer à grandir autour de nous, nous nous mîmes en quête d'un lieu convenable pour y dresser notre tente. Le long séjour que nous venions de faire à bord d'un vaisseau nous avait engourdi les jambes, nous ne pouvions marcher ni vite ni longtemps. Ce fut donc à vingt-cinq milles seulement de notre point de départ que nous nous arrêtâmes le soir, le premier jour de notre voyage.

Le lieu que nous choisîmes était une charmante prairie ombragée d'arbres, mais assez ouverte cependant pour permettre à la vue de s'étendre au loin sur la campagne. Le sol autour de nous était recouvert d'une riche végétation, des bouquets d'arbres élevaient çà et là leurs tiges verdoyantes, des fleurs de toutes couleurs émaillaient le gazon, une légion d'oiseaux du plus merveilleux plumage sautillaient de branche en branche au-dessus de nos têtes; le frémissement de la brise dans les hautes cimes des arbres, le murmure d'un ruisseau courant sur un lit de galets, tout contribuait à embellir ce charmant paysage que le soleil couchant dorait de ses derniers rayons. Cette première soirée au milieu de la campagne déserte de l'Australie fut délicieuse. Pour ma part, quoique horriblement fatigué de ma première étape, je me sentis, à la vue de cette nature splendide, rempli d'une de ces admirations intimes et profondes que nulle parole humaine ne saurait exprimer. Dans mon enthousiasme, j'aurais volontiers brisé les liens qui m'attachaient à la société, dit au monde un adieu éternel, pour vivre au milieu de ces bois ; j'aurais abandonné la recherche de l'or, renoncé à toutes les ambitions, qui coûtent tant de fatigues, et cela sans un soupir, sans un regret.

Il fallait cependant songer à nous installer pour la nuit. Nous coupâmes quatre branches d'arbres de cinq à six pieds de long, nous les enfonçâmes profondément dans le sol, et après les avoir solidement liées ensemble par leurs extrémités supérieures, nous jetâmes dessus nos couvertures étendues dans le sens de la plus grande largeur. Nous eûmes bientôt ainsi une excellente tente. Après cette première opération, deux de nos matelas furent déroulés, le troisième étant réservé pour nous couvrir les pieds.

Nous avions le toit et le lit assurés pour la nuit ; restait le souper, dont il fallait s'occuper. Nous nous y mîmes sans plus tarder. Un grand feu fut allumé devant la tente, et le chaudron fut installé sur son trépied. Nous avions une ample provision de pain et d'excellents morceaux de mouton qu'il n'y avait plus qu'à faire cuire. Nous les mîmes devant le feu sur une rôtissoire en bois de notre invention qui répondait parfaitement à son but. C'était un appareil tout simplement formé de deux pièces de bois courtes et fourchues, enfoncées en terre à une petite distance l'une de l'autre, et réunies par une baguette transversale à laquelle nous suspendîmes notre viande. Nous plaçâmes au-dessous du rôti une large pierre lavée par les eaux vives du ruisseau ; sur cette pierre nous disposâmes les tranches de pain, qui grillèrent en recevant le jus de la viande, et nous offrirent bientôt un mets aussi savoureux que substantiel. Après un repas qui fut excellent et pendant lequel les convives luttèrent d'appétit et de gaieté, on jeta du bois dans le feu en quantité suffisante pour l'entretenir pendant le reste de la nuit, puis chacun de nous se glissa sous la tente, où il ne tarda pas à s'endormir d'un sommeil qui dura jusqu'au lendemain matin.

Une bonne heure avant les premiers chants du coq, nous étions debout, occupés à préparer le repas du matin. Aucun de nous n'avait durant la nuit ressenti le moindre froid. Nos membres étaient dispos ; nous nous sentions aussi légers que l'atmosphère qui nous entourait. Le climat de l'Australie est particulièrement favorable à la santé, je puis ajouter même à la longévité. Cette salubrité remarquable tient à la facilité avec laquelle l'air absorbe l'humidité du sol. Comparé à l'atmosphère d'Angleterre, l'air qu'on respire en Australie a quelque chose de céleste ; il est pur, transparent, sec et léger ; on le respire avec une liberté dont on s'étonne, et on s'émerveille de se trouver sans cause apparente si disposé au mouvement et à la gaieté. Pendant des semaines entières les bergers couchent sur la terre nue, dormant sans abri sous la voûte éthérée, sans jamais être atteints des maux que l'absence de toute précaution entraînerait infailliblement dans tout autre pays.

Notre déjeuner tirait à sa fin quand le ciel prit une légère nuance d'or, qui se fonça graduellement jusqu'à l'orangé, et s'effrangea ensuite d'imperceptibles lignes mi-parties violettes et cramoisies. Nous vîmes poindre au-dessus des monts les premiers rayons du soleil illuminant l'horizon. L'astre apparut ensuite lui-même dans toute sa magnificence, embrasant de ses feux la voûte du ciel le plus bleu et le plus diaphane que j'eusse jamais vu. La nature entière réfléchissait les rayons de l'astre radieux, les fleurs ouvraient leur calice diapré, les oiseaux gazouillaient dans la feuillée.

Tout souriait, tout s'égayait au réveil du père de la lumière; et nous, atomes perdus au milieu de toute cette splendeur, nous contemplions avec une émotion indicible ces riches contrées où la main de l'homme n'a point encore altéré l'œuvre du Créateur, et qui étalait à nos yeux éblouis un spectacle dont la magnificence et l'harmonie ne peuvent être comparées à rien de ce que nous admirons dans notre Europe révolutionnée par les arts de la civilisation.

Le repas terminé, notre tente pliée, nous continuâmes notre voyage.

Nous avions rompu avec toutes les habitudes du passé; nous nous trouvions au milieu des bois, et pourtant cette existence toute nouvelle ne nous paraissait pas extrêmement dure. C'est chose merveilleuse que la rapidité avec laquelle le corps s'endurcit aux fatigues. Et puis je l'ai éprouvé plus d'une fois, la vie libre et un peu sauvage des bois a d'irrésistibles attraits pour l'homme qui a eu le malheur de végéter de longues années dans les ruelles obscures et malpropres d'une grande cité, où du nord au sud et de l'est à l'ouest on n'a pour horizon que du plâtre et des briques.

Contempler tous les jours les paysages sans limites, déserts de verdure et de feuillages, où des milliers de troupeaux errent de plaines en plaines, de collines en collines; vivre en plein air pendant des mois entiers, pêcher, chasser tous les jours, faire ce qui plaît, trouver sans crainte le soir sa couche sur le gazon, être nourri de ses plaisirs mêmes : quels charmes nouveaux en effet! et quels attraits cette existence ne doit-elle pas avoir pour un citadin jusqu'alors parqué dans des catacombes de pierre!

Il ne faudrait pas croire pourtant que notre excursion à travers cette riche contrée n'était semée d'aucun obstacle. D'abord, la route, si toutefois on peut donner ce nom au chemin que nous suivions, n'était autre chose qu'un large sentier tracé par la foule des piétons, et où l'on s'enfonçait dans la poussière jusqu'aux genoux.

Cette poussière, extrêmement fine et brillante, échauffée pendant tout le jour par un soleil brûlant dont elle réfléchit les rayons ardents, fatigue extrêmement les yeux, et elle détruit bientôt les vues faibles. Ses effets irritants, combinés avec l'action inflammatoire exercée sur le globe de l'œil par les vents chauds, sont les principales mais non les seules causes des ophthalmies qui règnent dans le pays. On voit souvent des maux d'yeux contractés pour être demeuré imprudemment au soleil la tête nue pendant quelques instants seulement. Si le malheureux ainsi exposé se trouve en outre pris de boisson, il court le danger d'être instantanément frappé de cécité.

Nous avions encore à souffrir une torture perpétuelle imposée par des nuées de moucherons et de moustiques attachés à nos pas. Ces insectes insupportables semblent plus particulièrement avides du sang des nouveaux émigrants. Aussi il fallait voir comme ils se ruaient sur nous en troupes nombreuses, et nous suivaient ensuite avec opiniâtreté. Les mineurs ne suivent pas avec plus d'acharnement le filon qui doit leur donner une riche moisson d'or. Nos fronts, nos figures, nos dos, nos oreilles étaient ensanglantés par leurs morsures et couverts de pustules enflammées. Malgré la précaution que nous avions prise de nous envelopper la tête de nos mouchoirs, en dépit de tous nos efforts, ces corsaires ailés trouvaient toujours le moyen de se repaître de notre sang. Du reste, ces ennemis et la rareté de l'eau, très-grande dans la saison où nous venions d'entrer, étaient les seuls inconvénients réels dont nous eûmes à souffrir pendant ce voyage qui nous rapprochait chaque jour davantage du but où nous aspirions.

Tout ce qui nous avait été rapporté du bruit et du mouvement qui animaient la route de Melbourne au mont Alexandre ne nous avait donné qu'une faible idée de l'activité dont nous avions maintenant le spectacle.

C'étaient des chariots de toutes formes et de toutes dimensions, chargés de poids énormes et traçant en roulant sur leurs essieux grinçants de profonds sillons dans la poussière du chemin; des bœufs poudreux, des chevaux blancs d'écume se traînaient à grand'peine, excités, pressés sans relâche par le claquement des fouets. Les chemins et les sentiers étaient encombrés d'une foule d'hommes et de femmes de tout âge et de toute condition, des commis, des marchands, des avocats, des médecins, des pâtres, des matelots, des officiers déserteurs, des fils de famille ruinés. Tout ce monde, entassé, pressé sur les routes qui conduisent de la rivière de la forêt au mont Alexandre et à Bendajo, se précipitait avec une sorte de rage frénétique vers la source de tout mal. Pauvre genre humain!

À l'exception des femmes, cette foule était armée jusqu'aux dents de tous les engins de guerre portatifs en usage dans les deux mondes, depuis le *shilalah* grossier des Irlandais jusqu'au *revolver* à six canons. Je crois, en vérité, que l'on n'avait encore jamais vu en aucune partie du globe une réunion si nombreuse et si complète de physionomies hétérogènes affluant vers un même point. Que de rêves dorés dans ces âmes! L'espoir rayonnait sur toutes ces figures. Pas un ne doutait de la fortune. Combien pourtant ne devaient jamais rapporter chez eux les trésors qu'ils étaient venus chercher si loin!

Dans cette variété infinie de types divers, nous rencontrions à chaque instant quelque singulier exemplaire des excentricités humaines, dont l'originalité et la bizarrerie étaient telles qu'on les pouvait découvrir même au sein d'une semblable foule. Quelques-uns étaient originaires du sol de l'Irlande, pauvre mère que la misère force à rejeter chaque année de son sein un nombre si prodigieux de ses enfants.

Les conversations les plus étranges se tenaient autour de nous.

— Par le soleil qui nous brûle les os! disait avec un accent irlandais très-prononcé un maître d'école boiteux, vêtu d'une longue redingote noire, dont il avait relevé les basques avec des épingles pour les garantir de la poussière, il faudra beaucoup d'or à la rivière de la forêt pour faire la fortune de tous ceux qui courent à sa recherche.

— Si ce que l'on raconte est vrai, répétait un Ecossais d'un ton traînard, et après une longue pause comme s'il eût médité sa réponse, il s'y trouve enfoui plus d'or que nous ne pourrons en emporter.

— Dame! lui répondit le maître d'école irlandais, j'en emporterai autant que je pourrai; il est grand temps que je tâte à mon tour du plaisir d'être riche, car assurément si mes yeux se sont affaiblis, ce ne peut être à regarder de l'or. Je crois n'avoir jamais vu ce précieux métal que hors de ma portée, et à travers les vitres de quelque boutique de joaillier.

— Je vous crois; car il ne s'en trouve guère dans le pays d'où vous venez, repartit l'Ecossais d'un ton sec et sentencieux.

L'Irlandais jeta un regard de côté vers lui comme pour s'assurer que cette remarque blessante était bien véritablement dirigée contre sa patrie. Puis après s'être convaincu que l'Irlande était offensée, il répliqua vivement:

— Assurément, s'il ne s'en rencontre guère en Irlande, il est encore plus vrai d'affirmer que l'on n'en trouve pas du tout en Ecosse, car toutes les fois que j'ai voyagé dans ce pays je n'ai jamais vu, en fait de monnaie, que de méchantes piécettes d'argent ou de gros vilains sols de cuivre.

— Oui, l'ami, répondit tranquillement l'Ecossais avec un sourire narquois, et combien de temps êtes-vous demeuré dans notre pays?

— Par ma vie! je n'y suis demeuré que trop, j'y ai vécu deux ou trois années.

— Et puis-je sans indiscrétion vous demander quelle partie de la contrée vous avez visitée?

— J'ai résidé un peu partout, au nord, au sud, à l'est et à l'ouest.

— Oui, oui, très-bien. En vous considérant je ne suis pas surpris que vous n'ayez jamais vu d'or en ce pays, car votre profession a dû être celle d'un mendiant, et en Ecosse pas plus que dans les autres pays, on ne fait l'aumône avec de l'or.

— Moi, mendiant! sache que je n'ai jamais mendié de ma vie, bien que j'aie vu beaucoup d'Ecossais demander la charité, que je leur ai faite moi-même. Par la vie de mon corps! si je n'étais boiteux et maître d'école bien connu pour son honorabilité, je saurais bien te forcer à rétracter ce que tu viens de dire, oui, grand allongé, grand meurt-de-faim, os décharné, squelette ambulant! arrière!

Cette tirade provoqua de la part des assistants une hilarité générale. Celui-là seul qui en était l'objet ne semblait pas s'en émouvoir. Roide et droit comme une tour, il se tenait immobile et souriait des emportements de l'Irlandais, qui, quelques pas plus loin, se laissa tomber de fatigue et demeura en arrière; nous ne le revîmes jamais.

Pendant ce temps, nous étions arivés à une sorte d'auberge nommée *Bush Inn*; elle était remplie d'aventuriers de toutes sortes. Nous parvînmes cependant à obtenir de l'eau chaude, et après avoir savouré une tasse d'excellent thé et absorbé un repas substantiel, nous reprîmes notre voyage, un peu moins fatigués qu'auparavant.

A peu de distance de l'auberge, nous aperçûmes deux matelots, l'un assis à terre, l'autre couché à l'ombre d'un arbre; une mauvaise cafetière remplie d'eau bouillante chantait devant eux sur quelques charbons à moitié éteints. Ils paraissaient plongés dans le découragement le plus profond. Nous les questionnâmes; nous apprîmes qu'ils venaient de Liverpool, et qu'en arrivant au port de Melbourne ils avaient été aussitôt saisis de la maladie générale, et qu'ils avaient déserté leur vaisseau pour courir aux mines.

Maintenant, harassés de fatigue, en proie aux horreurs de la faim, ils délibéraient sur le meilleur parti à prendre. Fallait-il retourner à Melbourne implorer le pardon de leur capitaine, ou bien, malgré tout, poursuivre leur premier projet? Leur situation était déplorable, ils n'avaient d'autres habits que ceux dont ils étaient vêtus; leur dernier schelling dépensé en grog au départ, ils avaient marché jusqu'à ce que le sang coulât de leurs pieds meurtris, et quarante milles de distance les séparaient encore de la rivière de la forêt. En semblable situation, ils n'eussent eu que faire de nos conseils; nous nous cotisâmes pour leur donner, sur notre trop légère bourse, chacun deux schellings, qu'ils reçurent avec une profusion de reremercîments, et la promesse vingt fois répétée de nous les rendre au centuple sur le produit de la première pépite d'or qu'ils auraient le bonheur de déterrer. L'effet de ce faible don fut magique; en un moment ils furent debout, malgré les souffrances qu'ils enduraient. Après les avoir, tant bien que mal, traînés jusqu'à l'auberge, nous leur dîmes adieu en leur souhaitant que le rêve qui les avait détournés de l'honorable sentier du devoir n'eût pas pour eux des conséquences trop cruelles.

Ces fugitifs avaient au surplus suivi l'impulsion générale; car la désertion des matelots était déjà si commune à cette époque, qu'elle compromettait sérieusement les intérêts de la colonie. D'après les dernières nouvelles parvenues en Europe, ce fléau, loin de s'arrêter, prenait au contraire des proportions de plus en plus effrayantes. Le *Times* publiait des lettres d'Australie, datées du mois de novembre 1852, dans lesquelles on portait à deux cents le nombre des navires de commerce abandonnés dans le port de Melbourne depuis le mois de février précédent. Les auteurs de ces lettres, propriétaires malheureux de plusieurs de ces bâtiments, n'avaient pu, malgré leurs efforts, réussir à recruter dans les prisons des matelots déserteurs, auxquels ils offraient la remise de leur peine de la part du gouvernement; et de la leur, un salaire de sept livres sterling par mois. (175 fr.)

La matinée n'était pas encore très-avancée lorsque nous quittâmes nos pauvres matelots. Nous pouvions, marchant d'un train modéré de trois milles à l'heure, faire aisément trente milles dans la journée. Nous continuâmes donc tranquillement notre route, conversant avec l'un ou l'autre, selon que l'humeur nous en prenait, jusqu'à ce qu'enfin les ombres du soir s'épaississant encore une fois autour de nous, vinssent ramener la répétition de la scène qui termine le chapitre précédent.

IV. — Zoologie de l'Australie. — Oiseaux. — Quadrupèdes. — Poissons. — Reptiles. — Insectes. — Arbres. — Végétaux. — Fruits. — Fleurs

Cette nuit fut aussi paisible que la précédente ; l'aurore nous retrouva debout. Qu'il nous soit permis de profiter de ce repos de quelques heures au milieu des bois pour faire au lecteur une description zoologique de la contrée, et lui indiquer à grands traits les principales productions du sol de l'Australie. Avant d'entrer en matière, que le lecteur me permette de lui montrer trois hardis compagnons qui passent auprès de nous : ce sont des types caractéristiques dignes de sa curiosité. Leur bonne fortune les a mis à même d'acheter les chevaux qui les emportent de la rivière de la forêt à Melbourne, où ils vont déposer leur or. Ils galopent sur la route comme autant de démons enveloppés dans des nuages de poussière que leur course furieuse fait tourbillonner derrière eux ; ils vont de toute la vitesse de leurs chevaux. S'ils ne se rompent les os avant d'arriver à l'auberge de *Bush inn*, il y a tout à parier que la quantité de grog dont ils vont s'y lester ne tardera pas à leur jouer les plus mauvais tours.

La faune de l'Australie se distingue, à certains égards, de celle des autres contrées, par des particularités remarquables. Les oiseaux de ce pays ont pourtant un trait de ressemblance très-remarquable avec ceux de l'Amérique du Sud. Autant que j'ai été à même d'en juger personnellement, ils sont comme ces derniers généralement privés des charmes de la voix ; mais, comme eux aussi, ils sont parés d'un plumage nuancé des couleurs les plus brillantes et les plus variées. Il semble que la nature se soit attachée à compenser le défaut du chant par la beauté du plumage.

Parmi les oiseaux les plus remarquables, il faut citer en première ligne les kakatoës appartenant au groupe des *psittacidés*, et à la famille des perroquets. Les indigènes se livrent beaucoup à la chasse de ces oiseaux, qui vivent dans les bois par bandes nombreuses.

Ce genre de chasse est assez singulier pour être décrit.

Le chasseur de kakatoës est armé d'un instrument désigné dans le pays sous le nom de *boomerang*, aussi curieux par sa forme qu'extraordinaire par ses effets. C'est une pièce de bois dur et recourbé, longue de trente à quarante pouces, épaisse dans le milieu de trois pouces environ, et dont les deux extrémités se terminent en pointes aiguës. La concavité de cette pièce de bois peut avoir un demi-pouce de profondeur. La partie convexe est munie de rebords très-affilés. Voilà tout.

Cet instrument, lancé par un naturel exercé, rase le sol à une hauteur de trois pieds environ, jusqu'à une distance de trente à quarante pas, il s'élève subitement ensuite à une hauteur de cent cinquante pieds, puis, décrivant une parabole de retour, vient retomber aux pieds mêmes du chasseur. Quand le chasseur se trouve dans le voisinage d'un bois peuplé de kakatoës, il commence par se dépouiller de ses vêtements, puis il se glisse d'arbre en arbre et de buisson en buisson de ce pas léger élastique particulier à l'homme des bois ; quelques kakatoës, plus soupçonneux que les autres, s'effrayent à son approche ; lui, cependant, s'avance de plus en plus près d'eux. Avertis par le froissement des feuilles et des branches, les oiseaux se rassemblent comme s'ils avaient conscience du danger prochain qui les menace et se serrent les uns contre les autres sur les hautes branches des arbres. Arrivé à distance convenable, le chasseur s'arrête, se découvre, et lève sa main armée : à cette apparition, les kakatoës prennent leur volée ; mais déjà le boomerang rase le sol, il monte dans les airs, et revient tourbillonner au milieu du troupeau d'une façon si précise, qu'au même instant nombre d'oiseaux blessés dégringolent et viennent joncher la terre. C'est en vain que les pauvres kakatoës ont essayé d'éviter le terrible instrument ; ses bonds irréguliers et saccadés défient toute fuite, et les oiseaux dévoués à la mort tombent aux mains du chasseur.

L'*ému* est un autre oiseau également particulier à l'Australie, et non moins remarquable que le précédent ; les indigènes et les colons le chassent avec ardeur. Sa grosseur égale à peu près celle de l'autruche ; sa forme le fait ressembler au *casoar*. Timide et craintif, il se fie à la rapidité de sa course plus qu'à la force dont la nature l'a pourvu. Cependant, lorsqu'il est serré de trop près par le chasseur, il se défend à l'aide de ses longues jambes qui deviennent alors des armes redoutables. On mange quelquefois la chair de cet oiseau, mais elle est coriace, et peu agréable au goût ; aussi c'est surtout pour sa graisse, qui est très-abondante, que les chasseurs le recherchent.

Passons au cygne d'Australie : c'est un superbe oiseau, semblable par la grosseur au cygne de nos contrées, mais en différant beaucoup par la couleur du plumage. Il est entièrement noir. On le rencontre sur les lacs, nageant par troupes de neuf ou dix, troupes timides, qui au moindre bruit s'envolent à tire-d'aile. La prudence et la sauvagerie de cet oiseau sont telles, qu'il est extrêmement difficile de l'approcher à la portée de fusil.

C'est le *rara avis in terris* de l'antiquité, oiseau rare en effet, et qui nous serait inconnu comme aux anciens si l'Australie n'avait point été découverte, attendu qu'on ne le trouve point ailleurs que dans cette partie du monde.

Parmi les oiseaux particuliers à l'Australie et dignes de fixer l'attention des voyageurs figurent encore la lyre et l'*oiseau de paradis;* mais l'un et l'autre sont maintenant assez communs dans les cabinets de nos naturalistes pour qu'il suffise de les mentionner ici.

Indépendamment de ces oiseaux particuliers à ses forêts ou à ses lacs, l'Australie possède un grand nombre d'autres espèces de bipèdes emplumés dont les similaires se retrouvent en Europe : telles sont les canards, les pigeons, les coqs d'Inde, les faisans, les perdrix, les coqs de bruyère, les courlis, les corbeaux, les hirondelles, les martinets, les rouges-gorges, et beaucoup d'autres encore. Toutes les variétés australiennes l'emportent sur celles de l'Europe par la beauté du plumage; mais elles sont pour la plupart dépourvues du charme de la voix, comme je crois l'avoir déjà dit.

La contrée ne renferme que fort peu d'oiseaux de proie. L'aigle blanc et une espèce de vautour d'une grande force et doué d'une férocité non moins grande sont les seuls dignes d'être cités. Les faucons et les chouettes pullulent dans les rochers.

Les forêts de l'Australie ne renferment point de redoutables bêtes fauves : les lions, les tigres, les hyènes, les panthères y sont inconnus; mais les quadrupèdes indigènes offrent à la zoologie des genres spéciaux.

Les quadrupèdes ne sont pas moins nombreux que les oiseaux dans les forêts de l'Australie, quoiqu'on n'y trouve que peu de bêtes féroces, et que le lion, le tigre, l'hyène et la panthère y soient complètement inconnus. En revanche, ce pays offre aux études zoologiques plusieurs animaux spéciaux entièrement ignorés de l'Europe avant la découverte de ce nouveau monde, et classés aujourd'hui par la science sous le nom générique de marsupiaux. Ces animaux ont cela de particulier que les femelles mettent leurs petits au monde dans un état de vitalité encore incomplet, et qu'elles les allaitent et les portent dans une poche placée sous leur ventre jusqu'à ce qu'ils soient de taille à pourvoir eux-mêmes à leur subsistance.

La plus grande espèce de cette famille est le kangourou (*macropus*). Ce genre de quadrupède particulier à l'Australie a été pour la première fois signalé par un détachement des équipages du capitaine Cook, lorsque ce célèbre navigateur visita la contrée en 1770. Je ne m'arrêterai point à le décrire; chacun a pu en observer des individus dans des ménageries ou

dans des collections de zoologie. Je dirai seulement que dans l'état de
liberté ses mouvements sont pleins de souplesse, de vivacité et même d'élégance. Les kangourous sont essentiellement herbivores; leurs mœurs sont
douces et sauvages. On les rencontre par petites bandes paissant sous la
conduite du plus vieux mâle du troupeau. La poche dont la nature a pourvu
la femelle, pour servir d'asile à ses jeunes rejetons est placée immédiatement au-dessous de l'estomac. La chair de cet animal est très-recherchée;
sa queue surtout est un mets très-estimé. Il existe plusieurs variétés de kangourous : certains individus de la grande espèce atteignent jusqu'à six
pieds de long, et pèsent de cent à cent cinquante livres; les kangourous de
la petite espèce ne sont guère plus gros qu'une souris ordinaire.

Le *wombat* est un autre herbivore. Cet animal creuse son terrier comme
notre blaireau, et ne se glisse hors de sa retraite que dans le silence de la
nuit; sa grosseur est celle d'une brebis; on en a vu qui pesaient près de
cent cinquante livres : la chair de ce quadrupède a beaucoup d'analogie
avec celle d'un mouton; elle a le même fumet.

Le *bandicoot* appartient au groupe des marsupiaux, et a beaucoup de
ressemblance avec le kangourou, dont il diffère cependant par les goûts et
les habitudes. La variété de cette espèce la plus commune est connue sous
le nom de *long-nez;* du museau à la naissance de sa queue, sa taille peut
être de un pied à un pied et demi. Il est d'un aspect repoussant; c'est un
pillard de basse-cour très-redouté des colons.

L'*opossum*, celui de tous les quadrupèdes qu'on rencontre le plus en
Australie. Il se cache le jour dans le creux des arbres ou parmi les branches les plus touffues; la nuit venue, il s'élance de son repaire pour surprendre les insectes, les reptiles et les petits oiseaux, dont il fait sa proie;
il s'introduit parfois jusque dans les colombiers et les vergers des fermes.
La femelle porte dix ou douze petits, qu'elle met bas dans un état de formation encore très-incomplète. Ces jeunes opossums sont à leur naissance
sans poils et sans yeux. En cet état, ils demeurent cachés pendant cinquante
jours dans une poche pleine sous le ventre de la mère et adhérente à ses
mamelles; au bout de ce temps, ils ont atteint la grosseur d'une souris ordinaire. C'est alors que leur corps se couvre d'un léger duvet et leurs yeux
s'ouvrent à la lumière; ils commencent à s'échapper de leur refuge pour
jouer sur le gazon; mais au plus léger bruit et à la moindre apparence de
danger, ils bondissent comme un troupeau de petits chevreaux en minia-
ture jusqu'au sein de la mère, où ils se cachent avec une extrême précipitation. On assure que lorsqu'ils sont devenus trop forts pour que la poche

puisse les recevoir plus longtemps, ils sautent sur le dos de leur mère, enroulent leur queue autour de la sienne, et demeurent ainsi solidement fixés à ses reins, tandis que celle-ci, par une course rapide, dérobe au danger sa jeune progéniture.

Le *dingo* ou chien d'Australie est d'un naturel féroce; il attaque parfois les troupeaux. Son poil, d'un brun fauve, lui donne quelque ressemblance avec le long-nez de nos contrées; on ne regarde point ce chien comme un animal indigène.

Nombre d'écureuils et de chats sauvages blancs et mouchetés comme des léopards peuplent les forêts d'Australie.

Parmi les animaux singuliers de l'Australie, il n'en est pas de plus curieux à tous égards que l'ornithorhynx ou *platipus à bec de canard*. Sa longueur est de trente pouces environ; son corps, aplati comme celui de la loutre, est couvert d'une fourrure épaisse d'un brun foncé sur le dos et blanchâtre sous le ventre. La tête de ce quadrupède est terminée par un bec d'oiseau exactement semblable à celui du canard. Ses pieds de devant sont palmés, et ressemblent à une paire de nageoires; ceux de derrière sont armés de griffes, courts, étroits et tournés en arrière. Lorsque ce phénomène vivant fut découvert, il excita la défiance des savants, qui crurent d'abord que quelque mauvais plaisant voulait se moquer d'eux, en leur faisant admettre dans les classifications de la science un animal impossible; mais plusieurs individus de cette étrange espèce ayant été successivement amenés vivants en Europe, il fallut bien se rendre à l'évidence et reconnaître leur existence.

L'ornithorhynx creuse son terrier sur le bord des rivières. Lorsqu'il cherche sa pâture dans la vase et dans les eaux, le mouvement de ses mandibules est exactement celui du bec du canard. Les jambes de derrière du mâle sont armées d'un éperon pourvu à l'intérieur d'un canal et d'une glande de sécrétion semblables à la glande à venin et à la dent creuse dont les serpents sont munis. On a inféré de là que les blessures faites par cet éperon doivent être dangereuses.

Les eaux d'Australie ne sont pas moins peuplées que les forêts : les rivières, les baies et les côtes sont très-poissonneuses; mais la pêche est tellement délaissée par les colons, qu'il serait sans intérêt d'en parler ici.

Le pays est infesté de serpents, dont le plus dangereux est la vipère : elle ne se détourne jamais à l'approche du piéton; mais comme elle n'attaque l'homme que lorsqu'elle a été foulée aux pieds ou frappée du bâton, il est facile de l'éviter ou de la tuer. Les malheureux mordus par ce reptile ne sauraient trop vite se précautionner contre les effets rapides de son venin, qui est mortel. Il faut sans hésiter employer les moyens héroïques. Les lézards et les sangsues abondent aussi dans ce pays; les insectes de toutes sortes y pullulent. Parmi ces insectes, le cent-pieds et la tarentule sont les plus à craindre; cependant, bien que leurs piqûres soient redoutables, on peut par des soins immédiats prévenir leurs effets les plus dangereux.

Laissons les animaux pour parler des végétaux, et disons quelques mots des arbres et des plantes particulières au sol de l'Australie.

Les forêts de ces vastes contrées, peuplées d'arbres toujours verts, ont un aspect tout particulier, dont l'étrange nouveauté frappe les regards du voyageur européen, qu'elle intéresse au plus haut point. Ces arbres, qui appartiennent pour la plupart à la famille des *eucalyptes* et des *acacias*, sont couverts en tout temps d'un épais feuillage d'un vert sombre, et se parent au printemps des fleurs les plus magnifiques.

Parmi les *eucalyptes*, il faut citer les deux variétés à gomme connues sous les noms de *gommier à écorce fibreuse* et de *gommier à écorce de fer*. Ces deux arbres atteignent des proportions gigantesques. On distingue deux gommiers à *écorce fibreuse*, le blanc et le rouge, qui fournissent l'un et l'autre de grandes quantités de gomme : le rouge est le plus répandu. Le bois de cet arbre, d'un grain dur et serré, est très-recherché en ébénisterie, tant à cause de sa belle couleur cramoisie qu'à cause du poli qu'il est susceptible d'acquérir sous la main de l'ouvrier.

La variété blanche donne la gomme la plus fine; son bois lourd est plus propre à la charpente qu'à l'ébénisterie; malgré son poids, on l'emploie avec avantage dans la construction des navires. Les arbres de cette famille sont très-répandus dans tout le pays; ils affectionnent principalement les bords des rivières, où on les trouve en grande abondance; leur bois est d'un grand usage.

On trouve aussi en Australie diverses espèces de bois de luxe et de fantaisie : deux variétés de cèdres, du bois de rose, du bois satin, du bois jaune et des cyprès; des forêts de pins couvrent certaines régions; les bruyères, les fougères et les herbacées sont généralement d'une vigueur et d'une beauté remarquables.

Venons aux plantes légumineuses. Les choux-fleurs, les carottes, le chou écossais, le brocoli, le cresson, le céleri, l'asperge, l'artichaut, l'ail, la chicorée blanche, viennent naturellement dans ce pays favorisé du ciel, et la culture n'a pas grand'chose à faire pour les amener à un degré de perfection qui ne laisse rien à désirer. L'oignon y réussit mieux qu'en Europe;

le sol et le climat sont favorables au porreau, à la laitue, au panais et aux pois. C'est seulement dans les hautes et froides terres des plateaux que la pomme de terre réussit bien. Les racines, telles que le radis, le navet ; les herbacées comme le persil, la moutarde, le marjolaine et la menthe, y croissent admirablement.

Pour tout dire en un mot, l'Européen n'a sous ce rapport aucun sujet de regretter son pays natal.

Les fruits de l'Australie sont aussi abondants que variés. Le groseillier, le figuier, le fraisier, le framboisier, le goyavier, l'olivier, le mûrier, le pêcher, l'oranger, le citronnier, le limonier, le grenadier, le poirier, le cognassier, le prunier et la vigne y poussent, y fleurissent et y donnent des fruits succulents. La grande variété des sols et des climats de l'Australie permet de placer chaque arbre et chaque plante dans les conditions qui lui conviennent le mieux : les framboisiers et les fraisiers dans les endroits élevés, les goyaviers et les orangers dans les plaines et les localités les mieux abritées contre les vents.

Les fleurs particulières à l'Australie brillent presque toutes des plus riches couleurs, mais presque toutes aussi sont dépourvues d'odeur. Pourquoi? et comment se fait-il que sous un climat d'ailleurs si favorisé la nature ait refusé aux oiseaux la voix, aux fleurs le parfum? Pourquoi, hélas! c'est là une de ces anomalies dont l'homme n'a point encore pénétré le mystère, et devant lesquelles il faut s'incliner et se taire.

Les convolvulus, les géraniums, l'hyacinthe, l'asphodèle, l'éternel bouton d'or jonchent le sol des prairies. De nombreuses orchidées étalent de tous côtés leurs brillants calices. L'indigo croît à l'état de nature, et sème à profusion ses fleurs de pourpre à côté de l'igname, qui déploie au soleil l'or éclatant de sa bannière. Dans cette flore si intéressante de l'Australie, nombre de familles n'ont même pas encore un nom, et attendent le savant qui doit tôt ou tard les baptiser et les classer.

Je termine cette nomenclature tronquée en citant le chanvre et le tabac, qui ne sont point sans doute des plantes particulières d'Australie, mais qui sont devenus depuis longtemps une source de richesses pour les colons de ce pays.

Tels sont les traits les plus généraux de la flore et de la faune de l'Australie. Je voudrais bien vous parler maintenant des fermes qui çà et là parsèment la contrée et rompent la monotonie des prairies et des bois, mais nous voilà arrivés à la rivière de la Forêt : les mineurs sont devant nous ; ils sont à l'œuvre, et présentent un coup d'œil trop étrange pour que je puisse résister plus longtemps au plaisir de vous le décrire.

V. — Description des gisements extraite d'un numéro du journal *l'Argus*, de Melbourne. — Les vents chauds. — La dyssenterie. — Description graphique de la rivière de la Forêt par un autre correspondant du même journal.

Avant de rendre compte au lecteur de la première impression que je ressentis à la vue des gisements de la rivière de la Forêt, je prendrai la liberté de reproduire ici deux articles publiés sur ce sujet en 1852 par le journal *l'Argus*, de Melbourne. Ils ont été rédigés sur les lieux mêmes et sont de la plus grande exactitude.

Il est impossible, dit l'auteur du premier de ces articles, de se faire à l'avance la moindre idée de ces gisements. En pénétrant dans la forêt où ils sont situés, on s'attend à trouver de longues files de tentes blanches comme la neige, alignées avec symétrie ou pittoresquement groupées sur une verte pelouse et protégées de l'ardeur des rayons du soleil par l'ombrage épais des arbres sous lesquels on les a disposées. Combien la réalité diffère de ce riant tableau ! La route qui conduit aux gisements n'est qu'un étroit sentier sur les bords sinueux de la rivière que le piétinement continuel des mulets, des chevaux et des hommes a rendu plus poudreux dix fois que la poudreuse Melbourne elle-même.

Le vent, en débouchant des ravines, soulève cette poussière en tourbillons et la disperse sur tous les objets environnants avec tant de violence, que quelques raffales suffisent pour ternir la blancheur de la tente la plus nouvellement dressée, qui prend bientôt la couleur sombre et terreuse répandue sur toutes les tentes voisines. Les quelques arbres épargnés par la hache sont gris de poudre, comme tout ce qui les avoisine, et, sous cette couche épaisse qui ferme toute issue à leur sève, ressemblent bien plus à ces tiges rabougries qui se dressent comme des mâts sur le bord des routes, aux approches des grandes villes, qu'aux produits gigantesques de nos forêts d'Australie.

La terre est de tous côtés tellement foulée, battue et usée par les pieds des passants, que l'on ne peut y découvrir la moindre trace de végétation, un sol poudreux et nu est tout ce qu'on aperçoit. Sur les collines, au sud de la rivière, la terre retournée en tous sens, remuée, fouillée et percée à une grande profondeur, ne présente plus qu'un amas informe de déblais et de remblais, semés de gravois de craie, et au milieu desquels on aperçoit par places le tuf stérile mis à nu par la pioche du mineur avide. Si quelques collines ont été épargnées par le fer, c'est pour être livrées en pâture à d'innombrables troupeaux de chevaux et de bœufs, sous la dent desquels toute verdure n'a pas tardé à disparaître. Tout a été dévoré, jusqu'aux feuilles des arbrisseaux suspendus aux flancs des rochers.

En somme, rien n'est plus aride et plus triste que la vue de ces champs aux moissons d'or.

Quoiqu'on se soit souvent inquiété de la rareté extrême de l'eau et de la diminution sensible apportée par ce fait dans la pruduction de l'or, je n'hésite pas à dire que la sollicitude du gouvernement n'a pas encore été assez éveillée sur les désastres d'un fléau qui amène les plus terribles maladies, paralyse les forts, tue les faibles, et fait de la fosse creusée pour l'or une tombe pour le pauvre mineur. Il faudrait pourtant songer sérieusement à remédier à un état de choses qui fait chaque jour d'effrayants ravages; les morts suivent les morts avec une telle promptitude, que ce petit cimetière qui ne contenait il y a quelques mois que quatre tombes, ressemble aujourd'hui à la nécropole d'une immense cité.

Ce qui intéresse à un haut degré la vie des hommes devrait, il me semble, préoccuper plus vivement l'Etat; et je m'étonne qu'on n'ait pas encore suivi l'exemple du gouvernement de l'Australie du Sud, qui dernièrement, avant d'ouvrir une route vers le mont Alexandre, a dirigé sur ce point une compagnie de sapeurs pour y creuser des puits. Chez nous, on n'a vu qu'imprévoyance et apathie, et la seule précaution prise par nos autorités a été de faire garder les puits déjà existants par des soldats qu'il eût mieux valu employer à en creuser de nouveaux.

Ce manque d'eau ne doit pourtant pas être imputé à la seule incurie du gouvernement, et l'imprévoyance des mineurs eux-mêmes a contribué pour une large part à ce déplorable état de choses. Il y a quelques semaines à peine, on trouvait encore, sur divers points des gisements de la forêt, plusieurs excellents puits d'où l'on pouvait tirer en grande quantité une eau aussi pure que saine. Mais dès que la sécheresse commença à se faire sentir, une foule de mineurs, plus soucieux de leur gain que de leur santé et de celle de leurs compagnons, se mirent à creuser des trous autour de ces puits. La chose alla très-bien pendant les premiers jours, et l'on se procura ainsi de l'eau en abondance. Mais, loin de la réserver pour les usages domestiques, on l'employa, tant qu'il y en eut, au lavage de l'or; ce gaspillage inconsidéré, joint au prolongement de la sécheresse et à une évaporation qui se produisait par tant d'ouvertures à la fois, eut bientôt entièrement épuisé les nouveaux puits et les anciens. Dès lors la désolation se mit partout, et aujourd'hui ou voit les mineurs inoccupés errer par centaines au milieu des gisements où la poudre d'or abonde, faute d'eau pour opérer le lavage. Les mineurs qui demeurent ainsi dans l'inaction sont, il est vrai, ceux qui, pourvus d'amples provisions de toutes sortes, ne sont pas réduits à la nécessité de demander au travail leur existence de chaque jour; ceux que presse la faim, et le nombre en est grand, sont condamnés au plus dur labeur; leurs ressources se trouvent bornées aux parcelles d'or qu'ils peuvent recueillir dans le sol desséché. Cependant on a vu parfois d'heureuses trouvailles récompenser ce travail ingrat. On trouve encore quelques mineurs qui, mus par un amour effréné du gain, poursuivent quand même la recherche de l'or, et, malgré la disette d'eau, travaillent sans cesse avec un indomptable courage; mais ils sont rares.

L'auteur de la lettre que nous citons signale encore dans un passage que nous croyons inutile de rapporter un autre fléau particulier à ces climats, c'est la présence trop réitérée d'un vent chaud, espèce de simoun qui dessèche la terre, rend l'air brûlant, et exerce sur la santé une déplorable influence.

Ces coups de vent sont assez fréquents; nous eûmes pour notre part à en subir les effets pendant les premiers jours de notre voyage à la rivière de la Forêt. Ce vent nous parut d'abord à peine sensible, mais peu à peu il s'éleva, s'accrut, et acquit bientôt une si grande violence qu'il soulevait des nuages de poussière et de sable dont les tourbillons nous frappaient au visage, et nous brûlaient comme le feu. Lorsque ce vent atteint toute la violence dont il est susceptible, il est comparable à ces ouragans de feu si redoutés des voyageurs qui traversent le Sahara; c'est un démon déchaîné qui désole la plaine, soulève les sables, déracine les arbres, tarit les ruisseaux, dessèche les lèvres, les narines et les yeux, et arrête par instants la respiration.

Les dyssenteries et les diarrhées sont fréquentes en Australie, et particulièrement au printemps et au commencement de l'automne; mais il est rare qu'elles emportent le malade.

Si les cas de mortalité sont plus fréquents aux mines que partout ailleurs, il ne faut ni s'en étonner, ni mettre la chose sur le compte du climat. Il est facile de comprendre en effet, si l'on y veut réfléchir un peu, qu'il ne saurait en être autrement dans un lieu où il arrive de tous les coins du monde des étrangers apportant avec eux le germe de mille maladies, et où les excès de travail et de boisson, joints au manque de soins, doivent nécessairement avoir une influence fatale sur l'état de la santé publique.

Mais il est temps d'envisager les choses sous un aspect moins sombre, et j'arrive à la lettre suivante, insérée dans *l'Argus* à peu près à la même époque que les précédentes.

« La tente du commissaire du gouvernement préposé aux mines est placée sur les bords de la rivière de la Forêt, précisément à l'embouchure du cours d'eau de Tryan : cette tente est en quelque sorte le point central de la colonie ; autour d'elle et comme sous sa protection sont groupées les innombrables baraques des marchands, puis les tentes des mineurs, pressées les unes contre les autres, sur un espace trop grand pour que l'œil puisse en embrasser toute l'étendue. Les travaux des mineurs occupent environ huit ou dix milles carrés de superficie ; la route par laquelle on arrive à la rivière de la Forêt se continue à travers des collines pendant environ cinq milles, conduit au centre même des travaux, et passe au pied même du bureau du commissaire du gouvernement, point duquel on aperçoit les collines dont nous venons de parler.

» C'est sur ces collines que les premières fouilles ont été faites ; nombre de fosses y sont encore aujourd'hui exploitées avec succès. Les fouilles se sont, de ce point, graduellement étendues, si bien qu'il est à peine maintenant un coteau, une ravine, un cours d'eau dont le sol n'ait été remué et perforé en tous sens par les pionniers avides du précieux métal. Il est en ce moment défoncé plus profondément que jamais, car la rareté de l'eau ne permet de soumettre au lavage que les seules terres susceptibles de donner de grandes quantités d'or. On ne trouve plus d'eau dans le lit de la rivière Mena : mais en creusant sur ses bords à la profondeur de trente pieds, on peut encore s'en procurer. Ce procédé est très-employé. Un parti de mineurs s'associe pour forer l'un de ces puits ; un grand trou est disposé auprès en forme de bassin. Il est ensuite rempli d'eau pour servir au lavage successif des terres que l'on a ainsi retirées des deux ouvertures. Quelques mineurs redoutant la fatigue, la dépense et la perte de temps qu'entraîne ce moyen, se contentent de creuser la terre et de recueillir celle qui promet la plus abondante récolte pour la soumettre au lavage dans une saison plus propice. Des centaines de travailleurs ont agi de la sorte, et la pluie venue, ils ont recueilli des quantités de poudre d'or qui émerveillaient les bonnes gens de Melbourne.

» Un autre effet de la sécheresse a été de disperser les mineurs sur toute la surface de la contrée ; par suite, il n'est pas de montagnes, de cours d'eau, de collines et de ravins qui n'aient été explorés; et l'on chercherait en vain, à plusieurs milles à la ronde, une localité bien approvisionnée d'eau et susceptible d'être exploitée avec avantage, qui ne soit aujourd'hui connue des uns ou des autres. L'ardeur et l'âpreté que les mineurs mettaient à ces recherches offrait un spectacle à la fois curieux et amusant. Les mouvements de tout explorateur étaient toujours épiés par douze ou quinze individus; le plus léger indice de découverte présumée, la plus vague rumeur signalant l'existence du minerai d'or, faisait accourir sur un point des centaines de travailleurs; avec une rapidité prodigieuse, en moins de rien, le champ était divisé par lots, distribué et retourné de fond en comble. »

Le lecteur a maintenant sous les yeux deux récits, publiés tous deux dans le mois de mars, c'est-à-dire deux mois après notre arrivée aux gisements, et tous deux consciencieusement écrits, mais sous l'influence d'impressions différentes. Je lui donnerai mes propres impressions dans le chapitre suivant.

VI. — Première impression à la vue des gisements aurifères. — Soirée au milieu du camp. — Attaque de nuit. — Brown échappe à la mort. — Pillage de notre tente. — Réveil.

Walter Scott a peint quelque part, dans ce style qui n'appartient qu'à lui, l'aspect que présentait la vallée de Boroughmuir, près d'Edimbourg, après que Jacques IV y eut rassemblé l'armée écossaise, à la tête de laquelle il devait quelques jours plus tard engager contre les Anglais la bataille de Flodden.

Dépouillez ce vaste appareil de son caractère guerrier, et transportez la scène dans une forêt du nouveau monde, dispersez avec l'irrégularité du hasard des tentes de toute espèce et de toute forme, depuis la hutte d'écorce ou de branches jusqu'à la somptueuse marquise; jetez sur toute cette scène un voile de poussière, parsemez le sol de gravois, de sable et de débris de bois; imaginez mille pioches en mouvement, dont le fer brillant réfléchit les feux d'un soleil ardent, ajoutez-y le roulement monotone et incessant de la terre lavée sur les cribles, les cris de l'espoir, les imprécations du dépit; remplacez le bruit du marteau de l'armurier par celui des forges, du charron; les notes de clairon par les aboiements des chiens, et vous pourrez vous faire une idée assez exacte de la scène qui vint alors frapper mes yeux.

C'était, je vous assure, un spectacle étrange, et tel que je ne crois pas que pareille chose se fût encore vue depuis le commencement du monde.

Les tentes, aussi pressées en certains endroits que les maisons d'une grande cité, étaient peuplées d'habitants venus de tous les points du globe, et agités de passions plus diverses encore que les pays qui les avaient vus naître.

Près de la tente affectée au commissaire préposé par le gouvernement, on apercevait d'un côté celle de la police à cheval, et de l'autre celle de la police indigène. Tout autour de ces établissements publics étaient cependant pêle-mêle les habitations des peuples particuliers, dont la plupart n'étaient que de simples baraques ouvertes à tous les vents, mais non pas à tous venants; car la vigilance des propriétaires veillait avec soin contre les audacieuses entreprises des voleurs de nuit à grand renfort de sabres, de fusils et de pistolets.

De tous côtés régnait la plus dévorante activité; il avait suffi de quelques mois pour métamorphoser l'aspect de ces lieux, et cette forêt, dont les échos n'étaient jadis éveillés que par le murmure des eaux et le ramage des oiseaux, retentissait maintenant des mille bruits de l'industrie; des femmes et des enfants se montraient seuls devant les tentes, encore plusieurs d'entre eux prenaient-ils une part active au rude labeur que leurs parents s'étaient imposés pour un temps.

Les caprices du hasard et les chances de la fortune ont aux mines plus encore peut-être qu'ailleurs des effets singuliers et bizarres; aussi tel n'a cessé pendant un mois, terme fixé par le permis, de fouiller le sol sans succès, qui voit à côté de lui un nouveau venu déterrer un trésor du premier coup de pioche. On citait même au moment de mon arrivée l'histoire d'un pauvre diable qui, arrivé au dernier jour de son permis sans aucun résultat favorable, avait de désespoir jeté sa pelle et sa pioche, et s'était couché sur le sol sans courage et sans force. Le même jour un autre mineur le remplace, et trouve dans le sol qu'il a creusé pendant un long mois le trésor qu'il eût pu s'approprier avec plus de persévérance, une pépite énorme qui assure à son heureux propriétaire l'indépendance et l'aisance.

L'un s'élève où l'autre se noie, telle est la loi commune. Cependant si l'on considère de quelle condition précaire sont sortis la plupart des aventuriers de l'Australie, on se convaincra qu'il n'en est pas un qui ne puisse arriver dans ce pays à une position relativement avantageuse. Tout le monde ne peut sans doute y trouver des millions; mais chacun, avec de la conduite et de la prévoyance, peut être assuré, après un temps plus ou moins long, d'y voir son travail récompensé par une heureuse aisance.

Le soleil était déjà sur son déclin lorsque nous arrivâmes sur la crête des collines qui dominent les gisements aurifères de la rivière de la Forêt; c'était l'heure où les mineurs, vêtus pour la plupart de chemises de laine bleue ou rouge, et la tête couverte de larges chapeaux de paille, rassemblaient leurs outils et se disposaient à regagner leurs tentes. Le champ qu'ils abandonnaient était percé d'un si grand nombre de fosses, qu'il nous fit l'effet d'une immense voirie.

L'espace qui sépare les fosses les unes des autres est en certains endroits très-étroit, ce qui n'empêche pas les mineurs de courir et d'agir au milieu d'elles avec une adresse que l'habitude seule peut donner; ils roulent aisément la brouette, portent à dos de lourds sacs de terre sur des sentiers d'une lieue de long, et qui n'ont guère la plupart du temps qu'un pied de large, sans autre danger que celui des éboulements. Mais dans ce cas, l'infortunée victime précipitée dans un trou de vingt à trente pieds de profondeur sur le dos de ses camarades dont il brise les os, est parfois enterrée toute vivante avec eux. Les moindres conséquences de ces déplorables accidents, malheureusement trop fréquents, sont de graves fractures qui rendent le blessé incapable à jamais de tout travail de force. Ces éboulements, qui sont très-fréquents, ne doivent être attribués qu'au défaut de soin et à l'ignorance, qui trop souvent président à l'exécution des travaux; ce n'est pourtant pas là le plus redoutable fléau des mines, l'intempérance et l'abus des liqueurs fortes emportent journellement plus de travailleurs que toutes les maladies et les éboulements réunis.

Nous étions encore plongés dans la contemplation du spectacle qui se déroulait sous nos yeux, lorsque nous entendîmes la détonation d'une arme à feu. La fumée s'élevait auprès de la tente du commissaire du gouvernement; c'était le signal ordinaire du soir, espèce de couvre-feu qui avertissait chacun de cesser à l'instant le travail des mines. Les groupes qui demeuraient encore dans les gisements regagnèrent aussitôt leurs tentes. La scène prit un aspect nouveau, mais non moins pittoresque. Des feux furent allumés sur tous les points à la fois, et de volumineuses colonnes de fumée montèrent dans l'atmosphère transparente de la vallée : un silence profond remplaçait tout à coup le bourdonnement qui avait régné toute la journée dans cette ruche humaine. Aux apprêts du repas, devant chaque tente, succéda le repas lui-même; puis çà et là, dans le calme du soir, on entendit retentir le son des flûtes champêtres ; puis l'on se rassembla autour des feux de bivouac pour se raconter mutuellement les aventures. Aux lueurs rougeâtres de la flamme, nous distinguions de sombres et sauvages figures rôdant derrière les tentes ou se cachant à l'ombre des troncs d'arbres ; c'était un tableau digne de Salvator Rosa.

Nous ne pouvions détacher nos regards de dessus la plaine, et ce ne fut que fort avant dans la nuit que nous commençâmes à dresser notre tente sur le lieu même où nous nous trouvions. Notre souper était terminé, et nous nous disposions à nous livrer au sommeil, lorsqu'un coup de fusil retentit à côté de nous. La balle perça notre tente, troua le chapeau de Brown et vint se loger dans les bûches de notre feu. Nous demeurâmes un moment saisis d'étonnement ; Bink fut le premier à revenir à lui, et se précipita hors de la tente. Il aperçut, à la faible lumière de la lune, une forme noire qui s'éloignait en bondissant à travers les arbres de la forêt. Il s'élança à sa poursuite, nous nous joignîmes à lui, abandonnant notre tente et tout ce qu'elle contenait pour essayer de saisir le fantôme. Lui, cependant, continuait en faisant mille détours ; il avait grand soin de se tenir toujours hors de la portée du fusil, tout en demeurant assez en vue pour nous provoquer à le suivre. Parvenu à une assez grande distance, il s'arrêta, poussa un cri sauvage qui nous parut un appel à d'invisibles compagnons, et s'élança aussitôt dans un espace ouvert, où il disparut à nos yeux avec la rapidité d'une flèche. La course nous avait un peu séparés les uns des autres ; mais nous nous rejoignîmes bientôt, et après un moment de repos nous songeâmes à retourner sur nos pas. Malheureusement dans notre précipitation nous n'avions songé ni les uns ni les autres à remarquer la direction que nous avions suivie. Nous nous étions égarés au milieu d'une forêt qui, de tous côtés, nous présentait le même aspect et ne nous offrait pour guider nos pas aucun point de repère ni de reconnaissance. Le lieu que nous avions quitté ne pouvait être éloigné de plus de quelques centaines de pas ; cependant nous demeurâmes à sa recherche pendant plus d'une heure, jusqu'à ce que le hasard nous fit découvrir un sentier battu, qui heureusement nous ramena vers notre tente. Ce fut alors seulement que nous comprîmes la fin de cette aventure ; notre campement avait été visité par les voleurs, qui avaient dérobé nos matelas et nos couvertures ; nos sacs avaient été ouverts, ainsi que l'attestait leur contenu répandu à terre de tous côtés, mais il n'y manquait rien. Il était évident que nos coquins s'en étaient peu souciés. Par bonheur, nous avions emporté nos armes, qui sans cela auraient certainement partagé le sort de nos minces couvertures et de nos humbles couchettes.

Assurément c'était peu gai; cependant nous ne pûmes nous retenir de nous rire au nez les uns des autres en voyant notre mine allongée; il nous fallut aussi convenir que le tour avait été bien joué. Nous avions été complètement dupes. Les voleurs n'avaient point sans doute eu l'intention de nous tuer, bien que le danger couru par l'un de nous eût été grand. Ils avaient voulu simplement nous alarmer, pour nous faire sortir et nous faire perdre dans l'obscurité des bois. Comme on voit, ils avaient on ne peut mieux réussi. Les acteurs de ce petit drame étaient évidemment passés maîtres dans leur profession, et ce ne devait pas être la première scène de ce genre qu'ils avaient concertée et menée à bien.

Quelque disposés que nous fussions au sommeil avant notre mésaventure, toute velléité de ce genre avait maintenant disparu. Nous fîmes pourtant contre mauvaise fortune bon cœur, et nous attisâmes le feu, résolus à demeurer là jusqu'à ce que le jour nous permît de descendre parmi les mineurs pour examiner les meilleurs procédés d'extraction et rassembler toutes les informations nécessaires avant de planter définitivement notre tente et de nous mettre à l'œuvre.

Le moment était donc arrivé et nous allions enfin réaliser les espérances qui nous amenaient de si loin, car il faut que je le confesse, nous ne pouvions nous défendre de croire, comme tant d'autres, aux inépuisables trésors que nous allions recueillir en ouvrant seulement le sein de la terre.

On comprendra qu'avec de pareilles idées nous ne nous occupions guère de nos couvertures et de nos matelas, ils nous semblaient à peine dignes d'une pensée, en ce lieu où l'or se mêlait à la poussière sur laquelle nous reposions. D'ailleurs nous n'étions pas encore entièrement dépourvus d'argent, et nous ne doutions pas qu'il nous serait facile de trouver quelque mineur découragé qui, sur le point de quitter les gisements, s'estimerait heureux de nous céder un bagage et des outils qu'il ne pouvait songer à emporter. Cette supposition était d'autant plus admissible que l'on évaluait à près de cinquante mille le nombre des personnes réunies sur les bords de la rivière, et que parmi tant d'aventuriers, il n'était pas probable qu'il ne s'en trouvât pas quelqu'un maltraité par la fortune.

Bien que la capricieuse déesse parût avoir depuis quelque temps fait élection en ces lieux si vantés, nous avions déjà contemplé les vivants témoignages de cette triste vérité, car nous avions rencontré sur notre route quelques infortunés dont les illusions avaient été cruellement déçues. Pauvres diables! qui, il est vrai, appartenaient presque tous à cette classe de gens qui se lancent à l'étourdie dans les entreprises les plus difficiles, sans calculer la portée de leur énergie. Le premier obstacle les étonne, le second les abat, et rien n'est comparable au fol enthousiasme qui les amène, si ce n'est le prompt découragement qui le commence.

Nous avions mangé pendant la nuit afin d'être prêts le lendemain de meilleure heure, aussi nous avions fini de déjeuner lorsque le jour commença à poindre à l'horizon. Quelques instants après le soleil paraissait et illuminait la voûte céleste de l'éclat de ses rayons.

Les heures du crépuscule, si délicieuses en Angleterre, sont à peine connues en Australie. Le jour et la nuit se succèdent avec une rapidité qui choque les yeux des Européens émigrants habitués à des transitions plus ménagées de l'ombre à la lumière, et de la lumière à l'ombre. Les jours et les nuits sont pendant tout le cours de l'année d'une longueur presque égale. Le soleil ne demeurant jamais au-dessus de l'horizon plus de quatorze à quinze heures, il n'y séjourne jamais moins de onze heures, mais les nuits de ce pays réalisent tout ce que l'imagination la plus poétique peut rêver de plus doux. Les constellations du sud brillent d'un éclat extraordinaire, et la lumière de la lune jouit sous le ciel pur d'une intensité telle, qu'elle permet d'apercevoir distinctement tous les détails d'un paysage de plusieurs milles d'étendue.

Pour donner une idée de l'éclatante pureté de ces nuits magnifiques, je dois dire qu'il m'est arrivé plus d'une fois de lire à minuit au milieu des bois, sans autre lumière que celle de la lune et des étoiles.

L'apparition du soleil était le signal attendu par les travailleurs, et déjà la pioche du mineur faisait de tous côtés retentir la vallée de l'or. Notre tente fut bientôt démontée, et nous descendîmes vers les gisements, au milieu de la foule qui se pressait autour des fosses ouvertes. La multitude à laquelle nous nous trouvions mêlés avait un cachet à la fois étrange et uniforme. Les hommes étaient tous vêtus de vareuses de laine bleue ou rouge, tous aussi se livraient au même travail. Mais, en somme, ils formaient la réunion la plus hétérogène qui se puisse concevoir.

Au premier abord c'était une nouvelle Babel, non moins remarquable par la confusion des types que par celle des langues : un véritable congrès de toutes les nationalités humaines. Mais en y regardant de plus près, on reconnaissait que la race anglo-saxonne dominait, et que l'Angleterre avait le droit de réclamer la meilleure part dans ce contingent d'hommes de toutes conditions, depuis le forçat libéré jusqu'au fils de famille, depuis le voleur de profession jusqu'au ministre de l'Évangile qui avait abandonné l'autel pour le culte du veau d'or.

Nous reconnûmes bien vite que nous n'étions pas les seuls nouveaux arrivants, car les bandes des mineurs se recrutaient incessamment de nouveaux travailleurs, et les abords de la ravine étaient remplis de gens sur le visage desquels la crainte se mêlait à l'espérance, et qui, la tête penchée sur le sol, examinaient et scrutaient le terrain, cherchaient les places où ils pensaient pouvoir trouver plus promptement et plus facilement le précieux objet de leur ardente convoitise. Tous ces pauvres gens s'imaginaient-ils réellement qu'ils allaient trouver des hommes assez complaisants pour leur indiquer les bons endroits? Croyaient-ils que l'on pourrait, que l'on voudrait bien le leur indiquer exactement; que l'homme assez heureux pour posséder la précieuse connaissance des localités favorables allait s'empresser de leur divulguer sa science? Après avoir fait six mille lieues, abandonné sa famille, risqué cent fois sa vie pour s'enrichir, voudrait-il favoriser le travail d'un autre de préférence au sien? Assurément cela ne paraissait pas vraisemblable. Et cependant il se trouvait des gens dont la simplicité ne s'attendait à rien moins, et qui procédaient à leurs informations du même ton avec lequel ils se seraient enquis de la demeure du médecin dans un village d'Angleterre. D'autres, usant d'adresse amenaient la chose de plus loin et n'entamaient la question que graduellement, à la manière des diplomates. Mais le succès couronnait rarement leurs efforts, et ils ne tardaient pas à s'apercevoir que le meilleur moyen d'obtenir la connaissance de l'or, c'était d'employer l'expédient général et de le chercher soi-même. Mais pour se livrer à cette recherche avec quelques chances de succès, certaines notions de géologie étaient nécessaires. Il est certain que parmi les milliers de mineurs qui défonçaient le sol de la ravine et du vallon, la plupart étaient, en théorie, fort ignorants des couches de roche et d'argile sur lesquelles l'or se rencontre le plus communément; mais cela ne fait rien à la chose, et il n'en est pas moins certain que ceux qui possédaient cette précieuse connaissance travaillaient sur le sol inconnu avec des chances de gain au moins décuples. Il faut avouer cependant que le hasard servait parfois les ignorants d'une manière merveilleuse, et que quelques-uns trouvaient du premier coup de pioche des trésors qui avaient déjoué tous les savants calculs du géologue. Mais l'exception ne fait pas la règle, et je crois utile, dans l'intérêt des mineurs à venir, d'indiquer sommairement dans le chapitre suivant les conditions dans lesquelles l'or se rencontre ordinairement, soit dans les roches, soit à la surface de la terre.

VII. — Contrées aurifères. — Nouvelle-Espagne. — Pérou, Brésil, Afrique, Russie, Californie. — Découverte de gîtes aurifères en Australie. — Police des mines. — Démoralisation des mineurs. — Combien l'eau est essentielle au mineur.

Ce fut d'abord vers la Nouvelle-Espagne que l'on vit, il y a trois siècles, accourir les Européens, et surtout les Espagnols. Il n'y avait pas de périls que ces derniers ne fussent prêts à affronter, pas de cruautés qu'ils ne fussent résolus à commettre pour s'emparer des trésors enfouis dans le sol de cette riche contrée. Aussi on sait assez avec quelle insatiable avidité les conquérants se livrèrent à la recherche du précieux métal, et avec quelle simplicité les indigènes se laissaient duper.

Dans les Cordillères d'Amérique, le minerai est extrait d'une matrice de quartz, renfermée elle-même dans la roche porphyriteuse, dont la chaîne entière est formée. Au Pérou, au contraire, la majeure partie de l'or gît au fond des ravins, dont le sol s'est enrichi des sables détachés par les eaux du flanc des montagnes. C'est toujours du reste dans les roches plutoniques de formation primitive que se trouve formé le minerai. Ce sont au Brésil des granits, des gneiss et des micas qui le fournissent ; en Afrique, il est mêlé en poudre et en grains au sable du lit des torrents. On le rencontre en abondance en Russie, dans les lieux où les roches serpentines et porphyriteuses se trouvent enveloppées dans des couches de calcaire plus anciennes. Dans ces circonstances, on le trouve le plus souvent associé au chromate de chaux et au platine. Quant à l'or de Californie, il se trouve presque dans les mêmes conditions que l'or d'Australie, sur lequel nous avons ici à appeler plus particulièrement l'attention du lecteur.

La ressemblance qui existe entre les Cordillères d'Amérique et la chaîne des monts d'Australie est extrêmement frappante. C'est ce premier fait qui fixa l'attention de M. Hargreaves à son retour de Californie à Sydney, capitale de l'Australie, et le détermina à explorer les montagnes des environs de Bathurst. Il savait que le bruit de l'existence de mines abondantes dans la Nouvelle-Galles du Sud avait autrefois couru. S'aidant des savantes démonstrations théoriques du révérend W. B. Clarke, il fut bientôt à même de se convaincre par lui-même de la richesse du district dans lequel ce géologue et d'autres ingénieurs avaient dirigé leurs recherches. Ce fut

assez ; il communiqua le résultat de ses explorations au gouvernement de
la colonie, qui, après en avoir fait vérifier l'exactitude, le récompensa par
le don d'une somme de cinq cents livres sterling et la charge de commissaire des terres de la couronne, à laquelle fut attaché un traitement annuel
de cinq cents livres (15,000 fr.) Il eut mission en cette qualité de rechercher de nouveaux gisements.

Cependant, l'apparition à Sydney de quantités considérables du précieux
métal en pépites et en poudre produisit un tel enthousiasme et conduisit
tant de monde aux gîtes aurifères, que le gouvernement dut recourir à des
mesures de police pour maintenir l'ordre parmi la foule amassée sur les gisements. Par une proclamation du 22 mai 1851, adressée aux habitants,
le minerai existant dans la contrée fut déclaré propriété de la couronne.
Cet acte fut suivi d'une ordonnance, encore aujourd'hui en vigueur, fixant
les conditions auxquelles la recherche de l'or serait désormais permise par
la suite. Les mineurs furent astreints à solliciter une licence délivrée pour
un mois, moyennant un droit de trente schellings (37 fr. 50 c.) acquitté
d'avance.

Ces patentes, que les commissaires préposés aux gisements sont autorisés
à octroyer sur les lieux à tout mineur sur sa demande, doivent être pro-
duites aux inspecteurs des mines à toute réquisition, en vertu d'une disposition inscrite dans la formule même du permis. Cette mesure était devenue
indispensable par suite de l'innombrable multitude de gens sans aveu
qui commençait à se presser sur les gisements, et dont la plupart considé-
raient comme une très-légère peccadille de dérober au gouvernement le
droit qu'il vend de se tuer de travail, sans assurer au mineur un succès
quelconque. Ces inspecteurs préposés à la police des mines doivent être des
hommes résolus, toujours prêts à user des pleins pouvoirs dont leur com-
mission les investit, car ils ont souvent affaire à des bandits récalcitrants
sur lesquels la force physique peut seule exercer quelque influence. On
rencontre à chaque pas, parmi les habitants des mines d'Australie, de véritables brutes, types dégradés de la famille humaine, gens de sac et de
corde, qui ne reculent ni devant la honte ni devant le crime, pourvu qu'ils
aient la perspective d'acquérir de l'or sans être forcés de s'astreindre au
travail.

L'une des premières choses qui attira nos regards à notre arrivée aux
mines fut la conduite d'un inspecteur examinant le permis d'un groupe de
mineurs qui paraissaient pour la plupart appartenir à la classe des gens de
mer. L'un d'eux était un nègre originaire de l'Afrique. Son nez épaté, ses

grosses lèvres se contractaient d'une façon comique dans les efforts qu'il faisait pour dissimuler la contrariété que lui causait cette vérification. De son côté, l'officier lisant le brevet semblait fort peu satisfait de certaines surcharges ménagées, suivant lui, pour rendre indéchiffrable la date à laquelle le permis avait été délivré.

— A quelle époque cette licence vous a-t-elle été accordée? demandat-il à ce quidam, dont la large figure, le menton et la poitrine velus ajoutaient encore à l'apparence de force herculéenne.

— Le trois de ce mois, répondit le nègre, qui, pour le remarquer en passant, remplissait peu de jours auparavant l'office de cuisinier à bord d'un vaisseau américain, et en cette qualité, portait le surnom traditionnel de Neptune.

— Le trois de ce mois! Et comment puis-je le vérifier, puisque vous avez couvert la date de boue afin de la rendre illisible?

— Non, jamais boue sur lui, s'écria Neptune, jamais fait telle chose en ma vie; demandez à cher massa Ben ici présent, il sait que j'ai pris le permis le cinq du mois.

— Le cinq! exclama à son tour l'inspecteur emphatiquement. Et il ajouta après une pause durant laquelle il prit le temps d'examiner la contenance du noir, qui ne sourcillait pas : — Et tout à l'heure vous me disiez le trois!

— Le trois, le trois! laissez-moi voir. J'ai dit le trois, monsieur Ben?

— Non, dit Ben, qui se tenait à demi enfoncé en terre dans un trou de mineur, vous avez dit le cinq.

— Oui, oui, c'est le cinq que j'ai dit, massa.

— Venez avec moi, reprit l'inspecteur, nous aurons bientôt vérifié ce point.

Et pliant le permis, il se dirigea vers la tente du commissaire, suivi par le noir, qui en partant fit une comique grimace à Ben, laissé à la garde de la fosse.

Désireux de connaître la suite de cette aventure, nous les accompagnâmes jusqu'à la tente du commissaire, qui servait non-seulement de résidence à ce fonctionnaire, mais encore de bureau des patentes et de cour de justice. Là Neptune se décida à ôter pour la première fois le bonnet de laine rouge dont sa massive tête était d'ordinaire surmontée, et avançant l'un de ses pieds cagneux, aussi large à l'arrière qu'à l'avant, essaya une révérence de mauvaise grâce.

— Votre nom? demanda l'inspecteur, qui désirait recourir au registre pour contrôler la date de la patente.

— Neptune, dit le noir.

— Neptune quoi? ajouta l'inspecteur avec impatience.

— Non, massa, non, pas Neptune Quoi, Neptune le cuisinier.

Vérification faite du registre, il se trouva que l'autorisation de rechercher l'or avait été accordée le 3.

—Maintenant, Monsieur, dit l'inspecteur, vous avez affirmé que la licence avait été délivrée le cinq, et nous voyons qu'elle devait porter la date du trois. Ceci démontre évidemment votre intention manifeste de prolonger frauduleusement votre permis de fouiller le sol.

—J'ai dit le trois, interrompit Neptune.

— Vous avez dit le cinq, Monsieur.

— Pas boue sur lui, massa. J'ai dit le trois. Où est massa Ben? Allez demander à massa Ben. Il sait moi dire vrai; lui dire j'ai dit le trois.

— Vous avez dit le cinq.

— Oh! mon Dieu, moi n'aurai pas voulu dire une telle chose; non pas, non. Pour le monde entier! moi n'aurais pu dire une telle chose; car moi étais pas à la rivière le cinq.

— Où étiez-vous donc le cinq, alors?

— Sur la route de Ballarat, massa.

— Bien alors, si vous étiez sur la route de Ballarat le cinq, certainement vous ne pouviez être ici le trois.

— Si, massa, c'est le trois que j'ai obtenu ma licence.

— Et quand avez-vous quité Ballarat?

— Moi ne pas rappeler zactement, massa.

Et, comme si un nouveau rayon de lumière avait subitement éclairé son cerveau, il fit appel à tous ceux qui étaient assemblés, et présentant son permis, les pria de regarder si la date écrite par le commissaire n'était pas en effet le 3, comme il le disait. Mais personne ne put déchiffrer la date de ce titre, car Neptune avait à cet égard parfaitement pris ses mesures. Il fut renvoyé avec une réprimande qui, je crois, ne le détermina guère à s'amender à l'avenir.

C'est une chose plus que difficile de défendre en Australie les droits de l'Etat, et de maintenir une apparence d'ordre parmi cette multitude d'hommes tarés réunis sur les gisements. Quelle tâche que celle d'obliger des bandits pour la plupart marqués des stigmates du crime à reconnaître les vulgaires distinctions du *tien* et du *mien*, dans un pays où la faiblesse des institutions de police assure mille chances d'impunité! Bien que Neptune le cuisinier n'eût point encore fait connaissance avec les galères de l'Etat, il avait vécu au milieu de gens qui lui avaient appris bien des tours, et sa conscience eût été parfaitement en repos s'il était parvenu à frauder le fisc, ainsi qu'il en avait manifestement l'intention. J'ai observé, et cette remarque a dû être faite par bien d'autres, que le sens moral s'altérait même chez les plus honnêtes gens après un court séjour dans la colonie.

Un jeune garçon des Indes orientales, en service chez un marchand, était accusé d'avoir volé un sac de dollars.

— O Mango ! lui dit son maître, dont il avait auparavant toute la confiance, comment avez-vous pu vous rendre coupable d'un tel crime? Vous qui êtes depuis si longtemps à mon service, et que j'avais toujours reconnu pour un honnête garçon.

— Maître, répondit le jeune Indien les yeux remplis de larmes et d'un accent plein de regrets sincères, lorsque Mango venu ici, Mango était un très-honnête garçon; maintenant Mango un grand coquin. Massa, tout le monde coquin ici, à la fin Mango devenu coquin aussi.

En continuant nos observations au milieu des gisements, nous fûmes bientôt convaincus que le point le plus essentiel dans le choix d'un emplacement à exploiter était à proximité d'un réservoir d'eau. Notre lucre devait évidemment être en proportion inverse de la distance qu'il nous faudrait parcourir pour aller quérir cet élément si essentiel à nos travaux.

La rareté de l'eau en certaine saison est peut-être le plus grand inconvénient dont les colons aient à souffrir en Australie. Aussi l'eau y a-t-elle acquis par suite une si grande importance, que jamais une ferme n'est mise en vente, soit par le gouvernement ou les particuliers, sans qu'on ait soin de spécifier en première ligne la présence des rivières ou des ruisseaux qui l'arrosent, ainsi que leur volume d'eau approximatif.

Une terre, quelque fertile qu'elle soit, devient sans valeur par le seul fait de son éloignement d'un cours d'eau. La nature elle-même est souvent complice d'une foule de tromperies. Telle rivière dont le lit est en hiver trop étroit pour contenir ses eaux débordées dans la plaine, se tarit l'été jusqu'à l'épuisement le plus complet. Dans la province de Victoria cependant, où les pluies sont d'ailleurs plus fréquentes que dans les établissements placés plus au nord, la sécheresse est tempérée par une favorable circonstance. Durant l'été on trouve assez ordinairement dans le lit desséché de torrents des étangs ménagés par la nature de distance en distance. Les colons les désignent sous le nom de *trous à eau*. Ces réservoirs naturels, inestimables bienfaits de la Providence, m'ont paru l'un des plus singuliers et des plus étonnants phénomènes de la contrée. Il est probable qu'ils sont entretenus par d'invisibles sources qui se sont fait jour à la longue dans les bassins et rivières. Quelle que soit l'origine de ces *trous à eau*, il est certain qu'ils sont de la plus grande utilité, car l'eau qu'ils renferment est toujours très-limpide, et le plus souvent excellente à boire. Néanmoins elle se trouve dans certains districts tellement imprégnée de sels alumineux, qu'elle ne peut servir à désaltérer, et devient l'occasion des plus cruelles déceptions pour le voyageur que la soif accable.

VIII. — Formes de l'or. — Roches où il se trouve. — Procédés d'extraction. — Acquisition d'outils. — Fosse de mine.

Nous ne tardâmes pas à nous apercevoir qu'une foule de choses nous manquaient pour commencer notre travail des mines. Nous étions dépourvus des instruments nécessaires pour creuser et recueillir la terre aurifère, la transporter, la tamiser et la laver. D'autre part nous avions à ménager nos ressources pécuniaires, qui diminuaient chaque jour. Nous nous mîmes en quête de mineurs en détresse, dans l'intention de leur acheter les objets dont nous avions besoin. Après quelques recherches, nous parvînmes à conclure un marché assez avantageux eu égard au prix exorbitant de ces outils sur les lieux des gisements. C'est ici, je crois, l'occasion de donner une courte description des divers instruments requis pour la recherche de l'or; mais d'abord il faut dire comment et en quels lieux l'or se recueille, et quelles sont les méthodes de fouilles usitées dans cette partie de la contrée.

L'or se rencontre généralement sous deux formes : à l'état de minerai mélangé avec les terres d'alluvions, et disséminé soit dans le lit des rivières, soit dans le fond des ravines dont le sol s'est enrichi des couches successivement enlevées par les eaux aux fleuves des montagnes; en second lieu, enveloppé dans une matrice, et combiné avec une roche quartzeuse primitive. Ce n'est qu'à de rares exceptions qu'on rencontre l'or dans les sables, attendu que la poussière métallique, plus pesante ou plus ténue, traverse le sable pour aller se tapir au-dessous. Ces merveilleuses pépites, qui ont fait tant de bruit par leur grosseur, ont été pour la plupart découvertes dans les fissures de roches de schiste ardoisé. On en a également trouvé dans des roches de quartz fortement imprégnées de fer à la surface, et qui, par suite de cette circonstance, affectaient une couleur rougeâtre.

Les procédés d'extraction sont de deux sortes, désignés dans le langage des mineurs sous les noms de *fouilles de surface* et *fouilles de profondeur*. Le premier de ces procédés consiste dans le simple enlèvement de la couche de gravier qui dans certaines localités recouvre la surface des collines, et qui est ordinairement de six pouces à un pied de profondeur. Le second est employé pour les terrains les plus bas, dans le fond des ravins, dans le lit des rivières, et dans les interstices ménagés par la nature entre les lames de roches ardoisiennes. Quand on a fait choix de la place où l'on veut pratiquer la fouille, on y creuse des trous d'une assez grande profondeur. Ces deux procédés sont employés avec succès; mais c'est généralement par l'emploi du dernier que se sont faites ces fortunes soudaines et vraiment *magiques*, dirais-je, qui ont mis à l'envers la cervelle de la plupart des colons de l'Australie.

Au mont Alexandre, l'or se rencontre ordinairement dans les couches argileuses, ou dans ces interstices de roches ardoisiennes dont je parlais tout à l'heure, à des profondeurs variant depuis la surface même du sol jusqu'à trente-cinq et quarante pieds. Le métal est quelquefois en tas, et forme alors ce que les mineurs appellent pochettes. Quelque temps avant notre arrivée, des groupes de trois ou quatre mineurs avaient recueilli jusqu'à cinquante livres d'or en une seule journée.

Nous ne pouvions arriver sur les gisements en un temps plus défavorable que le mois de janvier. Nous étions en été, comme je crois l'avoir déjà dit, la chaleur était forte, quoique très-tolérable; mais on souffrait cruellement de la rareté de l'eau, qui ne permettait de laver que les terres susceptibles de donner de grandes quantités de minerai. Les privations engendraient aussi la dyssenterie, et faisaient déserter la mine à une foule de travailleurs. C'est d'un de ces mineurs découragés que nous avions trouvé à acheter, pour la faible somme de trois livres sterling, les outils et les ustensiles dont nous avions besoin.

Nos achats consistaient en une très-belle tente, deux pioches, deux bêches, deux pinces-leviers, quelques coins de fer, une brouette, une pelle, une hache, deux truelles, un crible et deux seaux de zinc; enfin, un poêlon, plusieurs gobelets, des cuillers et des fourchettes de bois, et de mauvais couteaux. Nous étions désormais bien pourvus de tout, il ne s'agissait plus que de trouver un lieu propre à l'exploitation.

Je m'étais procuré avant mon départ de Melbourne un recueil de documents sur la nature et l'aspect des principaux gisements aurifères. Nous les consultâmes avec soin avant de nous déterminer à ce choix important. L'extrait suivant d'un article, publié le 7 octobre 1851 dans *l'Argus* de

Melbourne, devint surtout l'objet de nos méditations et de nos études. Nous arrêtâmes qu'il nous servirait de guide pour trouver cette fameuse couche d'argile bleue si vantée, dans laquelle l'or doit infailliblement se rencontrer.

Voici cette relation :

« A la surface de la terre on trouvait sous le gazon la tourbe jusqu'à la profondeur d'un pied; au-dessous d'elle, une couche de terre d'alluvion fertile et de couleur noire reposant sur de l'argile grise. Cette argile couvrait du gravier rouge, parfois très-bon à exploiter. On rencontrait après le gravier une argile rouge contenant aussi de l'or, puis une couche d'argile d'une épaisseur très-variable, teintée de plusieurs couleurs, d'un rendement plus que médiocre; enfin, une mince couche d'argile dure et blanche, vulgairement appelée terre de pipe. A la vue de cette terre on pouvait affirmer que la couche la plus productive était proche. En effet, immédiatement au-dessous gisait une mince couche d'argile dure et savonneuse, c'était la fameuse argile bleue, la couche la plus riche en minerai.

» Le sol sur lequel s'étaient établis les mineurs était disposé en pente roide, de sorte que la profondeur des diverses couches variait suivant l'inclinaison du terrain. Au sommet de la colline on trouvait parfois l'argile bleue à un pied de profondeur; en d'autres endroits, même élevés, il fallait quelquefois creuser la terre à trente pieds pour découvrir la précieuse couche. »

Nous étions donc prêts à commencer nos travaux; nous résolûmes d'employer la journée à la recherche d'une fosse de mine abandonnée, qui nous parût susceptible de conduire à la découverte d'un gisement aurifère. Nous nous dirigeâmes vers la tente du commissaire pour nous munir d'une licence. On nous donna connaissance des derniers règlements. Ils accordaient à chaque personne quinze pieds de surface sur les bords d'une rivière ou d'un cours d'eau; vingt pieds de surface, du lit d'une rivière principale ou d'un cours d'eau tributaire; soixante pieds de surface, du lit d'une ravine; vingt pieds carrés de surface, sur les plateaux. Si l'exploitation du terrain concédé n'était pas commencée dix jours après la délivrance du permis, le concessionnaire était déclaré déchu de tous droits, et la concession réputée vacante.

Assurément une semblable clause ne pouvait inquiéter des gens aussi pressés que nous l'étions de se mettre à l'œuvre. Nous dressâmes immédiatement notre tente auprès de la fosse abandonnée, dont nous avions fait choix. A quelque distance de là se trouvait un réservoir encore pourvu d'un peu d'eau. La localité nous parut donc assez convenable. Il ne s'agissait plus que de trouver le précieux minerai.

Le délaissement de cette fosse par nos prédécesseurs ne prouvait pas que le terrain fût improductif, car il arrive tous les jours que des mineurs, trop impatients de jouir, abandonnent des travaux en bonne voie, sur lesquels des hommes calmes et résolus découvrent ensuite de fabuleux trésors.

Nous consacrâmes cette journée à construire notre habitation provisoire, à y transporter nos outils, et à mettre tout en ordre de manière à pouvoir commencer le jour suivant le travail de la mine. Ces préparatifs n'eussent point suffi à occuper la journée entière, mais de tempe en temps en temps, comme disent les marins, nous nous reposions sur nos avirons, nous rendions visite aux mineurs nos voisins, adressant quelques politesses à ceux dont la physionomie ne nous ssmblait pas trop farouche, afin de lier des relations de bon voisinage. La civilité est une monnaie courante, toujours à la disposition de tout le monde, et qui nulle part ne perd de son prix. Presque toujours, avec elle, on obtient quelque chose des hommes. Plaire, dans tous les cas, vaut mieux que se faire craindre. Nous apprîmes, entre autres choses, qu'il était de règle parmi les mineurs que toute fosse fût réputée vacante, lorsqu'elle n'avait pas été exploitée depuis qurante-huit heures. On pouvait cependant abandonner ses travaux et les reprendre plus tard, si on avait eu la précaution d'y laisser une pioche ou une bêche, comme marque de possession. Cela se fait souvent, et la propriété ainsi gardée est toujours respectée. Les fosses étaient dispersées aux environs dans toutes les directions; leur profondeur était de dix à trente pieds. Quelquefois des groupes de cinq travailleurs, y compris le cuisinier, découragés dès le début de l'exploitation, abandonnaient leur mine à six pieds de profondeur. Un voisin s'en emparait alors sans difficulté.

Les opérations que comporte la récolte de l'or sont extrêmement simples; il en est de même des outils dont on se sert; mais les mineurs travaillent avec une ardeur extraordinaire, inimaginable. Toutes les forces de leur corps et de leur esprit sont concentrées dans ce labeur et dans cette unique préoccupation : réaliser au plus vite leur rêve d'or. Des hommes qui ont passé leur vie dans la joie et le crime semblent métamorphosés en moines. Ils sont devenus silencieux et graves; leur attention est tellement absorbée par la surveillance du lavage de la terre aurifère, que quiconque les pourrait considérer sans partager la soif des richesses qui les dévore, les prendrait pour des être surnaturels.

Après avoir creusé le sol, on recueille, ainsi que le lecteur le sait déjà, les couches qui paraissent les plus productives; on lave ensuite la terre pour mettre à nu le minerai, à l'aide d'un instrument d'une forme particulière désigné sous le nom de cradle, *berceau*. Sa longueur totale est de cinq à six pieds. Il est divisé en deux compartiments; le premier, formant une boîte carrée d'une hauteur de deux pieds et demi, et pourvu d'un crible grossier placé horizontalement à quelques pouces de l'extrémité supérieure de la machine; au-dessous de ce premier crible règnent à l'intérieur, de distance en distance, les uns au-dessous des autres, d'autres cribles à mailles plus serrées. Le second compartiment forme une boîte longue de trois pieds, haute d'un pied et demi, et allant en s'abaissant et se rétrécissant vers l'extrémité, où l'on a pratiqué un large trou rond. La machine à laver est mise en mouvement à l'aide d'un long bâton, appelé berceur, fixé à l'une des parois par deux agrafes en fer.

Voici maintenant comment on procède avec l'aide de cet instrument

Pour exploiter une fosse de mine, il faut quatre hommes; le premier creuse le sol; le second charrie la terre vers un cours ou un réservoir d'eau auprès duquel on installe le *cradle;* le troisième apporte et verse l'eau dans la machine, pendant que le quatrième agite, ou, selon l'expression consacrée, berce le cradle d'une main, pendant que de l'autre il broie la terre et la délaye. On conçoit maintenant l'opération du lavage. Le premier crible est construit de façon à empêcher les pierres de pénétrer à l'intérieur du cradle; les cribles placés au-dessous arrêtent au passage le minerai et le sable le plus fin; tandis que la terre entraînée avec l'eau trouve une issue par l'ouverture de la machine. Lorsque la terre placée sur le premier crible est tamisée, le laveur et le berceur ne manquent jamais de se pencher avec inquiétude sur la machine pour examiner avec un indicible intérêt chaque pierre, et s'assurer si parmi elles ne se trouverait pas quelque pépite trop grosse pour passer dans les parties inférieures du *cradle*.

Il faut avoir comme moi assisté à des milliers de scènes de cette nature pour se figurer à quels excès le jeu peut entraîner, et quelles furieuses imprécations produisent les espoirs déçus; il faut avoir vu les mineurs haletants et sans souffle penchés sur la machine à tamiser l'or pour avoir une idée de tout ce que l'avarice et l'ambition peuvent exciter de passions dans le cœur de l'homme.

IX. — Renforts. — Shanty et les gros mineurs. — Découverte d'un voleur. —
Discours de Raikes à la foule. — Châtiment sommaire. — Le feu dans les
bois.

Cependant nous avions reconnu la nécessité de nous adjoindre au moins
deux personnes pour procéder à la recherche du minerai avec plus de
facilité et de promptitude. Il semblera que ce devait être chose fort aisée
que de trouver au milieu d'une semblable foule les deux compagnons qui
nous manquaient; mais la difficulté très-grande de faire un choix convenable n'en était pas moins réelle. Un associé d'un mauvais naturel pouvait
mettre la discorde entre nous, un paresseux paralyser nos efforts. Les
hommes les plus propres au travail des mines sont les matelots, les ter-
rassiers et les laboureurs. Ces gens, accoutumés aux travaux les plus pénibles, ont en général la persévérance nécessaire. Nous avions besoin de
l'un de ces hommes endurcis à la fatigue et d'un jeune garçon capable de
remplir l'office de cuisinier. Un homme d'une trentaine d'années, appelé
Shanty, d'une apparence assez chétive, mais d'une physionomie simple et
ouverte, se présenta à nous en cette dernière qualité. Il nous dit être né à
Londres et avoir servi comme aide cuisinier dans un petit restaurant de la
capitale. Son langage plus que vulgaire indiquait assez qu'il ne pouvait
avoir puisé sa science culinaire qu'à la plus infime école. Quoi qu'il en
fût, nous résolûmes d'essayer de lui et nous l'engageâmes à condition.
C'est-à-dire que si notre recherche était heureuse, il serait largement payé,
et que, dans le cas contraire, il partagerait notre mauvaise fortune.

L'autre compagnon que nous nous donnâmes, Robert Raikes, avait été
abandonné par le groupe de mineurs auxquels il était précédemment associé; il s'estima heureux de se joindre à nous. C'était un homme de haute
stature, aux formes athlétiques et dont les traits fortement caractérisés et
la physionomie expressive trahissaient les émotions d'un esprit toujours
agité par les passions. Sa vie n'avait été qu'une migration continuelle. Il
n'avait ni patrie, ni parents, ni amis. Le changement et la nouveauté
étaient des éléments au milieu desquels il aimait à vivre. Et c'était pour
satisfaire sa passion pour les aventures qu'il avait parcouru à pied presque
la moitié du monde : il avait voyagé en Angleterre, en Irlande, en Ecosse,
visité les principaux Etats d'Europe, traversé les deux Canada, la Nouvelle-
Ecosse, le Nouveau-Brunswick et la plus grande partie de l'Amérique du

Nord. Il s'était enfin récemment dirigé vers l'Australie, plutôt par curiosité que par le désir de s'enrichir. L'excentricité lui était naturelle, car elle prenait sa source dans l'extrême activité de sa nature, qui depuis les jours de son enfance n'avait jamais connu le repos.

Tels étaient les compagnons que nous avions recrutés dès les premiers jours de notre installation sur les gisements; mais, soit par suite de la grande chaleur, soit que le travail que nous poursuivions fût encore trop nouveau pour nous, la besogne n'avançait que lentement; il faut nous rendre cette justice, que notre courage n'en était point affecté. Les jours se suivaient sans rien amener qui stimulât notre zèle. Pourtant personne de nous ne paraissait disposé à abandonner la fosse à quelque prix que ce fût avant d'avoir rencontré la bienheureuse couche d'argile bleue qui avait déjà récompensé les fatigues de tant de travailleurs.

Shanty exerçait la surintendance des vivres du logement. Notre cuisinier était une gazette vivante, et, grâce à lui, nous savions tout ce qui se passait à dix milles à la ronde, car, à notre retour du travail, outre les plats de toutes sortes qu'il savait nous procurer, il nous apportait les aventures des mineurs nos voisins dont l'heur ou le malheur lui semblaient des sujets dignes de son éloquence.

Un soir, pendant que notre maître-queux nous servait à dîner, nous entendîmes à quelque distance le bruit confus d'une foule de voix. Nous nous dirigeâmes en hâte vers l'endroit d'où partaient ces cris, et nous vîmes qu'il s'agissait de faire bonne et prompte justice d'un malheureux surpris en flagrant délit de vol. C'était une scène de confusion indescriptible, les femmes criaient, les hommes frappaient, les chiens aboyaient. Quelques-uns voulaient attacher le coupable à un arbre et le lacérer à coups de corde; d'autres parlaient de le noyer, menace moins dangereuse, car je ne sais où ils eussent trouvé assez d'eau pour cela. D'autres enfin criaient qu'il fallait le précipiter la tête la première du haut d'un rocher afin d'en faire un exemple qui servît d'avertissement à quiconque serait tenté d'imiter son crime. Tous s'accordaient pourtant à demander une exécution immédiate. Pour arrêter le torrent débordé d'une foule en furie, pour s'opposer à ses exigences, il faut un sang-froid que possèdent trop rarement les hommes investis d'une autorité légale. En cette rencontre, Robert Raikes parvint seul à dominer l'émotion populaire. Avec la force d'un lion bondissant, il fendit la foule, parvint jusqu'au malheureux, le saisit au collet, et demanda d'un ton calme ce dont il était accusé.

— Il a pillé une tente.

— Et que prétendez-vous de lui? ajouta Raikes avec le même sang-froid.

— Fusiller le traître, dit l'un.

— Le noyer, dit l'autre.

— Cent coups de corde, cria un troisième.

— Le pendre, vociféra un quatrième.

Aucune de ces sentences ne parut avoir l'approbation de Raikes.

— Messieurs, dit-il, nous sommes ici une communauté d'hommes libres, sans autres lois que la force, sans autres règles que celles qu'il nous a plu d'établir parmi nous. Prenez-y garde, cette situation nous impose une grande responsabilité. A défaut de lois, notre conscience doit nous servir de guide; sa voix doit être religieusement écoutée. Cet homme, dites-vous, a volé?

— Oui, oui, oui!

— Bien. Ce crime mérite-t-il la mort? Vous ne répondez point; c'est qu'en effet ce crime ne saurait être puni d'une peine capitale. Il mérite cependant un châtiment qui puisse convaincre le coupable et ceux qui seraient tentés de l'imiter que de semblables fautes ne seraient pas sans impunité. Où est le propriétaire de la tente?

— Ici, cria une voix à quelques pas de Raikes.

— Bien, qu'est-ce que ce malheureux a dérobé?

— Rien, il n'en a pas eu le temps.

— Alors que ferons-nous de lui?

— Qu'on le flagelle à coups de corde et qu'on le laisse aller, reprit le propriétaire de la tente.

— Oui, oui! vociféra la foule, qui se précipita sur le coupable.

En dépit des efforts de Raikes, qui cherchait encore à modérer l'ardeur des exécuteurs de cette sentence, le malheureux fut attaché à un arbre. Dépouillé de ses habits, il fut flagellé de si belle façon, qu'il se souvint toute sa vie de la justice du peuple exécutant elle-même ses propres lois. Lorsqu'il fut délié, il pouvait à peine marcher. Il se traîna pourtant loin du théâtre de son crime et de son châtiment, et sans doute alla chercher un refuge pour la nuit dans les bois.

En rentrant sous notre tente, nous trouvâmes Shanty fort alarmé.

— Qu'est-ce, maître Shanty, qu'y a-t-il donc? lui demandai-je en arrivant.

— Mais rien; seulement j'ai peur qu'en notre absence quelque voleur ne vienne faire sauter la serrure du coffre et enlever les armes.

Les armes étaient pour Shanty la première des choses essentielles.

Pourvu que les armes ne fussent pas enlevées, pour lui tout allait bien.

Je vis en effet grand ouvert le coffre où nous avions serré nos vêtements et nos armes de gros calibre, ne gardant sur nous au milieu des gisements que nos pistolets revolvers. Mais Shanty en fut quitte cette fois pour la peur. Il était seulement arrivé que Brown, qui avait la garde de la clef, venait d'ouvrir le coffre au moment où les cris de la foule nous avaient attirés dehors : dans sa précipitation de courir sur le lieu du tumulte, il avait oublié de refermer cette caisse. De là l'alarme de Shanty, qui se reprochait au fond de sa conscience d'avoir quelque peu durant le jour abandonné la tente à sa propre garde. Heureusement rien ne manquait, et ce fut une leçon qui fit prendre à notre intendant la bonne résolution de ne jamais s'éloigner dorénavant sans prier l'un de nous de veiller en son absence.

Le courage que Raikes avait montré pendant la dernière scène fut très-admiré ; et il devint par suite un homme d'une certaine importance pour tous les témoins de l'aventure dans laquelle il s'était si dignement conduit. Il avait calmé les passions d'une foule en fureur, rappelé les cœurs à de meilleurs sentiments et sauvé la vie d'un malheureux. Le mérite de cette action était rehaussé chez lui par sa modestie. Sans doute qu'il avait l'habitude de pareils exploits, car ils lui semblaient la chose du monde la plus simple.

Il n'en était pas ainsi de Shanty, qui le proclamait tout haut un héros. Raikes était pour lui une espèce de demi-dieu, qu'il se proposa pour modèle et dont il essaya pendant quelque temps d'imiter les airs et la démarche : mais la copie ressemblait peu à l'original. La nature avait créé Shanty faible, timide et impressionnable. Elle avait fait Raikes grand, robuste et hardi. Telle était entre eux la différence des aptitudes. Pourtant Shanty pendant quelques jours fit de son mieux pour soutenir les allures du héros dont il s'était épris, jusqu'à ce qu'enfin, fatigué de ce rôle trop lourd pour ses forces, il reprit ses airs naturels, et redevint le petit Shanty le cuisinier.

Ces scènes, toujours les mêmes, et dont nous avions chaque jour le spectacle, cessèrent bientôt de nous intéresser. Ces rixes, ces accidents de toutes sortes n'avaient guère de retentissement au-delà du lieu même qui se trouvait en être le théâtre ; nous n'avions pas d'ailleurs besoin d'émotions extérieures, car les durs travaux de la mine, cette lutte incessante de l'homme contre une terre avare qui n'abandonnait ses trésors qu'au prix de fatigues inouïes, suffisaient à notre activité ; nous fuyions les réunions et les querelles, et quand arrivait la fin du jour, nous ne désirions rien tant que de nous reposer autour de notre feu, et nous n'y manquions pas, lorsque nous y étions, à moins pourtant que l'humanité ne nous fît un devoir d'aider de nos services quelques voisins dans l'embarras ; alors, dans ce cas, on nous trouvait toujours disposés. En un moment Raikes était debout, donnant généreusement au faible l'appui de sa force et de son courage, et mettait à son service l'ascendant vraiment extraordinaire qu'il savait en toute circonstance prendre sur les hommes grossiers qui nous entouraient.

Le même jour qui avait été marqué par le châtiment du voleur, comme nous terminions notre repas du soir, nous remarquâmes qu'une partie du ciel se teignait d'une sombre couleur rougeâtre, sous laquelle finit par s'éteindre l'éclat des constellations ordinairement si brillantes du ciel de l'Australie. Sans doute quelque immense incendie avait éclaté au loin. Nous grimpâmes en toute hâte sur une colline pour nous en assurer. D'énormes nuages de fumée noire et grise se dégageaient d'un immense foyer dont les flammes, poussées par le vent, couraient avec une étonnante rapidité, embrasant toute une région de leurs feux dévorants : c'était l'un des incendies si fréquents dans les bois à cette époque de l'année. La forêt semblait en feu. L'herbe sèche servait de principal aliment au fléau, mais de temps à autre aussi la flamme saisissait quelques gros troncs d'arbre et montait en colonnes si hautes qu'elles semblaient pendant un moment lécher la voûte des cieux, puis elle disparaissait aussi rapidement qu'elle s'était allumée. Ce sont de semblables accidents qui laissent dans les bois des troncs noircis semblables à des tours. Souvent aussi il arrive que la surface de l'arbre, étant carbonisée jusqu'à une certaine hauteur, le faîte refleurit et se couvre de nouveau d'un feuillage magnifique, car le feu dans son passage rapide n'a endommagé que l'écorce du géant.

Nous retrouvâmes Shanty, que nous avions laissé à la garde de la hutte, tourmenté du désir de satisfaire à son tour sa curiosité ; il craignait dans son impatience que nous ne revinssions pas assez à temps pour qu'il pût encore voir le feu. Il partit de toute la vitesse de ses jambes, mais il revint bientôt tout désappointé, déclarant que ce feu n'était rien, comparé à l'incendie du vieux Parlement.

X. — Expédition de Brown et de Raikes.

Nous creusions le sol avec acharnement, mais sans apercevoir aucune trace de minerai, tandis que tout à côté de nous un groupe de mineurs recueillait l'or par livres. C'était le supplice de Tantale. Nous pouvions à peine contenir nos sentiments de jalousie à la pensée que, travaillant aussi assidûment que les autres, rien ne nous venait encourager dans nos efforts. Nous persistions cependant : — Qu'importe? disions-nous chaque matin, le jour est long, nos bras sont forts, songeons que nous n'avons point encore atteint cette couche d'argile bleue sur laquelle repose l'or. Notre bourse cependant devenait de plus en plus légère, car c'était chose coûteuse que de nourrir sur les gisements cinq hommes de féroce appétit. Il ne fallait pas penser à économiser sur cet article, car le travail nous occasionnait une déperdition de forces qu'il était indispensable, sous peine d'altérer à tout jamais notre santé, de réparer par une alimentation substantielle. Combien de malheureux avaient été aussi victimes des privations qu'ils s'étaient imposées ! Combien d'autres aussi s'étaient mépris sur leurs forces, et habitués depuis leur enfance à ne manier que la plume, l'aiguille ou le pinceau, succombaient aux excès d'un travail exagéré ! On ne saurait impunément dépasser les limites que la nature a mises aux forces de chacun. Et tout bien considéré, elle ne se montre pas aux gisements plus cruelle qu'ailleurs.

— Hourra ! mes enfants, nous le tenons, nous le tenons enfin. Tel fut le cri qui frappa un matin nos oreilles pendant que nous étions occupés à notre travail habituel.

Ce cri était poussé par un des hommes appartenant au groupe de mineurs le plus rapproché de nous.

Ces mineurs avaient foré plusieurs trous de diverses profondeurs sans aucun succès. Leur cri de joie amena une foule autour de la fosse où brillait le métal précieux enveloppé dans une masse d'argile. La joie des mineurs était presque du délire, et en vérité ces fortunes subites succédant à la misère parfois la plus profonde, sont bien faites pour ébranler la raison. Beaucoup de gens ont été pris de folie sur l'heure même. Nous fûmes nous-mêmes témoins de deux accidents de ce genre en un seul jour. Un homme se précipita du haut d'un rocher et se brisa le crâne ; l'autre prit la fuite dans les bois et ne parut plus.

La réussite de ce groupe devait nous encourager; ces mineurs avaient travaillé longtemps avec habileté, et avaient longtemps eu des chances contraires. Maintenant ils recueillaient les fruits de leur persévérance; toutes leurs espérances se trouvaient enfin réalisées. En une semaine ils récoltèrent cent deux onces de l'or le plus pur et se partagèrent environ trois cents livres sterling. Le bonheur semblait avoir pris à tâche de compenser pour eux le temps perdu, car ils continuèrent les semaines suivantes à faire les plus magnifiques découvertes.

Si ces exemples nous encourageaient à poursuivre nos travaux, ils ne remplissaient guère notre bourse, qui devenait de plus en plus légère. Nous arrivâmes de la sorte au second dimanche de notre séjour aux mines.

Le dimanche était comparativement pour nous un jour de repos, car nous cessions le travail des mines pour nous occuper de laver notre linge, faire nos prières, réparer nos habits et mettre quelque ordre dans notre linge. Le dimanche en question, Raikes et Brown proposèrent de faire une petite excursion dans les bois et de voir s'il n'y avait pas moyen de renouveler par la chasse nos provisions de bouche, qui commençaient à s'épuiser. J'étais pour mon compte assez d'avis de célébrer le dimanche aussi dignement et avec autant de piété que la localité le permettait. Mais les circonstances étaient impérieuses, il fallait manger avant tout. Je dus céder à la nécessité, et l'expédition fut résolue.

En conséquence Raikes et Brown, aussitôt après le déjeuner, prirent avec eux une bonne provision de poudre et de plomb, jetèrent leurs fusils sur leurs épaules et partirent en promettant de revenir avant la nuit, et de nous rapporter des kakatoës, des perroquets et des kangourous de quoi remplir notre tente.

— Tous ces gibiers seront les bien reçus, dit Shanty, car je ne vous cache pas que mon garde-manger est fort mal garni. Néanmoins il y aura du thé préparé pour vous bien recevoir. Bon voyage, Messieurs!

— Merci, mon brave Shanty. Disant ces mots, ils soulevèrent la toile de la tente et s'éloignèrent.

Nous les vîmes partir sans appréhension aucune; les bois étaient proches, ils étaient bien armés, que pouvaient-ils avoir à redouter?

La journée se passa pour nous dans le repos. Je lus la Bible à Binks et à Shanty. Celui-ci était d'une ignorance incroyable, et les explications que je fus obligé de lui donner nous prirent beaucoup de temps.

Il était presque nuit quand nous cessâmes de lire et de commenter le livre saint, et que nous nous mîmes à tout préparer pour recevoir dignement les hôtes affamés dont nous attendions le retour. Cependant la nuit s'avançait, et nos chasseurs ne paraissaient pas. Les bruits qui nous entouraient s'affaiblirent, les lumières disparurent les unes après les autres, et le camp tout entier fut plongé dans le silence et l'obscurité. Nous crûmes devoir faire comme tout le monde, et nous allâmes nous mettre au lit, persuadés que d'un instant à l'autre nous allions être obligés de nous relever pour ouvrir à nos deux compagnons attardés. Mais la nuit se passa sans nouvelles. Les chasseurs s'étaient perdus dans l'épaisseur des bois, et n'ayant pas de boussole pour orienter leur marche, ils s'égarèrent si bien dans un dédale inextricable de fourrés et de buissons, qu'ils errèrent pendant quinze jours à l'aventure, n'ayant pour subsister que les racines qu'ils découvraient et le gibier qu'ils abattaient. — On juge quelles furent nos inquiétudes, et je crois qu'il est inutile de dire avec quel sentiment de joie ils furent accueillis à leur retour.

Les aventures de nos chasseurs pendant cette quinzaine mémorable ne seront pas, je l'espère, dépourvues d'intérêt pour le lecteur, auquel je demande la permission de mettre sous ses yeux le récit que Brown en écrivit de sa propre main.

Journal de Brown

Dimanche. — Après avoir quitté la tente et pénétré dans les bois, nous fûmes surpris du peu d'oiseaux que nous rencontrâmes. Cette rareté ne nous semblait pouvoir être attribuée qu'aux flots de population qui avaient récemment envahi leurs domaines ; mais, sans nous en inquiéter davantage, nous poursuivîmes notre route à travers la forêt. On y marchait sans difficulté ; la journée était belle ; tout en cheminant, mon compagnon me contait quelques-unes de ses aventures, et elles offraient assez d'intérêt pour absorber notre attention.

Cependant nous nous arrêtions de temps à autre un moment devant un eucalyptus géant, pour voir si son feuillage ne servait pas de refuge à quelque kakatoës ou à quelque opossum. Mais nous n'apercevions ni oiseau ni quadrupède, et comme nous nous étions enfoncés à l'étourdie dans cette vaste forêt, sans faire aucune remarque qui pût nous servir de guide pour le retour, nous nous trouvâmes bientôt perdus dans un véritable labyrinthe, sans aucune idée de la position que nous occupions. Nous étions comme des marins abandonnés sur l'Océan sans boussole et sans gouvernail. La plus grande uniformité règne dans la forêt. Le paysage y a partout les mêmes traits. Cette uniformité cause chaque jour des accidents du genre de celui dont nous étions victimes. En voici un exemple singulier.

Un colon des environs de Sydney, ayant pris la forêt pour arriver plus tôt à Melbourne, se retrouva après plusieurs journées de marche en face de la ferme qu'il avait quittée au départ.

Nous n'avions pas de montre, mais la faim qui commençait à se faire sentir nous disait assez que nous devions être dans les bois depuis un assez grand nombre d'heures. Nous nous arrêtâmes donc pour aviser au moyen de satisfaire aux exigences de notre appétit, puisque nous n'avions plus l'espoir de rapporter notre butin de la journée à nos compagnons. L'immense solitude où nous nous trouvions engagés, le silence profond et solennel de la forêt remplissaient notre cœur d'une émotion indéfinissable ; et ce n'était pas sans un vif sentiment d'admiration que nous contemplions cette nature sauvage, dont les proportions grandioses nous rappelaient pourtant au sentiment de notre infinie petitesse, et éveillaient en nous l'appréhension de dangers trop réels.

Nous étions définitivement perdus ; essayer de retrouver la trace de nos pas eût été chose impossible, même quand nous eussions été doués de l'habileté du sauvage ; car le sol durci n'avait conservé aucune empreinte. Nous revînmes cependant en arrière, dans l'espoir de reconnaître notre route, mais ce fut en vain ; fatigués de conjectures, découragés au-delà de toute expression, nous nous jetâmes à terre contre un arbre pour nous abriter de l'ardeur du soleil et nous consulter sur la manière dont nous nous arrangerions pour passer la nuit s'il fallait la passer dans les bois.

— Oui, me dit Raikes, ce que nous avons de mieux à faire est d'abord de nous résigner, afin que, si la chose arrive, nous ne soyons pas au moins pris à l'improviste.

J'en tombai d'accord avec lui, j'ajoutai cependant qu'il fallait faire tous nos efforts pour revenir vers le point d'où nous étions partis.

Pendant que nous causions ainsi, nous entendîmes un léger bruit dans les feuilles au-dessus de nos têtes ; c'était un opossum qui se glissait dans un trou pratiqué à la naissance de deux fortes branches d'arbre. Nous n'eûmes pas le temps de prendre nos fusils placés en bandoulière sur nos épaules, que déjà l'opossum s'était blotti dans sa retraite.

Le désir de nous emparer de cet animal nous fit en un moment oublier notre situation. Nous fîmes du bruit, nous frappâmes l'arbre à coups de crosse de fusil pour effrayer notre gibier, et le faire sortir ; mais ce fut en vain. Raikes alors se détermina à monter à l'arbre, et à enfumer l'opossum avec une poignée d'herbes sèches. Cette opération était plus difñcile que nous ne l'avions imaginé. Le tronc de l'arbre était énorme, et son écorce glissante ne présentait aucune saillie qui pût aider à l'ascension.

— Je monterai, quoi qu'il en soit, dit Raikes. Vous allez pendant ce temps attacher de l'herbe au bout d'une perche, vous l'allumerez ensuite et me la tendrez. Il ôta ses chaussures, et en quelques moments il fut à mis-distance du trou ; arrivé là, il fut obligé de s'arrêter pour reprendre haleine.

— Eh bien ! qu'y a-t-il ? criai-je, retenant à grand'peine un éclat de rire. Il ne répondit point, s'attacha plus fortement à l'arbre dans la position d'une énorme grenouille, tout haletant comme s'il venait d'échapper à la poursuite d'un tigre.

— Pouvez-vous monter plus haut ?

— Attendez une minute. Je souffle comme un marsouin, murmura-t-il à voix basse, comme s'il eût eu regret d'avouer son embarras. Il recommença à se hisser ; quelques efforts l'épuisèrent encore, il s'arrêta de nouveau, la face rougie, le front trempé de sueur. Je voyais qu'il eût préféré être en bas ; tous ses membres tendus trahissaient la fatigue. Pendant que je m'efforçais de l'encourager, j'avais grand'peine à ne pas rire de sa triste position.

Lui pourtant jeta son chapeau, et recommença à monter.

— Courage, vous y parviendrez cette fois, criai-je, lorsque l'animal, sans doute effrayé de cette invasion inattendue dans son domicile, s'élança de sa retraite, et courut avec l'agilité d'un rat jusqu'à l'extrémité de l'une des branches de l'arbre.

— Il est sorti ! il est dehors, cria Raikes immobile d'émotion, le voyez-vous ?

— Oui, dis-je. Conservez votre position, afin qu'il ne puisse revenir sur ses pas. Je vais le tirer.

En même temps j'avais saisi mon arme, et tandis que l'opossum demeurait en arrêt et comme pétrifié d'épouvante, je fis feu. Il tomba frappé de mort.

— Bravo, s'écria Raikes en le voyant rouler de branche en branche, et tout aussi joyeux de sa délivrance que de la capture, il descendit en hâte

Le joli petit animal était de la grosseur d'un chat angora : un poil ras, doux et velouté couvrait ses oreilles ; ses yeux, brillants comme le diamant avant que le plomb meurtrier l'eût atteint, étaient maintenant fermés et ternes. Sa queue sans poils était d'une longueur disproportionnée ; ses jambes écartées étaient armées de griffes aiguës, son corps couvert d'une épaisse fourrure grise, rayée de noir et de jaune. Il appartenait à l'espèce connue sous le nom de didelphe.

L'heureuse issue de cette chasse et le plaisir que nous y avions pris nous disposaient à envisager notre situation sous des couleurs moins sombres. Le plus pressé pour le moment était de faire cuire le gibier. Raikes, l'intrépide voyageur des deux mondes, qui dans ses aventures avait dû plus d'une fois pour vivre remplir l'office de cuisinier, n'était pas novice dans cet art utile, et il se mit aussitôt à écorcher et à vider l'opossum avec beaucoup d'adresse; pendant ce temps je creusais un trou en terre, je ramassais le bois, et j'allumais le feu à l'aide d'un peu de poudre et de bourre de coton retirée de mon fusil. Nous eûmes bientôt la satisfaction de voir la flamme briller en pétillant. Ces premiers préparatifs terminés, nous plaçâmes l'opossum entre deux écorces d'arbre, puis nous mîmes le tout dans le foyer même, en ayant soin de le couvrir de cendres chaudes. En peu de temps la daube fut cuite à point. Cette viande était assez bonne; mais que pouvait être un dîner sans sel, ni poivre, ni pain, ni légumes! il fallait être affamé et perdu dans les bois, loin de tous les secours de la civilisation, pour s'en délecter comme nous le fîmes. En peu de temps le gibier, trop mince pour notre appétit, eut entièrement disparu.

Cependant le soleil baissait de plus en plus, il allait bientôt disparaître, et nous songeâmes à nous établir pour la nuit. Nous nous mîmes à la recherche d'herbe et de branchages; cette occupation nous forçait parfois à nous éloigner l'un de l'autre de quelques pas. Je ne saurais dire de quels sentiments d'appréhension nous étions assaillis lorsqu'il nous arrivait de nous trouver un moment hors de la portée de la voix l'un de l'autre. Notre situation était loin sans doute d'être désespérée, nous en étions convaincus; mais nous ne pouvions cependant nous défendre de ces émotions que comprendront seuls ceux qui, comme nous, se sont trouvés perdus au milieu des forêts vierges du nouveau monde.

Pendant que je ramassais du bois, j'entendis tout à coup Raikes, qui se trouvait à environ deux cents pas de moi, pousser un grand cri d'alarme, puis je le vis frapper à coups de bâton sur un buisson. J'accourus mon fusil à la main sur le lieu du combat. Il avait affaire à un énorme serpent dont il venait de troubler la retraite. Le reptile irrité s'avançait l'œil plein de colère, en faisant entendre un sifflement aigu, que je ne puis mieux comparer qu'au bruit de la vapeur s'échappant d'une locomotive. Je n'eus que le temps de faire feu. La charge de mon arme atteignit l'animal à la tête; il fut mortellement blessé, cependant ses mouvements demeurèrent pendant longtemps pleins de vigueur; mais ils étaient convulsifs et désordonnés, et n'étaient plus à craindre.

Nous lui écrasâmes la tête à coups de bâton, il remua néanmoins longtemps encore. Lorsqu'il fut tout à fait mort, nous mesurâmes sa longueur,
qui se trouva dépasser quatre pieds; mais comme nous ne pûmes reconnaître l'espèce à laquelle il appartenait, il nous fut également impossible de
savoir si la morsure de ce reptile était venimeuse.

Après cet heureux exploit nous dressâmes une hutte de branchages au
pied même de l'arbre sur lequel nous avions tué l'opossum. Malheureusement depuis notre départ des gisements nous n'avions pas rencontré d'eau;
une soif brûlante dévorait nos poitrines; il fallait absolument faire effort
sur nous-mêmes et aviser au moyen d'alléger nos souffrances. Nous pouvions nous séparer et aller à la découverte chacun dans une direction dif-
férente; mais la crainte de nous perdre dans la forêt partout uniforme,
nous fit adopter un autre plan. Il fut décidé que l'un de nous demeurerait
auprès de la hutte pendant que l'autre visiterait les environs en ayant soin
de ne pas s'éloigner de la hutte hors de la portée du bruit du fusil. Ceci
convenu, Raikes partit. Ses recherches furent longues, il ne revint qu'à la
nuit et sans avoir rien trouvé. Il fallut se résoudre à demeurer en place
jusqu'au jour et se consoler par l'espoir d'être plus heureux le lendemain.

Nous nous étendîmes sous notre toit fragile, le cœur involontairement
oppressé, car ce silence si profond du désert avait quelque chose de triste
et de solennel. Nous étions de plus tourmentés par la soif, et la souffrance
ajoutait à notre découragement. Cependant, comme nous étions accablés
de fatigue, à peine nous nous fûmes jetés sur notre lit de feuilles sèches,
que le sommeil vint nous faire oublier nos misères.

Je ne sais quelle heure de la nuit il était lorsque je m'éveillai. La lune
éclairait les profondeurs de la forêt d'une lueur éclatante particulière au
ciel d'Australie. Une abondante rosée couvrait le gazon de perles limpides.
Cette vue me remplit de joie. J'appelai Raikes. Nous coupâmes de l'herbe,
nous recueillîmes la rosée goutte à goutte dans un morceau d'écorce de
junga, et nous y trempâmes avec délices nos lèvres desséchées. Il faut avoir
connu l'horrible tourment de la soif pour concevoir de quel soulagement
fut pour nous ce peu d'eau fraîche, inestimable trésor que nous mîmes une
heure entière à ramasser. Notre souffrance apaisée, nous reprîmes courage; avec quelle ardeur nous remerciâmes la Providence! Je dois l'avouer
à ma honte, je ne m'étais guère préoccupé de témoigner ma gratitude à
l'Etre suprême, car il faut que l'homme soit éprouvé par la douleur pour
apprendre de combien de bienfaits il est redevable à l'Etre puissant dont
les lois gouvernent l'univers.

La nuit était belle, mais extrêmement froide. Couchés à terre et sans couvertures, nous nous trouvâmes vers le matin tout transis l'un et l'autre.

— Brown, me dit Raikes, cette nuit si froide est interminable; que pourrions-nous donc faire pour nous garantir d'une fraîcheur si incommode?

— Il faudrait, répondis-je, que la Providence, qui dans sa clémence nous a nourris et abreuvés, voulût conduire vers nous quelque troupe de kangourous; nous aurions bientôt taillé de bons manteaux dans leur fourrure : notre poudre est bonne, et je me flatte de savoir envoyer une balle au but.

— Oui, Brown, vous avez fait aujourd'hui vos preuves; mais je crains bien que les kangourous craintifs qui peuplent ces parages n'aient déjà flairé cette poudre.

— Oui, en vérité, les coups de feu d'hier au soir auraient suffi pour les effrayer; déjà, sans doute, ils sont réfugiés dans ces épaisses solitudes de la forêt où l'homme ne pénètre jamais.

— Silence, dit alors Raikes, et l'oreille tendue il m'indiqua du doigt une clairière éloignée.

Je prêtai l'oreille avec la plus grande attention, et distinguai bientôt un bruit saccadé semblable à un éclat de rire enroué accompagné d'une sorte de gloussement.

Nous nous glissâmes en silence vers l'endroit d'où partaient ces cris étranges. A notre grand étonnement, nous aperçûmes au clair de lune une troupe d'opossums qui paissaient tranquillement l'herbe humide de rosée.

— Voici une heure de destruction, Brown, plusieurs repas et de bons manteaux à notre portée.

— S'il plaît à Dieu, Raikes, nous les aurons avant que le jour reparaisse.

Tout en parlant ainsi nous apprêtions nos armes; une minute après deux pièces de ce gibier providentiel étaient étendues sans mouvement à nos pieds. Le reste du troupeau avait fui dans toutes les directions; on les voyait grimper avec une merveilleuse rapidité sur tous les arbres; quelques-uns demeuraient arrêtés sur les premières branches et comme paralysés d'épouvante. Courir auprès de ces arbres fut l'affaire d'un moment; le feuillage n'était point assez épais pour offrir un asile sûr aux malheureuses bêtes. Nous les distinguions les unes après les autres à la clarté de la lune, et bientôt neuf d'entre elles frappées par nos balles furent à notre disposition.

Nous les écorchâmes promptement, et nous en fîmes cuire deux, réservant les autres pour les besoins du jour suivant. Et après avoir étendu nos peaux à terre et recueilli encore un peu de rosée, nous nous étendîmes de nouveau sur nos lits de feuilles pour dormir jusqu'au lendemain.

Lundi. — Le soleil était depuis deux heures environ au-dessus de l'horizon lorsque je m'entendis appeler par Raikes. Mon compagnon n'avait cessé, même en dormant, de se préoccuper du résultat de sa chasse, et de compter, en rêve, combien de peaux d'opossum il faudrait pour faire un manteau assez large pour servir en même temps de couverture.

— Brown, me dit-il, il faut quarante à cinquante petites bêtes comme celles-ci pour faire un manteau confortable.

— Oui sans doute, répondis-je après avoir mesuré de l'œil une des peaux étendues à terre. Mais il faut espérer que nous n'aurons pas besoin de manteau. Nous ferons en sorte, j'imagine, de retrouver notre chemin aujourd'hui.

— Une couverture doit avoir au moins six pieds carrés, continuait Raikes trop profondément absorbé dans ses calculs pour prendre garde à mon observation, et ces petites bêtes n'ont pas, la tête et la queue comprises, plus d'un pied carré, si toutefois elles ont cette dimension.

— Oui, oui, ajouta-t-il après quelques instants de réflexion, il en faut bien de quarante à cinquante pour faire un manteau, cent pour une bonne couverture telle que celle dont nous avons besoin. Il faut chasser des opossums.

— Mais, Raikes, je ne vois rien qui presse. Nous ne devons pas être loin de la rivière. S'il en est ainsi, nous rencontrerons certainement quelque poste avancé où on nous indiquera la route à suivre pour retourner vers nos amis.

— Quant à ceci, mon cher Brown, figurez-vous bien que de toutes les choses incertaines de ce monde il n'y a rien de plus trompeur qu'un sentier dans les bois. J'ai entendu dire maintes fois que les naturels eux-mêmes s'y perdent fréquemment, seulement ces peaux de charbon ont sur nous un avantage immense, celui de connaître les ressources que chaque district offre, selon la saison, pour la chasse et pour la pêche ; ils savent aussi découvrir les racines propres à la nourriture de l'homme. De plus, ils ne se hasardent dans ces districts que dans la saison convenable, et sont assurés, par conséquent, d'y pouvoir vivre. Ils ont enfin, et par-dessus tout, cet immense avantage de porter avec eux tout ce qui leur est nécessaire ; ils sont ainsi dans les mêmes conditions que les animaux sauvages qui trouvent un gîte dans chaque arbre creusé par la nature, et leur nourriture partout.

— Avez-vous eu l'occasion d'observer quelques-unes des tribus de ce pays, Raikes?

— Je les ai très-peu vues; mais j'en ai beaucoup entendu parler; elles sont un peu moins civilisées que les peuplades de l'Amérique du Nord, parmi lesquelles j'ai habité pendant plusieurs semaines. Mais elles ont un goût aussi prononcé qu'elles pour les liqueurs fortes et le tabac, même bassesse de penchants, et un amour encore plus prononcé de l'indépendance de la vie sauvage. Je me rappelle à cette occasion une scène d'ébriété à laquelle j'ai assisté dans les rues de Québec. Je n'ai de ma vie rien vu de plus hideux que les sauvages de l'Amérique septentrionale, pris de boisson jusqu'à se rouler dans les ruisseaux fangeux, errant, hurlant et se battant en se renversant les uns sur les autres. Leur manière de se battre était en réalité peu dangereuse, car ils étaient trop ivres pour se faire beaucoup de mal; mais je n'oublierai jamais l'horrible expression de rage qui contractait la face souillée des combattants, et une férocité hideuse allumait leurs yeux hébétés. Leur bouche démesurément grande montrait deux rangées de dents blanches et menaçantes; tous leurs traits exprimaient le déchaînement des passions sauvages, et rappelaient à l'esprit les épouvantables scènes des cannibales du Nord. Dans mes voyages je n'ai rien vu qui m'ait fait plus d'impression.

— Rencontre-t-on les mêmes habitudes de pugilat chez les aborigènes de l'Australie?

— Les Australiens, répondit Raikes, ont une manière de se battre tout à fait particulière. N'avez-vous jamais vu un duel entre deux de ces nègres?

— Jamais.

— C'est la chose la plus originale. Elle surpasse sous ce rapport tout ce qu'on peut imaginer. La victoire reste toujours à celui qui peut se glorifier d'avoir la tête la plus dure.

— Comment cela?

— Les deux adversaires s'arment d'une massue avec laquelle ils frappent tour à tour sur la tête l'un de l'autre jusqu'à ce que le vaincu tombe à terre, sous peine de passer pour un lâche. Il est interdit de chercher à éviter l'antagoniste. Ces coups, je vous assure, sont appliqués de telle sorte que nul crâne européen n'en pourrait supporter un seul sans éclater.

Bien que le ciel fût chargé de nuages menaçants, qui nous empêchaient d'observer la marche du soleil, il était certain que la matinée était très-avancée; nous avions espéré de la pluie; mais comme elle ne tombait pas nous liâmes nos opossums et leurs dépouilles, et nous nous mîmes en quête du chemin de la rivière. Combien nous regrettions de ne pas nous être munis de nos boussoles de poche ! Mais les doléances ne remédiaient à rien. Ce que nous avions de mieux à faire était de marcher devant nous à travers ces bois interminables. A la fin nous nous trouvâmes engagés au milieu d'un épais fourré d'arbrisseaux épineux présentant une masse impénétrable de plants de toutes sortes, enchevêtrés les uns dans les autres. Pour avancer de quelques pas et pour nous garantir des piqûres, nous étions obligés de faire de très-longs détours et de marcher constamment en zigzag. Ces difficultés nouvelles ne tardèrent pas à nous faire perdre toutes notions sur la direction que nous suivions.

L'orage qui menaçait depuis quelques heures était sur le point d'éclater. Le vent s'était graduellement élevé, il soufflait maintenant par rafales toujours plus violentes, brisant les hautes branches des arbres et les entraînant dans sa course furieuse. L'air soudainement échauffé se chargea d'une poussière brûlante ; de larges éclairs se succédant sans intervalle couvrirent la cime du feuillage de larges nappes de feu ; la foudre éclata à coups redoublés en grondant avec un bruit horrible. Nous demeurâmes un moment glacés d'épouvante. Un sifflement aigu, étrange, sauvage, accompagné de craquements affreux, s'élevait au loin du sein de la forêt courbée sous l'effort de la tempête. L'ouragan gagnait du terrain avec une effrayante rapidité. Le ciel s'assombrissait à chaque instant davantage, l'air devenait de plus en plus épais, le tourbillon approchait, nous allions être enveloppés dans un cercle de destruction. Nul moyen de fuir. Nous nous jetâmes instinctivement à terre. Aussitôt le démon de la destruction se déchaîna. L'obscurité la plus complète se fit autour de nous ; les branches fracassées, les arbres déracinés tombaient de tous côtés sur le sol ; nous allions être écrasés. Nous attendions la mort. Cet instant fut terrible, heureusement il fut court : la lumière reparut, et nous fûmes épouvantés de la dévastation que quelques minutes avaient suffi pour opérer.

Ce qui nous frappa d'abord fut la grandeur du danger, auquel par un hasard providentiel nous avions échappé. Tous les arbres autour de nous étaient brisés ou déracinés. A quelques pas, un eucalyptus géant gisait renversé à terre, le sol était jonché de ses débris tordus et pour ainsi dire mis en poussière.

Immédiatement après le coup de vent, la pluie descendit du ciel par torrents et continua à tomber pendant tout le jour.

Essayer de donner une idée de la ruine et de la confusion qu'un ouragan semblable laisse après lui dans ces forêts vierges du nouveau monde est chose impossible. Qu'on se figure la forêt bouleversée de fond en comble, les arbres déracinés, tordus, mêlés, enlacés de la manière la plus inextricable; les troncs séculaires, les racines en l'air, demeurant suspendus à cent pieds de hauteur tandis que la cime est enterrée dans les fourrés épineux, le sol jonché de débris, et l'on aura une faible idée du chaos qui épouvantait nos regards.

A côté du géant de la forêt brisé par l'orage, quelques tiges faibles avaient survécu, protégées sans doute par leur faiblesse même, comme le roseau de la fable. Nous aussi nous avions échappé à la tourmente; nous avions, en nous faisant petits, résisté au choc. Nous en rendîmes grâces à l'Etre suprême, qui nous avait épargnés au milieu de cette scène de destruction, témoignage éclatant de sa redoutable colère.

Un des arbres les plus rapprochés de nous avait été couché par la tempête sur un autre arbre de manière à nous offrir un abri, sous lequel nous nous plaçâmes pour nous garantir de la pluie, qui tombait perpendiculairement en ruisseaux, malgré la force du vent, en gouttes de la largeur du pouce. La terre desséchée buvait avidement cette eau, qui disparaissait comme sur un lit d'éponge, tandis que de temps à autre les éclairs illuminaient la nue. Quelques arbres arrêtés dans leur chute glissaient en roulant des positions où ils étaient restés un moment suspendus, et tombaient à terre pour disparaître au milieu des broussailles; le vent en charriait au loin des débris de toutes sortes.

Tout se taisait devant la grande voix de la tempête, oiseaux, insectes et quadrupèdes. Il semblait que tout' ce qui avait vie eût péri dans ce cataclysme de la nature. Pour tout dire en un mot, la désolation était complète, et aussi effrayante qu'elle était complète.

Nous avions maintenant assez d'eau pour étancher la soif qui nous avait si cruellement fait souffrir, car l'eau s'amassait dans les écorces creuses des arbres. A mesure qu'ils s'emplissaient, nous vidions avidement ces petits réservoirs, bénissant la Providence, qui au milieu de cette scène de désordre savait pourvoir à notre conservation. Cette eau nous semblait plus précieuse mille fois que l'or, pour la récolte duquel nous étions cependant accourus du bout du monde.

Il était impossible de songer à sortir de notre refuge; nous résolûmes de nous y organiser de notre mieux pour le reste du jour. Nous avions de la viande d'opossum, de l'eau en abondance et les moyens d'allumer du feu, car le bois ne nous manquait pas, la tempête ayant pris soin de semer autour de nous des débris d'arbres en profusion. A quelque distance nous aperçûmes une énorme pièce d'écorce de junga détachée de sa tige aussi proprement, aussi parfaitement qu'elle aurait pu l'être par la main d'un habile ouvrier. Cette écorce nous fournit une tente pour nous abriter de la pluie. D'autres écorces semblables que nous ramassâmes ensuite devaient nous servir de hamac. La seule chose qui nous manquât était une bonne couverture. Mais comme nous n'avions ni la chose ni les moyens de nous la procurer, nous dûmes nous résigner à nous en passer; et pour parer autant que possible à cet inconvénient, nous eûmes soin d'entretenir devant notre tente un feu clair et joyeux.

Au milieu de nos anxiétés personnelles, nous étions extrêmement préoccupés de l'inquiétude dans laquelle devaient être nos amis. Nous nous demandions parfois s'ils n'allaient pas croire que nous les avions abandonnés volontairement. Mais cette crainte tombait heureusement devant la réflexion, car ils savaient que nous n'avions rien emporté, pas même nos couvertures, que nous n'avions fait aucun des préparatifs nécessaires pour une excursion au milieu d'une contrée déserte et encore inexplorée. Nous nous demandions si l'ouragan n'avait pas passé sur les gisements; s'il en était ainsi, quels effets terribles ne devait-il pas avoir produits dans le camp! Mais les espaces où s'exerce l'action de ces tourbillons sont la plupart du temps si limités, que nous espérions, non sans raison, que les mineurs de la rivière de la Forêt n'en auraient pas souffert.

Vers le soir le vent tomba et le ciel s'éclaircit; la lune reparut aussi brillante que jamais, mais un calme de mort continuait à peser comme un linceul de plomb sur la forêt saccagée. On n'entendait d'autre bruit que le pétillement du feu, le clapotement des gouttes d'eau glissant de feuille en feuille et tombant jusqu'à terre.

Les émotions qui nous avaient agités nous avaient aussi fatigués extrêmement, et grâce à cette circonstance nous trouvâmes bientôt dans le sommeil l'oubli de nos maux et un repos qui nous était si nécessaire.

Dès la pointe du jour nous fûmes éveillés par le rire du jack, singulier oiseau que l'on appelle en Australie l'horloge des bois, parce que son plumage varie suivant les heures du jour. La beauté de la matinée nous promettait une magnifique journée, et nous donnait l'espoir de parvenir enfin à sortir de ces vastes solitudes où nous étions enfermés. Il s'agissait d'abord de sortir des ruines faites par la tourmente. En escaladant les monceaux d'arbres couchés sur le sol, en tournant les fourrés d'épines, nous arrivâmes au bout de quelques heures sur un terrain élevé que la tempête avait épargné. De ce point nous poussâmes droit devant nous, nous remettant au hasard du soin de nous conduire.

Nous marchâmes ainsi jusqu'au moment où l'ardeur du soleil à son zénith nous contraignit à nous réfugier à l'ombre d'un bouquet d'arbres sous lequel nous nous jetâmes tout en nage, et exposés de nouveau à l'horrible tourment de la soif. La pluie du jour précédent avait coloré et rafraîchi la végétation, auparavant brune et desséchée; l'œil était agréablement charmé de ce changement à vue. Le site qui nous entourait était, comme toujours, d'un calme solennel; il était magnifique, mais ne pouvait être comparé à un paysage des bois d'Angleterre.

— On appelle *toujours verts* ces arbres à feuilles persistantes. Je les appellerais volontiers *toujours noirs*, disait Raikes. De toutes les forêts que j'ai parcourues, celles de ce pays me semblent les moins belles. — L'orme élancé, le chêne noucux, revêtus de leur verte et riche parure d'été, n'ont point ici d'arbre qui les égale; en est-il ici quelqu'un qui charme l'œil, qui orne comme eux les paysages de notre patrie? — Où trouver en Australie ces ombrages transparents, pleins de fraîcheur, sous lesquels le promeneur fatigué vient avec délices chercher un peu d'ombre pendant la chaleur d'un jour d'été?

Telle est l'impression que produit en général sur un Anglais l'aspect de ces forêts placées aux antipodes du pays où il est né. Il est vrai que nos arbres sont d'un feuillage plus riche, qu'ils sont plus beaux sous beaucoup de rapports; mais combien de plantes aussi nouvelles que singulières et combien d'arbres inconnus l'Australie n'offre-t-elle pas à la curiosité du voyageur !

Parmi les arbres les plus curieux de l'Australie, il faut citer en première ligne l'arbre-herbe (grass-tree); c'est plutôt un arbuste qu'un arbre, ayant assez l'apparence d'un palmier nain. Quand la plante est jeune on ne distingue point sa tige, perdue dans une multitude de feuilles longues, étroites et pointues comme l'herbe des prés. Cependant, à mesure que la plante se développe, sa tige devient plus apparente, et finit par atteindre une hauteur de huit ou dix pieds. Cette tige est à la fois fort dure et fort légère. Les naturels la font sécher au feu, et après en avoir aiguisé la pointe, s'en servent en guise de lance.

Le laurier-menthe est aussi un des arbres les plus curieux de ce pays; il est revêtu d'une écorce aux nuances variées, tantôt rouges, tantôt grises, fauves ou brunes. Son feuillage est plus touffu que celui d'aucun autre arbre à gomme. Au moment de sa floraison, il se développe à sa partie supérieure un immense bouquet de fleurs blanches exhalant la plus suave odeur. Des troupes innombrables d'abeilles et de petits oiseaux se pressent alors en foule sur ces fleurs pour dérober le suc qu'elles renferment. Il se dégage des feuilles de cet arbre frottées entre les mains une senteur aromatique semblable à celle de la menthe d'Europe.

Je n'en finirais pas si je voulais décrire toutes les espèces d'arbres étranges de ces forêts; des multitudes d'arbrisseaux et de fleurs d'une espèce toute particulière peuplent ces bois. Parmi les plantes les plus gracieuses, il faut pourtant citer l'indigo et nombre de lianes grimpantes qui disséminent leurs fleurs d'un rouge vif et leurs feuilles d'un vert foncé sur la terre et dans l'air, émaillant le sol, et parant les arbres des plus riches guirlandes.

Toutes ces merveilles, toutes ces singularités de la capricieuse nature s'étendaient alors devant nous. Raikes et moi nous admirions silencieusement, tout entiers livrés à nos pensées, lorsque mon compagnon, qui tenait en ses mains l'une des racines de l'arbre à gomme sous lequel nous étions assis, le tira machinalement à lui. La racine céda en soulevant la mince couche de terre qui la recouvrait. Mon compagnon continuant toujours de tirer à lui cette racine, finit par la briser, et à notre surprise extrême, elle donna issue par sa blessure à une très-grande quantité d'eau qu'elle renfermait. Jugez de notre joie, nous avions découvert une source, un breuvage toujours à notre portée dans ces solitudes taries. Chacune des racines de l'arbre contenait en effet une provision d'eau, et nous pûmes tout à notre aise étancher la soif qui nous dévorait.

Mercredi. — A notre réveil, la forêt était enveloppée d'un épais brouillard qui se maintint à l'horizon jusqu'à une heure assez avancée de la matinée. Dès qu'il commença à se dissiper, nous nous mîmes en marche en nous dirigeant vers une montagne que nous avions aperçue plusieurs fois, et du haut de laquelle nous espérions découvrir quelque établissement ou peut-être même l'une des extrémités de l'immense forêt. Nous marchions sans nous presser, car nous commencions à nous accoutumer à notre situation, et nous trouvions sur nos pas nombre d'objets qui arrêtaient notre attention. Nous n'avions d'ailleurs aucun moyen de mesurer le temps, cette vie errante, malgré ses tribulations, ne nous semblait plus si pénible; lorsque nous étions pourvus des moyens de vivre, nous nous abandonnions avec délices à l'oubli de nos projets ambitieux, à l'indolence, à l'amour du repos, aussi naturel à l'homme dans son état primitif qu'aux animaux vivant en liberté dans les bois. En marchant ainsi, nous aperçûmes un nombre considérable d'oiseaux volant auprès d'un énorme eucalyptus, et qui semblaient être retenus dans le voisinage de cet arbre par quelque proie à dévorer. Tout joyeux à cette vue, nous apprêtâmes nos armes ; nous glissant d'arbre en arbre jusqu'à la portée du fusil, nous fîmes feu ; l'un des oiseaux tomba de branche en branche jusqu'à terre, les autres prirent la fuite. Nous en vîmes une douzaine s'élever de terre auprès de l'arbre, ce qui nous convainquit de plus qu'il devait y avoir quelque chose d'extraordinaire. Nous nous tînmes cachés, abandonnant l'oiseau blessé à son destin jusqu'à ce que les autres revinssent de leur surprise ; mais ils ne se rapprochaient pas de nous. Je me décidai alors à faire un long détour pour déboucher sur le derrière, tirer sur eux et les chasser de la sorte vers Raikes, qui les attendait de pied ferme. J'accomplis si heureusement cette manœuvre, que je tuai un des oiseaux, et que j'en fis fuir deux du côté de mon compagnon ; mais Raikes, en les voyant venir tous deux à lui, ne sut trop lequel choisir, il eut un moment d'hésitation, et n'attrapa ni l'un ni l'autre, quoique l'un d'eux lui offrît pourtant un but facile à atteindre à cause de sa dimension, qui était énorme : ses larges ailes fendaient l'air avec la rapidité du vent ou le sifflement d'une faux mise en mouvement par un moissonneur habile. Nous ramassâmes notre chasse, et nous nous dirigâmes vers l'arbre pour voir quel objet avait pu attirer tant d'oiseaux. Quelles ne furent pas notre surprise et notre terreur en apercevant le cadavre d'un malheureux mineur qui comme nous sans doute s'était perdu dans les bois et y était mort de fatigue et de faim ! L'aspect de ce cadavre était affreux : son crâne décharné reposait sur l'os dénudé de l'avant-bras gauche, comme si ce malheureux eût été saisi par la mort pendant son sommeil ; mais il n'en était rien. Il avait dû finir dans une affreuse agonie, car sa tête, tournée vers le ciel, semblait encore lui demander une goutte d'eau à la fin de trop cruelles souffrances. Son chapeau avait roulé à quelques pas. Le squelette de sa main était appuyé sur un fusil qu'il semblait garder. Son corps reposait sur une couverture. Devant lui, à côté de son arme, on voyait un gobelet vide à moitié rongé par la rouille. Les oiseaux de proie, pour atteindre ses chairs, avaient mis ses vêtements en lambeaux. Ses chaussures seules avaient résisté.

— Pauvre malheureux, dit Raikes avec une émotion profonde, que venais-tu chercher ici ?

— Examinons le corps de plus près, dis-je, peut-être sous ces débris trouverons-nous le nom de cet homme.

Malgré nos précautions, plusieurs côtes se détachèrent de la carcasse du squelette, tandis qu'effrayé par notre présence, un serpent s'en échappa en sifflant. D'un coup de crosse j'écrasai la tête de l'horrible bête. Nous découvrîmes enfin une petite boîte d'ivoire encore placée auprès de l'une des mains du malheureux, qui semblait l'avoir étreinte jusqu'à son dernier soupir. Elle contenait un peu d'or sur lequel étaient enroulées quatre boucles de beaux cheveux : l'une noire et brillante, les autres blondes et soyeuses. C'étaient sans doute les seuls souvenirs qu'il eût conservés de sa femme et de ses enfants.

En examinant ces tristes reliques, Raikes se prit à pleurer comme un enfant.

Cependant la petite boîte ne contenait rien qui pût nous mettre sur la trace de son possesseur. Aux côtés du malheureux nous trouvâmes ensuite une hache; un couteau dans son étui de cuir pendait attaché à son ceinturon; un schelling, peut-être la dernière pièce de monnaie qui lui restât, était tombé de ses vêtements. Qu'eût-il fait en ce lieu de tous les trésors de la terre?

Nous essayâmes de retirer ses chaussures; mais dès que nous les touchions il s'en exhalait une odeur suffocante, et les os disjoints du squelette rendaient un son strident comme celui de cailloux frottés les uns contre les autres. Nous résolûmes d'enterrer le corps auprès de l'arbre dans les débris de la couverture.

Il n'eût pas été possible de creuser une fosse suivant l'acception de ce mot; un trou était tout ce que nous pouvions entreprendre à l'aide de la hache et du couteau dont la triste fin du malheureux mineur nous avait mis en possession. Nous abattîmes une branche d'arbre que nous taillâmes grossièrement en forme de bêche, et marquant la place où nous voulions déposer les restes du cadavre, nous commençâmes à creuser à l'ombre du gigantesque eucalyptus. Ce travail nous prit un temps considérable; mais cet homme égaré comme nous, mort de faim et de soif dans ces solitudes où nous pouvions périr aussi demain peut-être, les reliques que nous avions trouvées sur lui, avaient vivement éveillé nos sympathies. La pièce anglaise qu'il possédait annonçait un compatriote, et c'était pour nous une obligation de plus d'accomplir aussi respectueusement que possible ce triste devoir envers lui.

Les choses furent faites simplement, mais non sans une émotion profonde. Après l'inhumation, nous nous agenouillâmes devant le trou encore béant, et nous prononçâmes du fond du cœur cette courte prière : « Mon Dieu, prenez pitié de lui! mon Dieu, pardonnez-lui! » Nous recouvrîmes ensuite le corps en rejetant la terre, que nous foulâmes de notre mieux;

nous entourâmes la tombe de branchages profondément enfoncés dans le sol pour défendre ces débris humains contre la rapacité des oiseaux de proie, qui peut-être après notre départ allaient recommencer leur œuvre de destruction.

Comme nous allions quitter la place, Raikes se tourna un moment et me dit :

— Brown, laissez-moi entailler l'écorce de cet arbre et écrire sur le bois quelque chose qui puisse indiquer la tombe d'un blanc.

Nous gravâmes ces mots sur l'eucalyptus :

CI GÎT UN HOMME BLANC.

Ramassant les oiseaux que nous avions tués, nous reconnûmes que c'étaient des faucons; nous les emportâmes jusqu'à une petite distance, et nous les jetâmes avec dégoût. Nous n'étions pourtant pas sans inquiétude sur la manière dont nous pourrions nous procurer des vivres dans ces déserts, mais il nous eût trop répugné de toucher à cette chair souillée. Nous continuâmes à marcher l'esprit préoccupé de la mort de ce pauvre homme. Nos premières conjectures sur sa triste fin se confirmèrent par la réflexion : évidemment il était mort de faim et de soif. Il avait une hache et un couteau, armes inutiles pour toute autre chasse que celle des serpents; mais, comme la plupart des Anglais, il ignorait que la chair de certains de ces reptiles peut être mangée sans inconvénient. Quant à son fusil, il ne pouvait plus lui être d'aucun secours, car nous n'avions pas trouvé sur lui de munitions. Il avait donc dû mourir de faim et de soif.

— Combien, disait Raikes, son exemple doit nous engager à ménager notre poudre!

— Et à ne faire grâce à nul gibier; il est ici difficile à rencontrer, ajoutai-je à mon tour.

Cependant l'heure était venue de rechercher un lieu convenable pour camper. La hache du mineur nous mit à même de nous procurer promptement assez de branches pour ériger notre tente. Le feu allumé, nous fîmes cuire notre dernier opossum, et nous nous endormîmes résolus à nous éveiller avant le jour pour chasser.

Jeudi. — Malgré les tristes impressions que nous avait laissées l'aventure de la veille, je ne pouvais me défendre de penser que nous ne devions pas être très-loin de la route des gisements; nous n'avions pu nous en éloigner beaucoup, n'ayant jamais avancé en ligne droite, mais ayant toujours au contraire marché tantôt dans une direction, tantôt dans une autre : nous devions avoir tourné dans le même cercle. La rencontre même du cadavre d'un mineur égaré semblait confirmer cette opinion. Ce malheureux devait avoir, comme nous, quitté ses compagnons pour aller à la chasse, et sans doute qu'il s'était égaré dans le même fourré où nous nous étions nous-mêmes perdus. Il est si difficile de renoncer à l'espérance, que, toutes vagues qu'elles étaient, ces raisons suffisaient pour me persuader complètement. Ce fut rempli de cette idée que j'éveillai Raikes de très-bonne heure, bien résolu à atteindre le jour même la colline qui s'élevait devant nous. Bien que le soleil ne fût point encore levé, il faisait assez clair pour se diriger avec sûreté. Nous jetâmes du bois dans le feu afin que la flamme et la fumée nous servissent de fanal pour retrouver notre campement au retour de la chasse, et nous nous mîmes en marche. Les approches du matin sont les heures les plus favorables à la chasse; les bêtes fauves regagnent à ce moment leur refuge, et la lumière qui commence à poindre permet de les découvrir dans la pénombre. Mais soit que cette partie de la forêt ne fût pas fréquentée par le gibier, soit que notre feu l'eût éloigné, nous ne rencontrâmes absolument rien.

Tout en chassant, nous continuions à nous avancer vers la montagne, dont nous finîmes par atteindre le pied.

La chaleur du jour était excessive; assaillis à la fois par la faim, la soif et les appréhensions, nous n'avancions que très-lentement à travers une suite de montagnes et de vallées qui avaient dû être abondamment arrosées un mois auparavant par des rivières dont nous apercevions le lit desséché. Ce pays paraissait curieux et pittoresque; mais nous étions trop préoccupés des moyens d'apaiser notre faim, d'étancher la soif qui nous accablait, pour y prendre garde. Enfin, comme nous nous sentions exténués de souffrance, nous vîmes passer au-dessus de nos têtes une troupe de kakatoës qui venait de la montagne et alla s'abattre dans la vallée. Ces oiseaux volent toujours en troupes et ne s'abattent qu'auprès des cours d'eau. Cette rencontre était des plus heureuses, car elle nous offrait la perspective nonseulement de pouvoir humecter nos lèvres ardentes, mais encore d'apaiser notre faim, et peut-être d'amasser des provisions pour les jours suivants. Mais la plus grande prudence était indispensable pour approcher les kakatoës à portée du fusil, et nous ne nous avançâmes qu'avec la plus grande précaution.

Parvenus au bord de la vallée, nous aperçûmes un ruisseau étroit, plein d'une eau limpide courant avec force sur un lit de roches grisâtres. Ses rives, semées de joncs, étaient garnies de bouquets de bois; la vallée entière était couverte de kakatoës disséminés par centaines; on les voyait alignés en longue file sur le bord du ruisteau, où ils se désaltéraient en battant des ailes et en faisant entendre leurs cris aigus et discordants. Quelques arbres étaient garnis d'un si grand nombre de ces oiseaux, qu'on les eût dit couverts de neige. La blancheur de leur plumage contrastait avec la teinte sombre du feuillage, avec le fond jaunâtre des montagnes, qui formaient l'arrière-plan du panorama; c'était une variété de couleurs d'un effet saisissant. Quelques kakatoës s'étaient perchés au sommet des arbres, sur la pointe aiguë des rochers; vus à distance, on pouvait les prendre pour ces traces isolées de neige qui séjournent encore longtemps sur les cimes des monts après que les vents et les pluies du printemps ont entraîné et lavé celles des terrains moins élevés. C'était une scène aussi calme que majestueuse; mais au lieu de l'admirer, nous ne songions qu'à y porter la terreur et la destruction.

Ce n'est pas chose facile que de surprendre une troupe de kakatoës; ces oiseaux prudents ayant toujours soin de poser des sentinelles qui veillent à la sûreté commune et poussent le cris d'alarme à l'apparence du premier danger, nous devions donc user des plus grandes précautions. Le gros de la troupe s'était placé sur la rive opposée à celle sur laquelle nous nous trouvions; nous pensâmes que si nous pouvions arriver de front, le peu de largeur du torrent et la hauteur de la rive assureraient le succès de notre feu. Nous revînmes en conséquence sur nos pas pour descendre dans une ravine; puis, après avoir bien remarqué la place que nous voulions occuper, nous y grimpâmes en courant. Parvenus sur la hauteur, nous nous avançâmes, en nous aidant des mains et des genoux, sur les rochers qui dominaient le torrent. Bientôt nous eûmes devant nous la troupe entière des kakatoës, qui continuaient à s'ébattre dans une entière sécurité. Par excès de prudence, nous attendîmes pour les mettre en joue qu'un mouvement qui s'opérait dans la troupe fût accompli. Certes, c'était chose cruelle que de porter le trouble au milieu de ces paisibles oiseaux; la faim doit nous faire excuser.

— Le moment est venu, dis-je alors à Raikes. Feu! feu!

La troupe s'éleva comme un nuage, criant et obscurcissant l'air de ses ailes déployées.

— Feu encore, Raikes; nous les atteindrons!

Mais la vue de cinq oiseaux frappés à mort, de deux autres se débattant sur les bords du ruisseau, était trop émouvante pour nos nerfs. Nous courûmes jusque dans le vallon saisir notre gibier. Notre subsistance nous étant de nouveau assurée par les soins de la Providence, nous résolûmes de nous reposer le reste du jour. Aussi, après nous être désaltérés, nous fîmes rôtir deux kakatoës, que nous mangeâmes avec un plaisir indicible; puis nous dressâmes une hutte sous laquelle nous passâmes tranquillement la nuit.

Vendredi. — Une abondante rosée tomba pendant la nuit. Le lever du soleil sur la charmante vallée nous rappelait par sa beauté le val de Tempé, si souvent décrit par les poètes.

L'aspect de ce coin de terre si calme portait l'âme à la prière et à la méditation; il me fut impossible de résister à son influence. Laissant Raikes dans la hutte, je me promenai aux environs pendant une heure, heure la plus douce que j'aie passée peut-être dans tout le cours de ma vie, déjà pourtant bien longue.

Au retour, je trouvai mon compagnon occupé à nettoyer le fusil du malheureux mineur. Comme on le pense bien, il était extrêmement rouillé. Dans ses meilleurs jours, ce fusil n'avait jamais été qu'une arme fort médiocre; il ne fallait pas songer à en attendre aujourd'hui beaucoup de service.

— Nous n'avons pas hérité d'un *Manton*, dit Raikes en examinant avec attention la batterie de l'arme.

— Non, dis-je, ce fusil me semble à peine être digne d'être emporté.

— Pourquoi donc! quand il ne nous servirait qu'à faire des feux de signaux! Savons-nous d'ailleurs ce qui nous arrivera? Réparons toujours ce fusil pour nous en défaire si nous avons besoin d'argent à notre retour. Et sur ce, il prit sur une poignée d'herbe un peu de sable humide, et se mit à frotter l'arme avec une vigueur dont seul il était capable.

Je m'assis auprès de lui. J'étais tout naturellement occupé de notre situation, et je pensais à nos amis, qu'il nous serait peut-être donné de revoir prochainement, lorsque tout à coup une idée subite vint s'emparer de mon esprit : il me semblait que la vallée où nous nous trouvions devait renfermer de l'or; car, pendant ma promenade, j'avais été frappé de la ressemblance géologique du terrain avec celui des gisements de la rivière de la Forêt. En faisant cette remarque, je ne pensais pas d'abord que la contrée fût aussi riche en minerai; mais en y réfléchissant ensuite, je me demandais pourquoi elle ne le serait pas autant. Plus j'y réfléchissais, plus cette opinion se confirmait en moi. Nous avions de l'eau et des provisions en abondance pour la journée; nous nous trouvions en un lieu où le gibier ne devait pas être rare. L'idée me vint d'explorer le sol. Je n'eus pas plus tôt fait part de ce projet à Raikes, qu'il jeta son fusil et me regarda en face d'un air pensif et convaincu.

— Vous avez raison, Brown, me dit-il, vous avez raison, tentons l'aventure ; il y a peu d'or à gagner avec ce vieux fusil, et puisque nous avons été conduits ici, je ne vois pas pourquoi nous n'essayerions pas d'employer utilement le temps et la circonstance.

— Mais, dis-je, quand nous trouverions des tas d'or, cela ne saurait nous être d'aucune utilité dans un lieu où tout l'or du monde ne pourrait nous procurer un morceau de pain.

— Vous avez encore raison, dit-il d'un air désappointé en reprenant son fusil.

— Cependant, ajoutai-je après une pause, quelques pépites pourraient être facilement emportées ; et nous pouvons maintenant raisonnablement espérer d'échapper à la triste destinée du malheureux propriétaire de cette vieille arme.

— D'ailleurs nous pouvons toujours voir ; comme vous dites, quelques pépites sont faciles à emporter. Et il laissa encore son fusil.

— L'or a cependant été bien préjudiciable à celui dont nous avons enterré les restes hier, continuai-je, car la soif de l'or me paraît avoir été la cause originelle de son malheur. S'il ne s'était amusé en route à rechercher des pépites, il serait sans doute encore sur la terre au lieu d'être dessous.

Raikes reprit son fusil.

— Après tout pourtant, quand la chose serait sans profit, elle ne serait pas sans plaisir ; la beauté du jour, notre situation présente, notre penchant, tout nous porte à cette entreprise. Tentons donc l'aventure, consacrons quelques heures à rechercher cette racine de tout mal : advienne que pourra.

— Adopté, dit Raikes ; et pour la troisième fois il abandonna son vieux fusil.

Nous allâmes d'abord ensemble examiner la nature du sol, et il nous fut facile de constater l'extrême similitude qui existait entre ce terrain et ceux qui composent le mont Alexandre.

— Voyez, dis-je à Raikes, nous sommes sur un sol de quartz et d'argile ardoisée, et voici les roches primitives dans lesquelles l'or se trouve toujours enveloppé. Ces rochers, ces collines ondulées ont été entassés en ce lieu par les courants diluviens, qui dans un âge reculé ont séjourné longtemps dans cette région. Pourquoi ne trouverait-on pas de l'or ici comme au mont Alexandre ? La ressemblance est parfaite, c'est la même végétation, la même position, la même forme et la même inclinaison de terrain ; les cimes sont arrondies de la même façon; en un mot, on trouve ici partout les mêmes caractères généraux et les mêmes particularités.

En même temps nous avions ouvert nos couteaux, et nous cherchions sur les flancs de la colline quelque chose qui ressemblât à de l'or.

— Ces roches, dit Raikes en pesant dans sa main de petits morceaux de quartz, sont très-pesantes. Mais en les examinant, je vis à leur apparence cristalline qu'elles ne devaient point renfermer de minerai. Il est fort dif-ficile à ceux qui n'ont jamais observé le minerai d'or dans son état natif, de le distinguer des autres minéraux dont l'aspect brillant est très-propre à induire en erreur. Les gangues ferrugineuses, les pyrites, les sulfures de fer et de cuivre, les micas jaunes et bien d'autres minéraux sont très-souvent pris pour du minerai d'or; il est cependant facile de reconnaître celui-ci. L'or est plus pesant sous un plus petit volume, et aussi plus doux au tou-cher. Raikes ne prenait pas garde à ces indices certains. J'avais moi-même très-peu d'expérience à cet égard, mais j'avais quelques données scienti-fiques, à l'exactitude desquelles je croyais pouvoir me fier en toute assu-rance.

— Il serait curieux que le hasard nous eût conduits sur une montagne d'or, dit Raikes en plaçant quelque parcelles de roches dans le gobelet du mineur mort, et que cette montagne appartînt à nous seuls.

— Pour ma part, lui répondis-je, je crois que nous sommes dans une lo-calité où l'or doit se rencontrer; allons auprès de l'eau et voyons si nous aurons le bonheur d'en découvrir.

Comme nous nous dirigions de ce côté, nous vîmes un nouveau vol de kakatoës s'approcher de la vallée; nous saisîmes nos armes, bien résolus à les suivre; puisque nous avions commencé notre exploration, il nous fal-lait, pour la faire complète, nous assurer d'abord des vivres; les kakatoës passaient alors au-dessus d'une montagne, derrière laquelle ils paraissaient vouloir prendre terre. Nous partîmes à leur suite, mais en contournant la montagne, nous aperçûmes tout à coup un magnifique kangourou qui pais-sait tranquillement l'herbe poussée entre les rochers. Il était si près de nous, que nous ne pouvions manquer de l'atteindre. Mais nous craignions de le perdre même en le touchant, si nous n'avions pas le bonheur de le frapper à la tête. C'était dans ce cas seulement que nous avions des chances assurées de l'aveugler ou de le tuer. Sachant combien les animaux de cette espèce sont prudents, craintifs et alertes, nous nous blottîmes derrière un gros rocher, d'où nous pouvions, sans crainte d'être découverts, surveiller ses moindres mouvements. Dans cette position, nous attendîmes patiemment le moment favorable.

— Vous êtes meilleur tireur que moi, dit Raikes, visez aux yeux. Je me charge du corps dès que vous aurez fait feu.

Nos deux coups partirent presque simultanément. L'animal bondit et retomba sur ses jambes, sa tête entre ses deux pattes de devant. Quelques grains de plomb avaient pénétré dans son cerveau. Il était mort sur le coup.

— Dieu est bon jusque dans le désert ! dit Raikes rayonnant de joie.

Il y a plusieurs espèces de kangourous, différentes de taille et d'habitudes. Les uns habitent les rochers, les autres les forêts. Nous avions trouvé celui-ci sur des rochers, mais si près des bois, qu'il eût été fort difficile de savoir s'il appartenait à l'espèce des bois ou à celle des rochers. L'important, c'est qu'il pesait environ quarante livres ; son origine était, auprès de cette circonstance, d'un fort minime intérêt. Après lui avoir lié les pieds de devant et ceux de derrière, Raikes chargea le kangourou sur son dos, à la manière des chasseurs de daims des montagnes, et se mit à courir jusqu'à notre hutte, me laissant le soin de poursuivre les kakatoës.

Ces oiseaux devaient s'être posés fort loin, car nous n'en avions vu aucun paraître après la détonation de nos armes. Je suivis le cours de l'eau sur un espace de plus de deux milles sans rien apercevoir. A mon retour, je découvris un petit étang sur fond de vase, mais dont l'eau paraissait claire comme du cristal de roche ; je la goûtai et la trouvai fortement imprégnée de sel. L'idée me vint d'en recueillir et de la rapporter à notre tente pour faire une soupe avec la queue du kangourou. Le gobelet du mineur, qui pouvait contenir environ une pinte et demie, était précisément l'ustensile qu'il nous fallait pour cela.

Du plus loin que j'aperçus Raikes, je lui fis part de mon idée.

— Ce serait excellent, dit-il ; quel pays de ressources ! non-seulement nous pouvons vivre ici ; mais encore quelques découvertes, et bientôt nous y trouverons le confortable, peut-être la fortune.

Le gobelet lavé, il se trouva que par bonheur il ne perdait pas l'eau.

— Courez à l'étang, me dit Raikes. Je vais allumer le feu. La distance était de plus d'un mille ; mais dans notre situation que n'aurions-nous pas fait pour une pinte et demie de bouillon de queue de kangourou, un mets digne d'être servi sur la table d'un alderman. Je rapportai l'eau, la soupe fut faite et trouvée si délicieuse, que nous résolûmes d'aller établir nos quartiers dans le voisinage du petit étang. Le reste de la journée fut employé à nous établir aussi confortablement que possible en ce lieu, où nous comptions demeurer tout le temps que nous resterions dans la vallée.

Samedi. — Nous fûmes éveillés bien avant l'aube, quoique notre sommeil eût été troublé à plusieurs reprises par les aboiements de chiens sauvages, dont le gîte ne devait pas être extrêmement éloigné de notre campement. A peine debout, nous mîmes notre pot au feu ; nous préparâmes un rôti, et grâce à cet excellent repas, nous nous trouvâmes parfaitement disposés à commencer nos recherches ; la journée était superbe ; nos têtes étaient montées et nos espérances aussi vivement excitées que si nous avions déjà trouvé des pépites aussi grosses que les diamants des anciens califes de Bagdad. Nous n'avions aucun des instruments convenables pour creuser et laver, il nous fallut user d'industrie. D'une pièce d'écorce de gunya nous fîmes une cuve pour le lavage. Notre hache nous servit à façonner une bêche grossière d'un bois très-dur. Ce fut à l'aide de ces simples instruments que nous commençâmes à recueillir la terre, puis à la laver dans le ruisseau. Mais les heures suivaient les heures sans amener aucun succès. Nous avions beau laver terre et gravier, il ne restait pas la moindre parcelle d'or au fond de notre cuve ; nous rencontrâmes enfin une masse de roches ardoisiennes à fissures verticales, nous nous mîmes à fouiller entre les lames, pensant être plus heureux. Ce fut encore en vain ; la journée entière se passa de la sorte, et le soir venu nous fûmes obligés de nous retirer sous notre hutte, où nous rapportâmes beaucoup moins d'enthousiasme que nous n'en avions emporté le matin.

— Assez, dit Raikes ; en voilà bien assez pour aujourd'hui. Préparons une couple de gobelets de soupe, et espérons que demain nous serons plus heureux.

Dimanche. — Nous aurions voulu consacrer ce jour au repos, mais l'homme est l'esclave des circonstances ; nous n'étions pas dans une situation qui nous permît le repos. Nous trouvâmes du moins d'excellentes raisons pour nous déterminer à employer très-activement la journée. Ce point arrêté, Raikes alla chercher un gobelet d'eau à l'étang ; en suivant le bord, il heurta du pied contre un caillou quartzeux ; toujours préoccupé de notre recherche, il le regarde, le ramasse, et le pesant dans sa main, il reconnaît une gangue aurifère du poids de plus d'une demi-livre.

Incapable de contenir les élans de sa joie, il prend sa course, arrive à moi en criant : — Brown, Brown, ici, ici, mon garçon ! J'ai trouvé le gîte ; voyez ceci, aussi gros qu'un œuf, aussi pesant que... Tenez, pesez-moi cela.

— C'est de l'or, dis-je, et assurément il y en a beaucoup autour de nous, ou je me trompe bien fort. Avez-vous marqué la place où vous l'avez trouvé, au moins ?

— Oui ; j'y ai laissé le gobelet.

— Ceci, Raikes, vaut vingt livres sterling dans une ville, mais ici, rien.

— Eh bien ! nous l'emporterons.

— Certainement ; mais une charge de poudre et une balle de plomb serait ici chose plus précieuse pour nous parmi ces rochers. Lorsque les circonstances auront changé pour nous, l'or deviendra à son tour plus précieux.

— Assurément ; et il faut bien espérer que nous ne resterons pas long-temps au milieu de ces rochers.

— C'est vrai, récoltons d'abord.

Nous nous mîmes à remuer les sables avec une ardeur incomparable. A chaque instant, nous ramassions des parcelles d'or ; mais la pépite de Raikes nous avait fait concevoir de si grandes espérances, que notre avidité ne pouvait être satisfaite. En cherchant ainsi, nous arrivâmes en un lieu où le cours du ruisseau était entravé par des quartiers de roches ; nous soule-vâmes ces pierres pour fouiller jusque dans l'eau à travers les interstices de roches ardoisiennes laminées ; nous les trouvâmes remplies de petits mor-ceaux précieux de minerai, variant depuis la grosseur d'une tête d'épingle jusqu'à celle d'un pois ordinaire. Notre fortune était devant nous ; et bien que le jour commençât à tomber, nous pûmes en quelques moments re-cucillir quatre à cinq onces d'or.

Lundi et mardi. — Nous employâmes encore ces jours à rechercher de l'or, et cela avec un tel succès, que nous n'avions plus d'autre regret que celui de ne pouvoir faire participer nos amis de la rivière de la Forêt à cette merveilleuse récolte. Nous ne recueillîmes pas moins de dix livres d'or ; nous trouvâmes encore plusieurs pépites pesant chacune plus d'un quart de livre.

Nous avions hâte de revoir nos amis ; nous espérions les ramener dans cette riche vallée pour y faire en secret notre fortune avec eux, et sans être gênés par la foule des mineurs ; car nos droits de souveraineté nous pa-raissaient incontestables sur cette vallée que nous avions les premiers dé-couverte.

Mercredi. — Ce jour fut signalé par l'apparition de quelques sauvages que nous vîmes arrêtés au sommet de l'une des collines qui dominent la vallée. Nous les hélâmes, nous leur fîmes signe que nous désirions leur parler, espérant que nous parviendrions à nous faire comprendre, et qu'ils consentiraient à nous conduire vers les gisements de la rivière de la Forêt. Leur premier mouvement fut de fuir, mais bientôt ils revinrent sur leurs pas. Nous nous approchâmes alors, en essayant de leur faire comprendre nos intentions pacifiques. Alors deux d'entre eux s'avancèrent au-devant de nous : ils ne comprenaient rien de ce que nous leur disions, mais semblaient mieux entendre nos signes. Ils étendirent leurs mains vers un point, nous invitant à les suivre ; en même temps, ils nous offrirent de nous débarrasser de nos fusils. Tout en refusant de livrer nos armes, nous les suivîmes sans défiance, car nous avions souvent entendu dire que malgré la férocité avec laquelle ils se poursuivent entre eux pendant la guerre, ils étaient en temps ordinaire d'un naturel doux et hospitalier. Leur campement était situé à une grande distance vers le haut de la rivière ; il était formé de quelques huttes grossières d'écorce de gunya assemblées avec des branchages ; ils avaient avec eux quelques femmes et plusieurs enfants, qui parurent émerveillés à notre aspect. Ils n'avaient sans doute jamais vu d'Européens ; ils nous examinaient comme des bêtes curieuses ; chacun des objets de notre toilette était l'objet de commentaires et d'étonnement sans fin. Sur l'ordre de leurs maris, les femmes nous apportèrent des racines à manger : elles étaient assez agréables au goût, mais l'endroit d'où on les tirait nous inspirait une répugnance difficile à surmonter : c'était une sorte de sac où l'on avait entassé pêle-mêle de la terre, des racines, des pierres, des mamelles de kangourous, des os, de la viande sèche, un serpent et une foule de choses aussi extraordinaires que répugnantes à la vue et à l'odorat. Cependant, comme il était important de nous concilier l'amitié de nos hôtes, nous fîmes en sorte de paraître contents et de réprimer tout mouvement de dégoût et de défiance.

Ces sauvages sont d'une saleté révoltante ; leur intelligence semble extrêmement bornée ; leur genre de vie ne diffère guère de celui des animaux. Ils mangent leurs racines crues ; ils ne connaissent en fait de préparation des aliments que deux choses : broyer ou rôtir. Sans ustensiles capables de soutenir le feu, ils ne peuvent employer l'eau bouillante comme moyen d'amender les crudités dont ils se nourrissent. Les femmes semblent nées pour être misérables ; elles sont vouées aux plus pénibles travaux de la domesticité ; elles creusent le sol pour en extraire les racines ; elles portent les fardeaux, les enfants, et sont exclusivement chargées de toutes les corvées. Si le maître mange, elles doivent demeurer debout derrière lui, prêtes à obéir au moindre signe. Nous avons vécu trop peu de temps au milieu des indigènes pour que nous ayons pu nous instruire à fond de leurs coutumes et de leurs mœurs ; mais le peu que nous en avons vu n'était pas de nature à nous donner une haute idée du bonheur de la vie sauvage que quelques écrivains paradoxaux se sont plu à exalter sans la connaître.

On cite pourtant des exemples de déportés qui ont trompé la surveillance de la police et se sont enfuis chez les sauvages. On cite entre autres un barbier nommé Clarke, qui s'était tellement accoutumé à cette vie sauvage, qu'il parlait merveilleusement la langue du pays, marchait nu, et s'était fait tatouer comme les indigènes. Un jour la fatale idée lui prit de profiter de cette métamorphose pour voler avec impunité. Il organisa, de concert avec d'autres convicts en rupture de ban comme lui, une troupe de sauvages dressés au vol des bestiaux, et de la sorte il put pendant longtemps dévaster impunément toutes les fermes du voisinage; mais enfin, avec l'assistance des sauvages employés par la police à la poursuite des coureurs de bois, il fut arrêté et pendu.

Les armes des indigènes nous surprirent par leur singularité; leur fabrication nous sembla exiger beaucoup d'adresse : c'étaient des lances, des boomerangs, plusieurs espèces de casse-têtes et de tomahawks. Les lances pouvaient avoir de neuf à dix pieds de long sur environ trois quarts de pouce de diamètre; leur pointe était dentelée. Cette lance sert de javelot, et s'envoie à la distance de cinquante à soixante pas à l'aide d'une espèce d'instrument qu'on appelle *wommora* ou *bâton lançant*. Cet instrument, fort simple, se compose d'une pièce de bois de trois pieds de long et large d'environ trois pouces à l'une de ses extrémités. L'autre extrémité se termine par une pointe à laquelle tient une espèce de crochet susceptible d'être introduit dans une cavité ménagée au pied même de la lame. Le wommora agit à peu près comme une fronde, et lance l'arme avec une très-grande force de projection.

On connaît déjà le *boomerang*

Le *club* ou *casse-tête* n'est autre chose qu'une massue de bois, mais d'une solidité assez grande pour casser les crânes australiens, dont la dureté est passée en proverbe.

Le *tomahawk*, aussi grossier dans sa forme que le club, est d'une construction très-curieuse ; c'est une pierre d'une dureté extrême, aiguisée avec soin et fixée entre deux bâtons par une gomme d'une très-grande adhérence. Sa poignée peut avoir dix à douze pieds de longueur. Cet instrument est non-seulement précieux aux indigènes comme arme de guerre, mais il est encore pour eux d'une utilité de tous les instants. C'est avec cette hache informe qu'ils abattent les arbres, qu'ils entaillent le tronc des énormes gunyas, lorsqu'ils veulent monter à l'arbre pour atteindre les opossums.

Ces armes, en apparence si grossières et si simples, s'adaptent admirablement aux divers usages auxquels on les emploie. La lance, qui remplace dans les mains du guerrier l'arc et la flèche, le défend d'une manière plus terrible encore devant un ennemi assez hardi pour approcher à la portée du bras. Elle est aussi précieuse pour atteindre le kangourou et l'opossum au fond de leur tanière. Les indigènes s'en servent également pour la pêche dans les eaux claires; au milieu des forêts, elle se prête à une foule d'usages, surtout à détacher la gomme des hautes branches des arbres. Le tomahawk est l'arme de chasse qui brise les os des grosses pièces de gibier, telle que le kangourou de haute taille, l'ému, le wombat. A l'aide du boomerang, les sauvages frappent sûrement au milieu des airs les oiseaux du genre des perroquets. Muni de ces instruments de destruction si formidables, le chasseur australien peut traverser l'immensité des forêts sans jamais manquer de gibier; sa femme d'ailleurs est là pour le pourvoir de racines.

De toutes les scènes de la vie des sauvages, il n'en est pas de plus intéressante que celle d'un départ pour la chasse.

Pendant notre séjour dans les bois, nous assistâmes au départ pour la chasse d'un jeune homme d'une trentaine d'années, aux formes élancées, aux muscles souples comme l'acier; *pour un sauvage, c'était un homme de bonne mine.* Son corps était bariolé de blanc, de jaune et d'ocre rouge; ses reins étaient ceints d'une fourrure d'opossum, à laquelle pendaient un boomerang, un tomahawk et un bâton court et pesant que les indigènes lancent avec adresse au petit gibier perché sur les hautes branches des arbres. Il tenait à la main des lances aux pointes aiguisées de différentes manières, lances de guerre, de pêche ou de chasse. Sur ses épaules était fixée une peau de kangourou.

Sous ce costume martial, le jeune sauvage s'était transformé. Une mâle ardeur avait remplacé son apathie habituelle comme par magie. Ses yeux, d'ordinaire ternes et hébétés, brillaient comme des escarboucles, et roulaient incessamment dans leur orbite, tout étincelants de la passion qui bouillonnait au-dedans de lui.

Il s'enfonça dans la forêt d'un pas alerte et silencieux, scrutant du regard la profondeur des ombres, glissant de fourré en fourré, plutôt comme un homme en péril que comme un guerrier marchant au combat. Rien n'échappait à sa vue pénétrante; d'un seul coup d'œil, les cieux, la terre, l'air étaient scrutés, examinés, fouillés; des choses les plus insignifiantes pour un Européen, il tirait des déductions sûres et rapides, dénotant à la fois l'intelligence et cette grande habitude des bois qui permet aux indigènes de découvrir sur les moindres indices la présence du gibier.

Après s'être avancé jusqu'à une certaine distance, il s'arrêta debout et immobile comme une statue. Son corps ne se distinguait plus des troncs d'arbres qui l'entouraient, et le mouvement de ses grands yeux blancs trahissait seul pour nous sa présence.

Ses femmes suivaient de loin tous ses mouvements ; ses enfants s'étaient jetés à terre comme frappés de la foudre. L'une des femmes fit alors entendre un léger sifflement ; c'était un signal d'intelligence pour indiquer à son mari que le kangourou qu'il ne voyait point encore n'était pas loin de lui, et de quel côté il se trouvait. Pendant ce temps, l'animal, dressé sur ses pattes de derrière et l'oreille au guet, regardant de tous côtés, semblait deviner le danger. La patience du chasseur lassa celle du gibier ; à demi rassurée, la bête retomba sur ses pieds de devant, et se remit à brouter ; deux ou trois fois elle s'interrompit, se releva pour écouter, puis recommença à brouter. Le chasseur conserva son immobilité un quart d'heure durant, jusqu'à ce qu'il se fut assuré que le kangourou avait recouvré une parfaite confiance ; alors seulement il se retourna tout d'une pièce, ajusta le wommora à la lance, leva le bras, se tint prêt à frapper. Ces précautions prises, il se glissa lentement du côté de sa proie ; de toutes les parties de son corps, ses jambes seules bougeaient. De nouveau, le kangourou prit l'alarme, se releva sur ses pieds de derrière et écouta ; de nouveau aussi le chasseur reprit son immobilité de pierre. Le kangourou n'entendant plus rien, se remit à brouter, le guerrier avança de quelques pas. Cette manœuvre se répéta plusieurs fois ; enfin le chasseur s'arrêta tout à fait, il se trouvait à bonne portée. Un sifflement traversa l'air, l'animal tomba frappé ; les femmes, les enfants poussèrent des hourrahs frénétiques, se précipitèrent sur lui : ce fut un pêle-mêle impossible à rendre.

On ne saurait, avant d'en avoir été témoin, imaginer l'habileté que les indigènes déploient dans leurs marches à la rencontre d'une proie. Rien n'égale l'élégance, la grâce et la légèreté de leurs mouvements, et surtout l'énergie avec laquelle ils s'immobilisent subitement dans les positions de corps les plus pénibles, lorsqu'ils voient que le gibier est sur le point de prendre l'alarme.

Les sauvages de l'Australie ont encore une autre manière de chasser les kangourous. Un seul homme part sur les traces d'un kangourou et les suit jusqu'à ce qu'il ait découvert l'animal ; le gibier fuit. Il le poursuit jusqu'à ce qu'il le trouve de nouveau ; il le poursuit ainsi de retraite en retraite jusqu'à la tombée de la nuit. Il allume alors du feu, et dort sur les traces mêmes du gibier. Dès le point du jour il reprend la chasse et la continue jusqu'au soir. Le troisième jour, le kangourou harassé finit par se laisser approcher et tombe sous les coups du tomahawk du chasseur, qui le rapporte en triomphe la tête fendue. Que d'adresse, de persévérance et d'efforts déployés dans cette lutte corps à corps avec un animal doué comme le kangourou de tant de prudence, de ruse et d'agilité!

Pour dépouiller le kangourou, les femmes pratiquent une incision autour de la queue de la bête, une autre incision également circulaire au sommet de la tête; la peau est ensuite enlevée d'une seule pièce avec les mamelles, qui y demeurent attachées. Ces mamelles sont ensuite coupées et enroulées sur des bâtons, pour empêcher la peau de se resserrer, car elle est destinée à faire des sacs. La viande est préparée de la manière suivante : on creuse un grand trou en terre, on l'emplit de bois mort et on le chauffe comme un four. On le débarrasse ensuite des charbons pour y placer la chair de l'animal qu'on recouvre de feuilles, de cendre chaude avec un feu doux par dessus; il cuit ainsi à l'étouffée. L'opération terminée, la bête est ouverte entre les pattes de devant jusqu'au bas de l'abdomen, vidée, dépecée et dévorée en quelques instants. Le jus de cette viande ainsi préparée est considéré comme un mets trop relevé pour le commun des martyrs, il est réservé au palais délicat des hommes influents de la tribu. Du reste, ce mode de préparer les aliments est l'art suprême. La plupart du temps, on use d'un moyen plus expéditif, on se contente de griller la viande sur des charbons ardents. Lorsque les hommes ont satisfait leur appétit, ils jettent les débris de leur repas aux femmes, qui les reçoivent avec des cris de joie; celles-ci passent ensuite leurs restes à leurs enfants.

Les kangourous deviennent de jour en jour plus rares; les indigènes sont contraints de chasser d'autres animaux pour vivre. Ils font à l'opossum une guerre à mort. Soit pendant le jour, soit par une belle nuit de lune, ils suivent la piste de l'animal jusqu'à ce qu'elle cesse de paraître à terre. Ils examinent alors les arbres environnants avec la plus grande attention, et découvrent bientôt, à des indices imperceptibles, celui qui a servi de refuge au gibier; ils y montent avec agilité, à l'aide d'entailles qu'ils pratiquent dans le tronc.

On se fera difficilement une idée de la perspicacité et de l'adresse que les sauvages déploient dans ces circonstances. Arrivés devant le tronc énorme d'un gunya, ils placent leurs armes derrière leurs épaules, et les deux mains appuyées à l'arbre, ils y cherchent une trace avec un soin minutieux :

s'ils distinguent une seule égratignure pas plus large que le trou fait par la piqûre d'une épingle, cela suffit pour confirmer leurs conjectures. Ce n'est pas tout cependant que d'avoir découvert les traces d'un opossum, il faut encore s'assurer si cette trace est ancienne ou récente. Pour le reconnaître, l'indigène se penche jusqu'à terre et souffle légèrement sur les traces du gibier; si l'empreinte s'envole, elle est de vieille date; si elle résiste au contraire, c'est que l'opossum a grimpé depuis peu sur l'arbre et s'y trouve encore blotti. Le chasseur, sûr de son fait, saisit alors son tomahawk, entaille l'arbre à quatre pieds de hauteur, et sur ce premier cran pose l'orteil de son pied droit; de la main droite il serre en même temps le tronc d'arbre pour s'élever en l'air; sa main gauche soutient le tomahawk, l'arbre est de nouveau entaillé pour recevoir le pied gauche; et ainsi de coche en coche il parvient jusqu'au gîte de l'opossum, qu'il pique à coups de lance ou enfume dans son trou; il sort rapidement de sa retraite, le chasseur le saisit par la queue et le lance avec force contre l'arbre ou contre terre, de manière à le tuer d'un seul coup.

Les opossums se mangent crus ou rôtis; c'est le mets le plus délicieux pour un sauvage, le gibier le plus hautement prisé.

Il est une foule d'animaux que les indigènes prennent en les surprenant au gîte et en les enfumant. Rien n'échappe à l'œil perçant d'un chasseur australien. Il découvre le kangourou-rat caché au plus épais d'un buisson, marche vers lui sans paraître l'apercevoir; puis s'arrêtant tout à coup, il se jette sur le buisson et le foule aux pieds pour écraser l'animal. Si, plus prompt que lui, le rat a pris la fuite, le chasseur lui lance un bâton court; s'il le manque encore, il le poursuit jusque dans le trou où il s'est réfugié, et à l'aide de sa lance l'en chasse et le tue.

Il existe une manière très-ingénieuse de traquer les kangourous de la petite espèce. On choisit un lieu très-boisé et que l'on sait contenir un grand nombre de ces animaux, et l'on coupe les broussailles de manière à décrire un cercle vide autour du lieu choisi pour la chasse. Ces préparatifs terminés, le feu est mis au bois, les animaux effrayés prennent leur course et s'élancent dans l'espace déblayé; mais ils le trouvent bordé de toutes parts de haies fermées des branches coupées et rejetées autour du cercle. S'ils veulent fuir en sautant par-dessus ces branchages, leurs jambes de derrière s'y embarrassent, et les chasseurs ont le temps d'accourir et de les tuer

Les naturels ne dépouillent jamais les petits animaux, ils trouvent que c'est une perte de temps et de nourriture, et ils les engloutissent tout entiers, cuir et fourrure compris.

Ils mangent les racines, qui forment leur principal aliment, crues ou grillées. Ces racines sont, du reste, excellentes des deux façons. Quelques-unes ont le goût de l'oignon doux; d'autres ont la saveur de la pomme de terre. Nous goûtâmes une racine quelque peu acide, et que les Australiens nomment *meno*. Ils prétendent que, mangée dans son état natif, elle engendre la dyssenterie. Pour la rendre inoffensive, ils la broient et la mélangent avec quelques pincées de terre; ils ont encore un grand nombre d'autres racines qu'ils broient entre des pierres plates. Ainsi réduites en poudre, on les pétrit et on les fait cuire à l'étouffée comme des gâteaux au four.

Parmi les substances végétales dont les indigènes se nourrissent habituellement, il en est une surtout fort remarquable et qu'il importe de signaler à l'attention des voyageurs, c'est la pulpe d'une noix appelée by-yu et produite par une espèce de palmier. Toute particulière dans son état primitif, cette substance produit les effets de l'émétique, et malheur à qui la goûte. Les naturels la considèrent comme un poison violent; ils savent la préparer de façon à lui enlever non-seulement ses propriétés nuisibles, mais à la rendre agréable et nutritive. Après la récolte, ils font détremper les noix pendant plusieurs jours dans l'eau; puis ils creusent un trou dans le sable sec, dans un lieu exposé à l'ardeur du soleil. Ils mettent au fond une couche de joncs et posent dessus les noix, qu'ils saupoudrent de sable et recouvrent de branchages. Par ce procédé, la coque de la noix se dessèche en une semaine et devient excellente et saine; on la mange crue ou rôtie, elle a le goût de la châtaigne.

Jeudi. — Nous passâmes la nuit dans une grande anxiété, ne dormant que l'un après l'autre, dans la crainte d'être tués et dépouillés pendant notre sommeil par les sauvages, que nous savions aussi lâches que cruels. La veille au soir nous avions vu la jeune femme d'un chef traitée si indignement par son mari, que nos appréhensions et nos dégoûts étaient portés maintenant jusqu'à l'horreur pour cette horde barbare. La jeune femme était très-belle pour une sauvage : ses joues rondes étaient colorées d'une légère teinte de vermillon qui adoucissait les tons trop foncés de sa peau. Sa bouche était aussi finement dessinée que celle d'une Européenne; ses qualités cependant ne l'avaient pas défendue contre la fureur de son impitoyable mari : elle était couverte de cicatrices profondes, traces de blessures anciennes ou récentes, dont une seule aurait tué cent fois une femme blanche. Je ne sais quelle faute elle pouvait avoir commise; mais nous vîmes avec horreur son mari lui percer le mollet à coups de lance.

la renverser à coups de masse sur la tête, la frapper de façon à tuer un éléphant.

— Par tout ce qui respire, me dit Raikes, si ce drôle recommence, je lui loge une balle dans la tête.

Nous étions d'ailleurs les seuls à nous étonner de tant de brutalité, et ces actes de barbarie étaient accueillis par la tribu entière avec une profonde indifférence; pas un signe de compassion ne fut donné à la malheureuse jeune femme, qui, quelques minutes après, paraissait dans les meilleurs termes avec son mari.

Le jour venu, nous fûmes assez heureux pour conclure avec deux indigènes un marché par lequel ils s'engagèrent à nous remettre sur le chemin de la rivière de la Forêt. Nous aurions volontiers donné pour ce service tout l'or que nous avions recueilli au prix de tant de dangers et d'inquiétudes. Mais le vieux fusil et la hache du mineur mort dans la forêt étaient pour nos sauvages d'un prix bien autrement précieux; pour acquérir ces objets, ils nous auraient guidés d'un bout à l'autre de la Nouvelle-Hollande. Il fut d'abord difficile de nous faire comprendre, et il ne fallut rien moins que la récompense promise pour ouvrir l'intelligence de nos sauvages; mais que de pouvoir a l'appât du gain! Nos signes finirent par être compris aussitôt que manifestés. Heureusement aussi que nous savions que les sauvages désignaient le mont Alexandre par le nom de Geboor. Ce mot nous sauva.

Quelque pressés que nous fussions de partir, nous nous décidâmes à demeurer une nuit encore pour attendre la visite d'une tribu amie pour laquelle on préparait de grandes fêtes. On devait danser le fameux *Corroborry*, la plus étrange exhibition de gaieté sauvage que l'esprit puisse imaginer. Toutes les horreurs mises en scène sur le théâtre anglais ne sont rien comparées au *Corroborry*, que je ne désespère pas de voir imiter un jour par nos dramaturges à bout d'expédients et d'effets scéniques. Les sauvages eux-mêmes semblent savoir que la terreur est le sentiment le plus capable d'émouvoir, car leurs divertissements grossiers sont calculés de façon à produire cette sensation sur les spectateurs. On choisit pour le *Corroborry* une nuit très-noire. Les jeunes hommes qui doivent en être les acteurs se retirent à l'écart pour s'y préparer. Un grand feu est allumé. Au signal des instruments, les acteurs, sortant de l'obscurité profonde, apparaissent aux lueurs rougeâtres de la flamme, le corps bariolé de dessins bizarres faits à la craie blanche, les cheveux hérissés, les dents grinçantes, les yeux, la bouche contractés des plus effrayantes grimaces. Ils défilent lentement, silencieusement, dans la pénombre lumineuse, comme une procession de squelettes sortant de terre pour s'y engloutir aussitôt. La danse commence par un couple de noirs figurants s'avançant à pas mesurés ; l'arène se remplit de nouveau d'horribles figures, deux des acteurs ont des branchages attachés aux pieds comme autant de Mercures conduisant les âmes en enfer ; d'autres, la tête ornée de gueules de serpent, montrent des dents menaçantes ; d'autres roulent des yeux de manière à n'en laisser voir que la cornée blanche, et s'étudient comme des Gorgones à pétrifier les spectateurs par l'horreur de leurs regards ; d'autres enfin brandissent au-dessus de leurs affreuses têtes des *boomerangs*, des *clubs* et des *tomahawks* de toutes sortes. Tout cela s'exécute aux battements cadencés d'une sorte de *derbouka*, affreux tambour fait d'une peau de kangourou tendue sur un large cerceau. Les femmes ne prennent jamais part à la danse ; elles sont chargées exclusivement de la partie musicale du divertissement. La danse, commencée sur un mode lent, s'anime par degrés jusqu'à imiter le combat le plus violent, le plus meurtrier : alors ce sont des bonds sauvages et des hurlements de mort qui portent la terreur jusqu'au fond de l'âme. En temps ordinaire, nous n'eussions pas pu assister sans émotion à cette abominable scène ; on pense bien qu'au milieu de ces sauvages excités jusqu'à la frénésie nous ne pouvions la contempler sans en craindre les conséquences pour nous-mêmes. Mais, à un moment donné, la danse cessa subitement. Les figures féroces reprirent leur expression habituelle d'apathie. Nous ne vîmes pas sans plaisir ces acteurs furieux s'éloigner du théâtre de leurs exploits.

Vendredi. — Dès le point du jour nous prîmes avec bonheur le chemin des régions civilisées, la route qui devait nous ramener vers nos amis, et nous éloigner de ces hordes brutales, lâches et rusées, dont le genre de vie nous avait inspiré le plus profond dégoût.

Ces sauvages sont d'un naturel extrêmement craintif ; ils ne font nul cas de la vie de leurs semblables, mais le moindre indice de danger menaçant leur propre existence leur fait prendre l'alarme.

— Je ne craindrais pas, disait Raikes en les quittant, de faire face à toute une tribu avec une bonne épée et une paire de revolvers pour toutes armes.

Il l'eût en effet aisément exécuté, tant la crainte des armes à feu et de l'adresse des Européens est grande parmi les sauvages de l'Australie.

Notre plus grand désir en partant était d'apprendre le nom de la vallée où nous avions campé, trouvé de l'or en abondance, et rencontré les sauvages. Dans l'impossibilité où nous étions de comprendre le jargon des indi

gènes, nous essayâmes de suivre avec attention le chemin de manière à le
reconnaître plus tard ; nous faisions des marques aux arbres en passant
mais les mille sinuosités que les sauvages nous faisaient décrire peut-être
à dessein devaient, nous le voyions bien, défier tous nos efforts pour retrouver jamais notre route. Ce fut pour nous un profond regret. Je ne doute
point que cette riche vallée et ces collines couvertes d'or et baignées par
un cours d'eau toujours abondant ne deviennent bientôt plus fameuses
dans les fastes des gisements aurifères que les contrées de l'Australie aujourd'hui les plus en renom. Espérons qu'il en sera ainsi, et que les magnifiques ressources de ce coin de terre seront bientôt exploitées au plus grand
profit de la civilisation.

Nous marchâmes jusqu'à ce que la chaleur du jour, devenue insupportable, nous força à nous arrêter à l'ombre d'un arbre. Raikes et moi nous
avions à peine fermé les yeux depuis que nous étions au milieu des sauvages. Lorsque la fatigue nous obligeait à nous reposer quelques instants,
nous nous couchions alternativement une heure, l'un de nous veillant toujours pendant le sommeil de l'autre. Nous fîmes ainsi en cette circonstance,
peu curieux de confier notre vie aux mains de nos frères les sauvages, gens
assurément capables de profiter d'un instant où notre surveillance eût été
en défaut pour fuir après nous avoir dépouillés de nos armes.

— A moi le premier quart, dit Raikes: dormez une heure, Brown, fiez-
vous à moi pour veiller sur ces chiens noirs; qu'ils demeurent en paix s'ils
ne veulent pas être cruellement mordus par celui-ci. Et en même temps
il faisait jouer le chien de son excellent fusil, circonstance qui ne manquait jamais de produire infailliblement aussi un excellent effet sur nos
guides.

Au bout d'une heure, il me réveilla.

— A votre tour, Raikes, lui dis-je ; vous avez grand besoin de repos.

— Je ne saurais pourtant dormir, cher Brown, tant j'ai hâte de retrouver
les sentiers fréquentés par les blancs. Le silence morne de ces solitudes
pèse sur ma tête comme un masque de plomb. Quelle joie, Brown, de revoir
nos amis! Partons sans plus de délai, si vous m'en croyez.

— Mais vous tombez de lassitude.

— Demeurez sans inquiétude, Brown; la joie, l'espoir du retour soutien-
dront mes forces.

Nous nous remîmes donc en route, et après une nouvelle marche de dix
à douze milles environ, nos guides nous montrèrent au milieu d'une plaine
le chemin qui conduit du mont Macedon à la rivière de la Forêt. Il serait

impossible de dire avec quel bonheur nous reconnûmes les localités environnantes. Après avoir exécuté le marché conclu avec les deux sauvages, nous les vîmes s'enfoncer et disparaître dans l'épaisseur des bois, ravis de posséder les précieux objets que nous venions de leur abandonner; ils étaient transportés de joie.

Nous nous assîmes un moment sur la crête d'une colline pour contempler à loisir les traces de la civilisation qui frappaient nos yeux de tous côtés; nous nous félicitions l'un l'autre comme des naufragés miraculeusement échappés à la tempête. Nous étions demeurés près de quinze jours enfermés dans le désert. Nous étions épuisés de fatigue et de besoin; mais la joie de notre délivrance et l'espoir de retrouver bientôt nos amis nous remplissant d'ardeur, nous résolûmes de franchir le jour même la distance qui nous séparait encore de la rivière de la Forêt.

Bientôt nous atteignîmes la route que nous avaient montrée nos guides; c'était un chemin tracé par la civilisation, où des Européens se croisaient sans cesse comme sur une route royale d'Angleterre. Le ciel était d'une admirable pureté, la température extrêmement douce, le paysage majestueux. La nature nous semblait s'être parée pour fêter notre miraculeuse délivrance.

FIN DU JOURNAL DE BROWN.

XI. — Retour des chasseurs. — La tempête. — Richesse inattendue. — Mort
de Shanty le cuisinier.

Ce fut dans la matinée du samedi suivant, vers neuf heures, que nos compagnons égarés reparurent devant notre tente, bronzés comme des statues, hâves, maigris, méconnaissables. La dépression de leurs traits, l'élargissement de leurs yeux ronds, saillants, clairs comme ceux des malheureux qui ont enduré la faim, la soif, les privations et les fatigues de tous genres, nous dirent du premier regard ce qu'ils avaient dû souffrir. Leur barbe et leurs cheveux démesurément allongés ajoutaient encore au triste délabrement dans lequel nous les retrouvions.

Hélas! nous n'étions pas nous-mêmes dans une meilleure situation. Shanty était étendu sur son lit de mort; Bink venait de tomber gravement malade. J'étais moi-même en proie au découragement le plus profond.

— Holà! eh! mes bons amis, cria Brown en approchant de la tente et avant que nous eussions le temps de l'apercevoir.

J'étais assis entre mes deux malades, profondément enfoncé dans mes pénibles réflexions. Bink se dressa sur son matelas ; Shanty murmura faiblement quelque chose d'inintelligible ; je soulevai l'un des pans de la tente au moment même où Brown et Raikes le saisissaient pour entrer.

Ai-je besoin de dire que mon cœur fut pendant quelques moments trop plein pour me permettre de proférer une parole. Avec quelle ardeur nous nous jetâmes dans les bras les uns des autres ! quelle fut aussi la pénible émotion que nous ressentîmes en retrouvant dans ce déplorable état nos compagnons que nous avions vus partir si pleins de vigueur et de santé pour cette chasse désastreuse !

— Comment allez-vous, chers compagnons ? Où en sont les mines ? s'écria Raikes avant d'avoir aperçu quels changements malheureux cette quinzaine avait apportés dans cette tente qu'il avait l'habitude d'appeler plaisamment *notre villa*. Il vit le lit de Shanty, s'approcha du moribond, pâlit et fut obligé de s'asseoir sans trouver un mot de consolation pour Bink.

— Qu'est ceci ? me dit Brown doucement. Nous avons laissé ici la joie et la santé, et nous y retrouvons l'agonie et la mort.

— Asseyez-vous, Brown, dis-je, je vous conterai cette brève et triste histoire.

— Attendez, dit Shanty d'une voix éteinte, donnez-leur quelque chose à manger. Il reste encore du souper d'hier soir un bon morceau de mouton.

Le pauvre Shanty ignorait que ce mouton provenait d'emprunt ; que c'était tout ce qui me restait pour le nourrir, lui et Bink jusqu'à ce que j'eusse découvert quelque expédient nouveau. Pourtant il avait raison. Je le disposai sur le tronc d'arbre qui nous servait de table. Ces aliments disparurent avant l'appétit de nos amis. Je me gardai par délicatesse de leur dire en ce moment la misère à laquelle nous étions réduits.

— Eh bien ! reprit Brown, comment tout ceci est-il arrivé ? Les vents ont-ils donc aussi soufflé la tempête de ce côté depuis que nous vous avons quittés ?

— C'est ce que tout aux environs semble annoncer, dit Raikes.

— Mais, repris-je sans répondre à la question, comment êtes-vous demeurés si longtemps absents ? Chaque jour nous espérions votre retour, et chaque jour nous apportait une déception nouvelle.

— C'est comme nous, répliqua Brown, chaque jour nous espérions aussi vous retrouver, et chaque jour aussi notre espoir était déçu. Nous nous sommes égarés dans la forêt ; depuis lors nous avons erré de fourré en fourré, nous efforçant, mais en vain, de découvrir un sentier qui nous ramenât vers les lieux fréquentés par les Européens. Nous avons enfin rencontré des sauvages qui nous ont guidés jusqu'à la lisière du bois.

Il raconta ensuite brièvement quelques-uns des incidents rapportés dans son journal ; sans parler cependant de la vallée aurifère et des trésors qu'ils avaient recueillis.

— Béni soit le ciel, dis-je, qui vous a heureusement ramenés ! Car vous voyez que notre courage est abattu par les maladies. Vous jugez que nous n'avons réussi en rien. Depuis votre départ le malheur semble nous avoir pris à partie. Dès le lendemain de ce jour fatal, des torrents de pluie inondèrent le trou que nous avions creusé, l'eau renversa et détruisit les divisions qui séparaient les différentes concessions des mineurs de la rivière. Vous ne pouvez imaginer la confusion qui règne dans tous les gisements.

— Ce jour, dit Raikes, est précisément celui où nous avons été enveloppés dans une tempête qui a tout brisé autour de nous, ne nous épargnant nous-mêmes que par un hasard providentiel.

— Oui, continua Brown, après cette bourrasque terrible, un déluge de pluie convertit les vallées en torrents. C'est sans doute ce même orage dont vous avez ici éprouvé les effets.

— Sans doute, dis-je, mais la pluie ne fut pas le seul désastre qui s'abattit ce jour-là sur nous. Vers le soir le vent s'éleva avec furie, balaya les ravins, arracha les tentes, déracina les arbres et renversa tout sur son passage. Les hommes, les femmes, les enfants, les chiens, fuyaient dans toutes les directions ; le vent les saisissait et les roulait au milieu des débris de la tourmente.

— Que devint au milieu de tout ceci notre villa ? demanda Brown. Nous avions profondément enfoncé les piquets, et les cordes étaient neuves.

— Oui, mais le vent pénétra sous l'écorce du gunya qui la couvrait, et emporta le tout à plus de trente pas d'ici.

— Ce fut le seul dommage ?

— Oui, pour la tente ; mais la pluie tomba sur nous pendant toute la nuit. Ni feu ni lumière ne pouvaient tenir contre le vent et l'eau. Ce fut une terrible nuit.

— Oui, bien affreuse, dit Bink de son lit. Je ne l'oublierai de ma vie.

— Ce ne fut là que le commencement de nos malheurs, ajoutai-je. Vers le matin le vent mollit ; nous pûmes rétablir notre tente de façon à nous procurer une heure ou deux de repos avant de reprendre le travail de la mine, que nous étions décidés à recommencer. Dans l'après-midi du jeudi nous achevâmes de vider notre fosse, tâche pénible qui nous avait tenus deux jours dans l'eau. Nous rentrâmes sous la tente pour nous refaire par une bonne nuit, et nous mettre en état de creuser toute la journée du vendredi. Mais Shanty fut alors pris par la fièvre; son mal est allé depuis lors toujours s'aggravant, malgré nos soins et ceux du docteur, qui vient ici chaque jour. Bink à son tour est tombé dans l'état où vous le voyez. Notre recherche de l'or n'est encore qu'un projet, une espérance, que rien n'est venu réaliser.

Ce récit sommaire avait été à chaque instant interrompu par les exclamations et les expressions sympathiques de Brown et de Raikes. Lorsque j'arrivai à la conclusion, ils se regardèrent l'un l'autre, et comme s'ils avaient deviné leur pensée commune, ils s'écrièrent à la fois :

— Non certes, il n'en sera pas ainsi!

— Qu'est-ce à dire, mes amis, répliquai-je, me trompant sur la signification de ces paroles. Voulez-vous donc abandonner notre entreprise? Bientôt tout sera réparé. Il y a de l'or ici pour nous comme pour les autres. Nous...

— Oui, il y en a ici, mon garçon, s'écria Raikes sautant de son siége dans mes bras et me serrant le cou; oui, il y en a ici sans que nous ayons besoin de creuser. Il est ici, te dis-je, Brown l'a sur lui, regarde, tiens. Brown te le montre : ouvre les yeux, ah! ah! ah!

Pendant ce temps Brown déboutonnait son gilet ainsi que le haut de son pantalon, et retirant de sa ceinture une poche de cuir, il se mit à en délier les cordons pour nous en montrer le contenu. — Vois et pèse, dit-il. Y a-t-il bien trois livres d'or pesant là-dedans? Il alla ensuite vers Bink, aussi étonné et réjoui que moi du bonheur de nos amis.

Raikes était dans une agitation extrême, il plongeait sa large main dans l'ouverture du col de son gilet de flanelle rouge, faisant de vains efforts pour saisir sur sa poitrine quelque chose qui lui échappait sans cesse. Il réussit enfin à retirer un petit sac.

— Tenez, mes amis, dit-il, en voici encore. Tout ceci est de l'or pur Brown et moi nous en avons d'autre encore. Et il mit dans ma main un petit sac non moins pesant que celui de Brown.

— Shanty, mon enfant, criait Raikes, qui affectionnait particulièrement l'humeur joviale du pauvre cuisinier, vous aurez tout ce qui vous semblera bon, et petit à petit vos forces reviendront.

Shanty fit un mouvement comme s'il eût voulu parler. Un sourire de satisfaction passa sur ses lèvres mourantes, comme un rayon de soleil qui percé la nue dans un jour d'hiver, puis on l'entendit pousser un profond soupir. Il avait cessé de vivre.

— Il est mort, dit Bink, qui depuis un moment surveillait de son lit tous ses mouvements, mais sans penser que notre pauvre camarade fût si proche de son heure dernière.

— Pauvre Shanty, dis-je, pas plus tard que hier, tout en se plaignant d'une intolérable soif, il me parlait de l'Angleterre, de sa mère, de ses petits frères et de ses jeunes sœurs. Depuis longtemps je ne l'avais vu si gai. Je sortis un moment pour procurer des aliments à mes chers malades. A mon retour, Shanty me dit : Voulez-vous entendre des vers que je viens de faire? Voulez-vous me promettre de les écrire? Toute ma vie j'ai rimé, mais ne sachant pas écrire, je n'ai pu rien conserver.

Il s'interrompit pour se plaindre de la soif ardente qui le dévorait. Je mouillai ses lèvres d'une éponge imprégnée d'eau légèrement acidulée avec un peu de vinaigre,

— Merci, merci, me dit-il, que de bien vous me faites!

— Eh bien! Shanty, ces vers, quel sujet vous les a inspirés. Le pauvre garçon était comme tous ces rimeurs, il aurait répété cent fois de suite ses vers s'il eût eu le bonheur de trouver cent auditeurs. Puisque je ne pouvais le guérir, je voulais au moins le soulager par cette distraction.

— Vous allez les entendre, me dit-il; j'ai chanté les eaux limpides de notre Angleterre, le coin du feu de ma mère dans sa chaumière plus délabrée que la pauvre vieille elle-même, mes petits frères étourdissant la bonne femme. Toute la nuit je m'étais cru au milieu de cette jolie couvée en guenilles. J'étais arrivé riche pour faire la joie de tout ce petit monde, sauver à toujours de la faim la bonne vieille épuisée de travail et ses faibles rejetons. Je distribuais à tous du pain, du jambon et un peu de vin dont ils n'avaient jamais goûté. Il fallait voir les yeux reconnaissants de la mère embrassant son pauvre Shanty, et les gambades des enfants pendus au cou de leur frère aîné!

Shanty riait et pleurait.

— Lisez ces vers, me dit Raikes. Pauvre Shanty, toujours si joyeux et si bon!

Je lus la pièce de Shanty, que j'ai depuis perdue, à mon grand regret, dans mes voyages. Je l'eusse donnée ici, car malgré son incorrection elle était remplie d'originalité et de cœur. Je ne doute pas que placé dans des conditions favorables, Shanty ne fût devenu un poète humoriste d'un talent supérieur.

Comme j'achevais ma lecture : — C'est très-bien, c'est très-bien, s'écria Raikes, faisant claquer ses doigts d'une main, pendant que du revers de l'autre main il essuyait une grosse larme sur sa joue hâlée.—J'ai toujours dit que ce fou de Shanty avait au fond de son cerveau une étincelle de génie.

— Oui, reprit Raikes; d'ailleurs c'était une bonne nature et un cœur dévoué, que je n'oublierai jamais.

— Vous avez raison de l'aimer, Raikes, car malgré toutes ses extravagances le pauvre Shanty était parfois plein d'intelligence et de sens, et son langage ne nous paraissait si singulier que parce que nous avions vécu loin de la sphère où il avait passé sa jeunesse. Plaignons, sans les blâmer, ces enfants perdus des grandes cités élevés à cette école de misère et d'ignorance grossière.

XII. — **Projets d'expédition.** — **Un sauvage à louer.** — **Achat d'une bière.**

L'heureux retour de nos amis revenus à nous chargés d'or, nous mettait à même de faire à Shanty des funérailles convenables. Il fallut leur découvrir notre misère, elle ne les étonna pas; connaissant la situation précaire dans laquelle ils nous avaient laissés, et sachant que nous avions été obligés de payer chaque jour des visites de médecin, ils se doutaient bien que notre bourse devait être à sec.

A peine j'en eus dit quelques mots, que Brown me ferma la bouche en s'écriant généreusement :

— Ne parlons pas de cela, je vous prie. Nous agirons avec vous comme nous devons le faire, comme vous feriez à notre place. Ne sommes-nous pas convenus d'ailleurs de partager ensemble la bonne et la mauvaise fortune?

Je voulus faire observer que dans le cas présent et tout particulier il ne pouvait y avoir lieu à partage; car enfin, dis-je, ni Bink ni moi ne pouvons raisonnablement élever aucune prétention sur l'or que vous avez trouvé par hasard, comme vous auriez ramassé une montre perdue dans un champ. Cet or doit être considéré comme votre propriété particulière, car nous n'avons point eu part aux dangers que vous avez courus dans cette occasion au milieu d'un désert où vous avez failli périr d'inanition et de soif.

— Vous êtes le maître d'envisager la chose ainsi, repartit Brown, mais si pendant notre absence vous aviez été assez heureux pour retirer des entrailles de la terre une pépite assez grosse pour faire la fortune de nous tous, comment auriez-vous considéré cette richesse? Ne l'auriez-vous point partagée avec nous?

— Très-certainement, car la concession de la fosse exploitée est notre commune propriété.

— Oui; mais comme nous étions absents, et que dès lors nous n'aurions pu prendre part au labeur, nous n'aurions aujourd'hui, à mon avis, aucun droit au butin. Enfin, c'est là ma manière de voir, et je suis bien sûr que mon brave Raikes est de mon avis.

— Bien certainement, dit Raikes, nous devons tous partager les uns avec les autres. Nous le ferons, et que tout soit dit.

Ce dialogue n'avait pas lieu, je dois le dire, en présence du mort, bien que le décès subit de Shanty en eût été l'occasion.

Il fallait absolument nous procurer de la monnaie ; il fut arrêté que l'or serait converti en lingot pour faire d'abord les frais des funérailles de Shanty. Raikes et moi fûmes députés vers le marchand d'or pour le lui offrir. Après avoir été de boutique en boutique, le plus haut prix que nous pûmes obtenir fut celui de deux livres sterling quinze sols par once. Le poids de notre or s'élevait exactement à neuf livres sept onces, ce qui produisit la somme assez forte de trois cent vingt-sept livres (huit mille cent soixante-quinze francs) que nous nous partageâmes par égales portions.

Ce fut pendant notre course chez les marchands d'or que Raikes me conta par quel merveilleux et favorable hasard ils avaient trouvé ces richesses; il me dit aussi la persuasion dans laquelle il était que les collines et les vallées qu'ils avaient visitées dans leur excursion contenaient dix fois plus d'or que les gisements de la rivière de la Forêt.

— Enfin, me disait-il, cet or que vous voyez, nous l'avons recueilli dans l'espace de deux jours sans avoir la peine de creuser et sans autre travail que celui de fouiller entre les crevasses des rochers.

— Alors, dis-je, il faut nous rendre de suite en ce lieu.

— Bien certainement, répliqua Raikes, si cela était possible. Mais cette région est placée à plus de trente à quarante milles d'ici; pour y parvenir il faudrait traverser des espaces de bois et de collines ayant entre eux une similitude si grande, que le plus habile nécromancien ne les pourrait distinguer les uns des autres. Brown et moi nous avons en vain essayé de tous les moyens en notre pouvoir pour marquer le chemin à travers lequel nos guides nous conduisaient, mais tout a été inutile. La distance était si grande, et la ressemblance des lieux si complète, que nous avons dû y renoncer.

— Mais n'avez-vous pas essayé de savoir des indigènes le nom de cette riche vallée ?

— Assurément nous l'avons fait; mais le moyen de deviner ce qu'ils nous disaient! Ils sont moins intelligents que les chiens et plus lâches que des chats. Ils errent de place en place, plantent leurs tentes dans le voisinage de l'eau, et chassent dans les environs jusqu'à ce que la rareté du gibier les force à quitter. Tel est leur genre de vie de toute l'année; les danses, les combats et les querelles continuelles avec leurs femmes y apportent seuls quelque variété.

— Ne leur avez-vous pas demandé le nom de la rivière sur laquelle vous les avez trouvés campés ?

— Oui, ils l'appellent *Cow*; mais Brown assure que nul cours d'eau de ce nom ne se trouve marqué sur la carte.

— Il y a plus d'une raison pour cela; peut-être n'a-t-il pas encore été découvert; peut-être aussi a-t-il paru de trop peu d'importance; mais puisque nous en possédons le nom, ne pouvons-nous louer un sauvage? Je gage qu'il nous y conduirait directement.

A cette idée la joie illumina la physionomie expressive de mon brave compagnon.

— Myls, s'écria-t-il en me frappant cordialement sur l'épaule, je vois une montagne d'or devant nous, des trésors inépuisables. Et se penchant à mon oreille, il ajouta : — Le plus beau de l'affaire, c'est que personne en Australie ne se doute de notre découverte.

Ainsi va le monde, et toujours le plaisir de posséder une chose est accru chez l'homme par la pensée que les autres en sont privés. C'est l'histoire de l'écolier qui préfère à tous les fruits les pommes vertes pillées dans le jardin du professeur.

A notre retour, Raikes fut frappé des désastreux changements que quinze jours avaient suffi pour opérer au milieu des gisements; les malheurs, la déception, les maladies s'étaient abattus sur les mineurs. On n'apercevait de toutes parts que des fosses; le terrain, naguère trop étroit pour contenir la foule des tentes, laissait entrevoir de tous côtés de grands espaces vides. On ne voyait plus dans le campement que des malheureux minés par la fièvre, dont les traits amaigris inspiraient à la fois la terreur et la compassion.

—Quelle plus grande folie, me dit Raikes, que celle de tous ces hommes qui, se sachant incapables de ce dur labeur, sont pourtant accourus en un lieu tel que celui-ci? Myls, la vue de ces gisements m'attriste le cœur à un point que je ne saurais dire.

— Cher ami, observai-je à mon tour, nous n'avions guère travaillé de nos mains non plus avant de nous être aventurés ici.

— Oui, et vous pouvez aussi ajouter, reprit Raikes, que le court essai que nous avons fait est fort triste. Voici Bink alité; vous êtes malade vous-même; le pauvre Shanty est mort. Mais à quoi servent tous les raisonnements? Il faut, avant notre retour, trouver une bière pour enterrer le pauvre garçon, c'est pour le moment la chose urgente.

— Allons, dis-je, à la boutique de C..., qui vend de tout, depuis les bières jusqu'aux bouilloires à thé. Nous y trouverons notre affaire en un instant.

— Ce ne sera pas long en effet, il n'est même pas besoin d'une mesure; ici tous les mineurs morts sont supposés être de la même grandeur et de la même grosseur. On a tout de suite l'objet demandé, sauf au malheureux à y demeurer plus ou moins à son aise jusqu'à la fin du monde.

— Le pauvre Shanty ne s'y pourra trouver gêné, car c'est au plus s'il avait cinq pieds, et les bières ici en ont plus de six.

Nous étions sur le seuil de la boutique de C..., du dehors nous apercevions les bières rangées contre la muraille, et servant de tablettes pour les pains, les fromages, les jambons et tous les genres de comestibles offerts à la consommation des chalands. Cet étrange et inconvenant assemblage des choses de la vie avec celles de la mort produisit sur moi un tel dégoût que je fus obligé de m'arrêter, et désignant à Raikes ce mélange impie :

— Quelle inconvenance! lui dis-je, voici sur la bière où doit reposer le pauvre Shanty plus de pain qu'il n'en a mangé depuis un mois. Imaginez des piles de jambon et de fromage rangées sur des bières dans Oxford-Street ou Piccadilly.

— Ou tout autre part qu'aux mines, interrompit Raikes.

— Oui, ou tout autre part, comme vous dites; assurément la conséquence de cet étrange assortiment serait pour le marchand la ruine de son commerce.

Nous entrâmes pourtant dans la boutique. Il n'y avait pas à songer à conclure le triste marché à voix basse, comme cela se fût, par décence, pratiqué en Europe; car le robuste marchand à l'œil noir et aux formes athlétiques nous cria d'une voix de stentor qui dominait le tumulte d'une boutique pleine de chalands : — Que désirez-vous, Messieurs? des pioches, des pelles, un baquet, du fil, des aiguilles, sucre, thé, jambon, de la poudre, une bible, un missel? J'ai de tout cela, Messieurs, je vous vendrai de tout cela pour de l'or en poudre, en grains ou en pépites.

— J'ai besoin d'une bière, dit Raikes d'un ton sec et froid qui parut imposer au marchand.

Nous l'entendîmes cependant murmurer entre ses dents :

— Une bière ou une pioche, c'est toujours quelque chose à mettre en terre.

Nous conclûmes au plus vite notre marché, et nous sortîmes de ce repaire, emportant sur notre épaule la dernière demeure de notre malheureux compagnon.

XIII. — Les funérailles de Shanty.

Les devoirs de l'hospitalité sont en général fort mal pratiqués aux mines. Il faut dire pourtant qu'en cette triste circonstance nous trouvâmes à notre retour des voisins accourus pour aider à nos préparatifs funèbres. La mort à cette époque frappait à coups redoublés sur les mineurs; on commençait à s'y faire, et la vue de cette redoutable visiteuse n'inspirait plus que de l'indifférence à la foule endurcie. On voyait mourir ses voisins comme des soldats vaincus, entourés de périls, battant en retraite dans un pays ennemi, voient tomber à leurs côtés leurs compagnons de misère. En revenant avec notre bière sur nos épaules, nous fûmes durant tout le chemin salués par des plaisanteries telles que celles-ci : — Voici la dernière jaquette d'un pauvre diable, disait l'un. — Celui-ci est débarrassé du souci de faire fortune, disait un autre. — Voici le vrai gisement du mineur, ajoutait un troisième. Encore ne cité-je ici que les moins inconvenants de ces lazzis funèbres.

Le cadavre du malheureux Shanty, exposé à la chaleur du jour sous notre tente, exhalait déjà une insupportable odeur, dont nous avions à craindre les effets délétères pour Bink. Il y avait cependant si peu de temps que notre pauvre compagnon était mort, que nous éprouvions la plus grande répugnance à procéder aussi promptement à son inhumation. Nous fîmes venir le médecin pour constater son décès trop certain, et satisfaire en cela au moins notre conscience.

Le praticien se donna à peine le temps d'entrer qu'il s'écria brutalement :

— Votre ami est mort, archimort. Mettez-moi vite ce chrétien en terre, ajouta-t-il plus durement, et que Dieu prenne pitié de son âme!

Il sortit aussitôt.

— Comment allons-nous procéder? me dit Brown. Faut-il le déshabiller et le laver?

— Non, non, dit Raïkes, il n'est besoin de tant de choses où il va. Le plus tôt, vous le voyez, sera le mieux.

— A-t-il quelque chose dans ses poches?

— Rien, dis-je, je ne sache même pas qu'il ait jamais eu l'occasion d'y serrer quelque chose.

— Mettons-le dans la bière avec ses habits, dit Raïkes, et donnons-lu sa couverture pour linceul.

L'opération fut bientôt terminée. En quelques minutes le pauvre Shanty ut couché dans son dernier gisement, comme avait dit l'un de nos voisins.

Il ne s'agissait plus que de choisir un lieu convenable pour l'inhumer. Nous nous déterminâmes à enterrer Shanty au sommet d'une colline voisine, au pied d'un arbre gigantesque à l'ombre duquel il avait coutume de se réfugier chaque jour pendant de longues heures pour rêver à l'Angleerre, à sa vieille mère et aux souvenirs de son enfance. C'était un site charmant.

Parvenus en ces lieux, nous nous assîmes un moment. Le paysage était vraiment admirable, la beauté du site, le silence profond de la contrée inculte et déserte, nous impressionnaient vivement. Tandis que partout ailleurs le sol était brûlé par les feux du soleil, ce coin de terre ombragé par les immenses rameaux de l'arbre était couvert d'un gazon touffu émaillé de mille fleurs.

— Oui, dit Brown, ce lieu était heureusement choisi pour rêver de la datrie absente. L'ignorant Shanty, cet enfant grossier de la nature, avait un cœur et une imagination de poète. Il était doué d'une rare délicatesse de sentiment. Combien la fraîcheur et le charme de ces ombrages, d'où l'on domine un vaste horizon, n'étaient-ils pas faits pour reposer l'esprit et le porter aux plus douces méditations!

Nous conversâmes ainsi pendant quelque temps de notre compagnon regretté; mais Raïkes, nous montrant le soleil qui descendait rapidement sur la cime des montagnes, nous rappela que le corps devait être enterré avant la nuit.

Nous traçâmes la fosse, qui fut rapidement creusée dans un sol vierge qui n'offrait aucune résistance.

— Voilà qui va bien, dit Raikes essuyant son front humide de sueur. Il n'y a point ici de ces damnés résurrectionnistes capables d'ouvrir la bière pour disperser au vent les os du mort ou pour les dévorer.

— Il n'y avait point ici, grâce à Dieu, de ces profanateurs hideux ; mais les animaux rongent les cadavres.

— Oui, les chiens sauvages ; mais tant que la bière subsistera, le pauvre Shanty n'aura point à craindre leurs dents voraces.

— La fosse est d'ailleurs assez profonde, mes amis. Maintenant il est temps de retourner vers nos voisins, qui doivent nous attendre.

De retour à la tente, nous trouvâmes en effet un groupe de mineurs qui s'offrirent à porter le corps en terre. Ils étaient assez nombreux pour se relayer en route. J'allai quérir des torches de résine, car dans l'obscurité et dans l'état de bouleversement où l'orage avait laissé les gisements, le moindre faux pas pouvait causer de graves accidents.

Lorsque tout fut prêt, le cortége partit lentement, suivi de Brown et de Raikes. Je ne pouvais me décider à laisser Bink seul à cette heure avancée du soir. Quelque rôdeur de nuit le sachant malade pouvait profiter de notre absence pour l'étouffer dans son lit, et s'approprier le peu que nous possédions.

— Qu'attendez-vous ? me dit-il. Je devine vos craintes, Myls ; apportez-moi les revolvers, aidez-moi à me coucher en face de l'entrée de la tente, et fiez-vous à moi, je saurai me défendre.

Je fis ce que demandait notre brave compagnon, pour rejoindre le cortége funèbre.

Comme j'arrivais au pied de la colline, je vis les torches briller au sommet. Je hâtai le pas pour arriver auprès de la tombe en même temps que nos amis.

Ici, une difficulté nouvelle surgit. Personne de nous ne paraissait préparé à remplir l'office du ministre. Cette tâche allait naturellement m'être dévolue, car Brown déclarait ne pouvoir la remplir, et Raikes, dans sa vie aventureuse, n'avait jamais assisté à un enterrement accompagné des cérémonies ordinaires du culte, lorsqu'un de nos voisins, homme honnête et religieux, s'avança et s'offrit à nous tirer d'embarras. Il semblait avoir prévu d'avance qu'il serait appelé à accomplir ce religieux devoir. Il s'était vêtu proprement ; sa contenance était calme, digne et solennelle. Il tira de sa poche un livre de prières anglican, il l'ouvrit à la page intitulée *Office des morts*, et lut d'une voix grave et bien accentuée :

« Parce qu'il t'a plu, ô Dieu puissant, de rappeler à toi l'âme de notre bien-aimé frère, nous confions son corps à la terre ; que la terre soit rendue à la terre ; que les cendres redeviennent cendres ; que la poussière retourne en poussière.

» Par la vertu de Jésus-Christ, nous croyons et nous espérons pour notre frère en la résurrection des morts et la vie éternelle.

» Notre vil corps sera changé en un corps glorieux, car toutes choses sont permises à Dieu, et sa puissance est sans limites. »

Pendant cette lecture, le corps était silencieusement descendu dans la fosse. Le bruit de la terre retombant lourdement sur la bière, qui rendait un son creux et sourd, interrompit seul la voix de l'officiant.

Cette cérémonie funèbre, si simplement accomplie dans le silence de la solitude et dans l'obscurité de la nuit, est la scène la plus touchante à laquelle j'aie assisté. Imaginez quel tableau d'un saisissant effet devait présenter ce groupe de mineurs assemblés autour d'une tombe ouverte, à la lueur vacillante des torches, qui éclairait vivement leurs physionomies expressives, qui projetait derrière eux des ombres sans fin.

XIV. — Gisements aurifères. — Changements dans l'état des mines. — Leur situation morale. — Hatfield le convict. — Sommes trouvées sur les voleurs et les vagabonds à Melbourne. — Le mont Alexandre.

La fatigue et l'émotion occasionnées par les événements de la veille ne nous avaient pas seulement laissé le loisir de la réflexion ; il fallut bien cependant nous occuper un peu de nous-mêmes, et arrêter nos projets. Au total, nous n'avions pas à nous féliciter de notre début aux mines. Nous n'avions eu aucun succès là où tant d'autres avaient été et étaient encore si favorisés. On découvrait de l'or en abondance non-seulement à la rivière de la Forêt, mais encore dans le bas de la vallée, ainsi qu'à la rivière de Barker, branche secondaire de celle de Londres. Tous les ravins convergents, sur une étendue de plusieurs milles, donnaient des résultats aux mineurs ; il en était de même à la rivière de Friar, à cinq milles vers l'ouest. En même temps, on découvrait à la rivière de Bendigo des gisements qui donnaient les plus magnifiques espérances : plusieurs centaines d'aventuriers y étaient promptement accourus. Bendigo est à vingt-cinq milles au nord-ouest ; c'est une branche de la rivière Campaspé, qui prend sa source dans la chaîne des monts Alexandre.

Nous étions donc au sein d'un pays qui jusqu'à trente milles à la ronde recélait le précieux métal. Nous éprouvions le supplice de Tantale, et nous nous répétions les uns aux autres que notre insuccès ne tenait qu'à notre impéritie. Enfin, quel était le meilleur parti à prendre ? Je demandai à Brown ce qu'il pensait de la possibilité de retrouver la rivière Cow, où il avait ramassé l'or qui nous était arrivé si à propos.

— Je crois qu'il n'y faut pas songer, dit Brown ; j'ai questionné hier un de nos voisins qui habite depuis longtemps la colonie, et sait un peu la langue des indigènes. Je lui ai demandé s'il connaissait un cours d'eau quelconque du nom de Cow ; il m'a répondu que le mot Cow voulait dire *eau*, sans signification spéciale, comme nous l'avions cru.

Dès qu'il nous fut démontré que nous ignorions le nom du lieu en question, et qu'il nous était impossible de le reconnaître à sa configuration, toute pensée de le rechercher fut définitivement abandonnée.

A cette époque, la quantité de minerai d'or extraite du mont Alexandre était énorme, malgré le manque d'eau et l'accroissement de travail qui en résultait pour les mineurs. De la rivière de la Forêt, il fallait charrier les terres jusqu'à la rivière Barker pour le lavage. C'était une distance de trois à cinq milles à parcourir.

L'aspect des mines changeait chaque jour. D'abord les excavations avaient été très-superficielles. Mais de nouveaux venus avaient poursuivi l'œuvre de leurs prédécesseurs, et les fouilles reprises à trois ou quatre fois avaient atteint une grande profondeur. Les derniers mineurs avaient encore assez fréquemment obtenu de fort beaux résultats.

En général les travaux étaient conduits d'une façon aussi désordonnée qu'inhabile ; mais on ne pouvait attendre mieux d'hommes étrangers à cette industrie et qui voyaient dans ce sol une telle abondance d'or, que les petites quantités leur paraissaient mériter peu d'attention.

La plupart des habitants de la colonie qui tout d'abord s'étaient portés avec ardeur sur les terrains aurifères retournaient à cette époque chez eux pour y attendre le retour de l'automne, saison qui offre de beaucoup plus grandes facilités pour l'exploitation des mines. Quant à nous, qui n'avions aucun domicile dans la colonie, nous devions choisir entre ces deux alternatives : ou fouiller le sol, ou mourir de faim. Naturellement des deux maux nous choisîmes le moindre, et nous résolûmes de rester aux mines et de nous résigner à telles aventures qui pourraient survenir. Nous comptions choisir une place parmi celles demeurées vacantes par le départ des premiers occupants; bien que, grâce à l'arrivée continuelle de nouvelles recrues, la population des mines évaluée à environ trente mille âmes n'eût en réalité souffert aucune diminution. C'était une multitude fort mélangée que celle des nouveaux venus. Il y avait là nombre d'habitants de la terre de Van-Diémen qui s'en revenaient désappointés de la Californie. Là affluait encore la partie la plus vicieuse de la population des colonies pénitentiaires. Aussi la moralité perdait-elle chaque jour du terrain au sein de la société des mines. La propension qu'ont les gens de même sorte à se réunir avait fait de certaines localités des foyers de brigandages de toutes sortes. Ce fait, joint à l'influence de la vente illicite des boissons alcooliques, peut donner une idée de la somme des crimes commis au milieu de cette agglomération d'individus, due à des circonstances si peu ordinaires, et qui ne subissait aucun frein, ni physique ni moral. Pendant les repas on se querellait, on volait le jour, on volait la nuit, aussi bien dans les tentes que sur le terrain même des travaux. En certains endroits destinés au lavage, le sol n'était pas remué. Là se réunissaient les bandits et les voleurs. La rivière de Friar avait une terrible réputation à cet égard. Nous rendions souvent grâce à notre étoile de nous avoir amenés sur les bords d'une rivière où comparativement on était bien avoisiné.

Vers ce temps, on signalait fréquemment au milieu des mineurs un genre de vol qui défiait les plus actives investigations. Il était conduit avec une extrême dextérité. On trouvait les tentes déchirées précisément à l'endroit correspondant à la cachette de l'or, et le précieux métal avait disparu. La police fut mise en éveil. Quelques-uns des coupables furent pris; mais il était difficile de les convaincre. M. Sturt, surintendant de la police, expose comme il suit, dans un rapport, leur façon de procéder et donne une idée des sommes dérobées par eux :

« Melbourne, mai 1852.

» William Hatfield, prisonnier de la couronne, arrivé par le navire *Manchester* en 1843.

» Libre à son arrivée.

» Accusé de crime capital devant la cour d'assises de Geelong, le 22 février 1851, et condamné à douze mois de travaux forcés dans la prison de Melbourne.

» Accusé devant la cour suprême de Melbourne, le 28 mai 1852, pour vol dans une maison habitée, et condamné à dix ans de travaux sur les routes de la colonie.

» Je parle de Hatfield, c'est un exemple entre mille.

» On n'arrête guère qu'un voleur ou un vagabond par chaque vingt-quatre heures. Mais l'argent qu'on trouve sur eux varie entre dix et cent livres. Au sein d'un pareil état de choses, rien d'étonnant que l'organisation d'une police réellement efficace, soit l'objet d'une grande difficulté

» William Hatfield subissait sa première peine, quand je dus le punir pour avoir dérobé un mouchoir à un de ses compagnons de prison. Il fut élargi il y a environ trois mois, et reçut du geôlier cinquante livres, qu'il lui avait confiées au moment de son incarcération.

» Il paraît qu'il séjourna quelque temps à Melbourne. Ensuite il fit acquisition d'un certain nombre de bagues et autres bijoux, et se rendit aux mines. Il vendait ces objets aux mineurs, le soir, dans leurs tentes, et observait le lieu où ils renfermaient leur argent monnayé et leur or. Il savait dès lors à quelle place il fallait faire une incision à la tente pour prendre le tout. Par suite d'un délit de cette nature, il fut arrêté, traduit devant le juge et condamné. Au mont Alexandre, il fut trouvé nanti d'environ sept cents livres en or, sans compter les billets. Je pense que la somme totale pouvait s'élever à neuf cents livres.

» Renfermé momentanément en route dans la prison de Gisborne, il parvint à y pratiquer une ouverture et s'évada. Il s'en vint à Melbourne, où deux nuits après je l'appréhendai de nouveau. Il avait sur lui une énorme pépite, plus cent soixante-dix livres en monnaie.

» Quand il se vit incarcéré il demanda à me voir en particulier et me dit qu'il avait mis en terre une certaine plante qu'il voulait me confier, car elle pouvait fort bien être enlevée par un autre pendant son séjour en prison, et il aimait mieux encore la savoir entre mes mains. Je l'accompagnai donc avec quelques agents de police. Il alla tout droit à un tas de cailloux cassés destinés à ferrer la rue devant l'hôtel du gouvernement. Il écarta les cailloux, et du milieu d'eux retira trois sacs d'or du poids de dix-neuf livres.

» Ainsi cet homme, en deux ou trois mois, avait recueilli environ deux mille livres. »

Des faits de ce genre sont fréquents aux mines, c'est encore M. Sturt qui nous le dit. Depuis j'ai eu l'occasion de connaître le montant des sommes trouvées sur les vagabonds et les voleurs arrêtés par la police, à Melbourne, du 1ᵉʳ juillet au 27 octobre, c'est-à-dire dans le cours d'une période d'environ quatre mois. Sur quarante-deux vagabonds on a trouvé six cent soixante-seize livres ; sur quarante-huit voleurs, quinze cent dix-huit livres. Dans cette évaluation on ne comprend ni les pépites, ni les montres, ni les chaînes d'or, ni les billets de banque, et dans la désignation des individus arrêtés, il n'est question ni des débauchés, ni des suspects. Ce résultat nous donne une idée de l'état normal de société dans lequel le monde austral a été soudainement jeté par la découverte de l'or, et nous représente son séjour sous un aspect fort peu agréable.

Il est clair que les voleurs ont trouvé leur Eldorado dans la contrée même où ils subissaient le châtiment de leurs crimes. Jusqu'ici Victoria avait eu une population à part, composée de colons purs de stigmate pénal, mais actuellement elle subit l'influence du dangereux voisinage des colonies de convicts, qui commencent à entrer pour une large part dans le chiffre de ses habitants. Faisant allusion au document dans lequel j'ai puisé mes renseignements, le lieutenant gouverneur Latrobe dit : « Il forme le plus curieux exposé de l'état social actuel en Australie ; et après l'avoir lu, personne ne saurait être surpris de la fréquence des crimes qui se commettent ici, non plus que de leur impunité. Les éléments de corruption fourmillaient au sein du personnel de la police de Melbourne, tel qu'on l'avait constitué dans les premiers mois ; cette circonstance était mise à profit par les criminels qui tombaient entre ses mains. » M. Sturt ajoute à ce sujet : « La police est journellement appelée à coopérer à l'arrestation de vagabonds et de mauvais sujets sur lesquels ont trouve des sommes excédant quelquefois mille livres. Les agents, soit dans les théâtres, soit dans d'autres lieux d'amusements publics, sont témoins du luxe affiché par les mineurs que la fortune a favorisés ; ils voient leurs femmes revêtues des plus splendides toilettes ; ils voient sans cesse passer devant eux les carrosses qui nuit et jour transportent ces prodigues d'une fête à une autre fête. Comment les constables et leurs officiers, avec leurs traitements, se procureraient-ils, non pas un luxe pareil, mais seulement une certaine aisance ? Ils ignorent le revers de la médaille ; ils ne voient pas l'extrême désordre de chaque intérieur. D'autre part, nombre de policemen congédiés s'en vont aux mines, et à leur retour étonnent leurs anciens camarades par les merveilleux résultats de leurs travaux au mont Alexandre. Toutes ces circonstances sont de nature à bouleverser les esprits, anéantir la discipline et paralyser les efforts tendant à conserver quelque efficacité à l'action de la police.

» La tentation s'offre à chaque pas pour corrompre l'honnêteté du constable. Il est à ma connaissance qu'on a plusieurs fois offert cent livres pour la délivrance d'un prisonnier. Tandis que John Duffy, un des plus fieffés coquins de la terre de Van-Diémen, était en prison sous l'inculpation de recel, mille livres ont été offertes pour favoriser son évasion. »

Tel était l'état des choses à Melbourne à l'époque où nous étions au mont Alexandre; vous pouvez par là juger quelle était la situation à ces mines mêmes. Chacun était un étranger pour ceux qui l'entouraient, et la moitié de la foule qui se pressait en cet endroit était elle-même étrangère à la colonie. Tout ce monde s'agitait sur un sol boisé et coupé de ravines et de cavités secrètes, couvert de milliers de tombes creusées par le crime et par la débauché. Le meurtre avait là un lieu d'asile assuré. Les vols et les assassinats passaient inaperçus, et n'étaient pas seulement constatés. Or, il n'était pas possible dè remédier à cette situation avec les moyens insuffisants dont disposait le gouvernement pour protéger les existences et les propriétés. Cependant le gouverneur général témoignait constamment une grande confiance dans le bon sens et les dispositions généralement pacifiques de la population des mines. Il exprimait la même opinion dans ses dépêches du gouvernement de la métropole, et attribuait tout le mal au commerce illicite des spiritueux. « Dans le mois de janvier (1852), dit-il, malgré l'insuffisance des forces de la police, il a été opéré au mont Alexandre de cinquante à soixante arrestations ; mais il faut dire que les difficultés de la répression augmentent en raison même de l'accroissement de la population. Les bénéfices du vol sont si considérables, que les risques ne sont rien quand on peut se flatter de réussir. »

XV. — Statistique de l'or. — Les mineurs peints par eux-mêmes.

La somme d'or transportée du mont Alexandre à Melbourne, sous l'escorte du gouvernement, du 6 janvier au 24 février 1852, s'était élevée à 328,350 livres. (8,238,750 fr.) Ainsi nous avions été malheureux, là où des milliers d'individus pouvaient à bon droit se féliciter de leur bonheur, si toutefois l'or le procure. En outre de la somme ci-dessus, des quantités d'or considérables avaient été portées à Melbourne par les mineurs, qui aimaient mieux courir les risques du voyage que payer au gouvernement sept pence par once d'or, montant du droit exigé pour l'escorte.

Ce nombre des permis de fouilles accordés au mont Alexandre dans les deux premiers mois de 1852 a été de dix-neuf mille cinq cent quarante et un, lesquels ont produit 20,283 livres. (723,095 fr.) Pendant le même laps de temps il est arrivé par mer à Melbourne, soit des colonies voisines, soit du Royaume-Uni, soit d'autres contrées, douze mille huit cent soixante-deux individus. C'était là une circonstance du meilleur augure pour la future prospérité de la ville, et cependant les bras manquaient complètement pour le travail industriel, tant était puissante l'attraction des mines. Depuis ce temps la population de Melbourne s'est encore accrue de bien des milliers d'individus, et chaque nouvelle affluence d'émigrants a apporté sa modification spéciale dans le caractère primitif de la colonie. Faisons donc une halte ici pour nous mettre au courant de la situation correspondante à l'époque de notre séjour à Victoria. Ce but, les récits qui suivent le rempliront.

Le premier est écrit par un Ecossais, qui, le 26 octobre dernier, partit de Melbourne pour se rendre aux mines de Victoria. Laissons-le raconter lui-même jour par jour les fatigues et les périls de son voyage :

« RIVIÈRE DE LA FORÊT. — *Mardi* 26 *octobre* 1852. — En arrivant à Melbourne, j'appris que mon ami que j'étais venu rejoindre avait quitté la ville quelques jours auparavant, mais avait laissé des instructions pour moi au sujet des provisions qu'il désirait que j'envoyasse sans délai. Comme je n'eus connaissance d'aucun départ pour les mines, je pris aussitôt le parti d'accompagner moi-même les charrettes qui porteraient les approvisionnements. Je louai deux attelages de deux chevaux chacun pour le prix modéré de soixante livres par tonneau, et ayant pris les dispositions nécessaires pour le voyage, j'étais prêt à partir un matin à dix heures, quand je reçus une lettre de mon ami, qui me priait d'acheter une paire de pistolets et quelques autres objets. Je ne pus me procurer de pistolets à aucun prix ; au reste, beaucoup d'autres personnes qui demandaient également des armes à feu ne furent pas plus heureuses que moi. Je chargeai donc quelqu'un de me faire parvenir les premières bonnes armes dont il pourrait faire l'acquisition. A deux heures de l'après-midi nous nous mîmes en route pour les mines. Peu de temps après notre départ je rencontrai un

jeune homme tout récemment arrivé de Glasgow, où nous nous étions connus, ayant tous deux rempli le même emploi dans cette ville. Lui aussi,
alléché par les pépites, avait voulu tenter fortune. Il accepta avec grand
plaisir l'offre que je lui fis de notre compagnie et de notre protection ; de
mon côté je n'étais pas moins satisfait de m'adjoindre une vieille connaissance avec qui je pourrais m'entretenir. Nous trouvâmes, pendant les premiers six milles à partir de Melbourne, la route très-fréquentée par des
voyageurs se rendant pédestrement aux mines ou en revenant, sans compter
des troupeaux de chevaux et de taureaux, des charrettes et des cavaliers.
Nous étions en plaine, aussi le chemin était bon. Au coucher du soleil nous
avions fait douze milles, et nous nous trouvâmes seuls au bord d'un torrent
profond. La route en cet endroit se subdivise en cinq ou six chemins. Chaque voyageur suit celui qu'il croit être le meilleur ou le plus court. Sur le
bord du torrent nous trouvâmes un excellent lieu de campement avec de la
bonne eau et du fourrage pour les chevaux. On alluma du feu et on fit le
thé. Nous nous arrangeâmes pour que chacun à son tour veillât à la sûreté
de tous pendant deux heures. Il ne se passa rien d'extraordinaire, si ce
n'est qu'un individu aux allures suspectes fut aperçu par le troisième de
nous qui faisait sa faction ; interpellé, il répondit qu'il était à la recherche
d'un jeune taureau égaré. On lui enjoignit de s'éloigner sous peine de la
vie ; mais comme il demeurait immobile et nous épiait, le charretier, qui
était de garde, tira son épée, ce qui fit disparaître notre individu dans les
buissons.

Mercredi. — Au jour, après déjeuner, nous avions pris nos dispositions
pour passer le gué. La rive opposée du torrent étant très-escarpée, il fal-
-lait atteler trois chevaux à chaque charrette. La seconde s'embourba, ce
qui nous causa un retard de quelques heures. Nous rencontrâmes plusieurs
auberges autorisées et des cafés. Ces lieux de rafraîchissement ont un caractère très-suspect, et sont pour la plupart des souricières ; leurs propriétaires sont de connivence avec les rôdeurs de buissons.

Quelques-uns de ces coquins fieffés réalisent trente mille livres par an.
Nous vîmes plusieurs de leurs clients qui nous parurent d'assez mauvaise
mine ; nous fîmes aussi rencontre de patrouilles de policemen à cheval
J'avais placé mes valeurs dans l'endroit que je considérais comme le plus
sûr, à savoir, dans le foyer d'une courte pipe, me réservant seulement un
petit nombre de souverains pour le cas où quelque bandit nous mettrait la
main dessus. La monnaie et l'or en poudre sont l'objet de leur recherche ;
le moins qu'ils exigent pour laisser aller saine et sauve leur victime, c'est

trois souverains. Plusieurs malheureux qui n'avaient rien à donner ont eu la main droite percée d'une balle par ces coquins. Nous nous croisions avec des gens revenant des mines, et qui en rendaient un triste compte. Le sol y était complètement exploré, disaient-ils, et chacun s'en revenait. Mais nous ne faisions pas beaucoup d'attention à ces rapports, car la devise est ici : Ne croire que ce que l'on voit. Nous traversions une contrée magnifique, couverte de la plus riche verdure et de pâturages où l'œil, à perte de vue, découvrait à peine un arbre ou un buisson. A trois heures de l'après-midi nous avions fait vingt milles sans rencontrer une goutte d'eau ; hommes et chevaux mouraient de soif. Un peu plus loin le maître d'une tente nous procura par grande faveur une petite provision d'eau à un schelling la pinte. Nous poursuivîmes notre route et nous arrivâmes dans un endroit marécageux, nommé auberge du Buisson, sur la lisière de la forêt Noire. Nous y campâmes pour la nuit. Cet endroit est comme le rendez-vous des rôdeurs des bois. Il y a là deux auberges autorisées et de nombreux débits de grog, un établissement de boucher et un forgeron. Ce dernier nous prit vingt schellings pour reclouer le fer tombé du pied d'un de nos chevaux. Après souper j'allai m'étendre sous l'une de nos charrettes pour prendre du repos. J'avais à peine les yeux fermés que je fus réveillé par quelqu'un qui m'adressait une sommation sous peine de mort ; la requête était accompagnée de la plus effroyable série de jurements et de malédictions. — Je réveillai aussitôt mon compagnon, tout en me demandant comment j'allais m'y prendre pour répondre comme il convenait à la menace de cet intrus, dont je ne pouvais distinguer la figure dans l'obscurité. En ce moment mon ami me dit à l'oreille qu'il croyait reconnaître l'un de nos charretiers ; et, en effet, c'était bien l'un d'eux. Le vagabond s'était emparé d'un baril de grog, et s'était adjugé une telle quantité de ce liquide, qu'il ne savait plus distinguer les amis des ennemis. Il fut sur le point de passer son épée au travers du corps de son camarade. Ce ne fut pas sans de grandes peines que nous parvînmes à l'assujétir sous l'une des charrettes. Son camarade, moi et mon ami nous veillâmes pendant le reste de la nuit. A la lueur du feu de notre campement nous aperçûmes deux individus suspects qui paraissaient avoir envie de nos chevaux. Ils virent que nous étions bien armés, et que nous surveillions leurs mouvements. Alors visiblement désappointés, ils prirent le parti de s'éloigner.

Jeudi. — A huit heures du matin nous quittions l'auberge du Buisson, et après avoir gravi une colline escarpée nous entrions dans la forêt Noire. Cette forêt a une étendue de douze milles dans la direction des mines, et

constitue la partie la plus mauvaise du voyage. La nature raboteuse et
irrégulière du sol rend très-difficile le passage des charrettes. Il n'est pas
rare que dans la saison des pluies un de ces véhicules emploie trois semaines à traverser la forêt ; mais le temps étant alors au sec, nous espérions n'y consacrer que deux jours. La forêt Noire ne renferme presque
que des arbres à gomme et à écorce fibreuse.

Au départ, les chevaux, fraîchement reposés, marchèrent bien, mais
après quelques milles nous n'avancions plus qu'au prix des plus pénibles
efforts. Nous rencontrâmes là une centaine de gens revêtus du costume de
mineurs, et marchant péniblement sous le poids de leur matériel de campement. Les uns allaient aux mines, les autres en revenaient. Il était facile
de distinguer ceux que la fortune avait favorisés. Quelques-uns étaient
montés sur des chevaux qu'ils avaient achetés aux mines, et passaient auprès de nous avec rapidité, ayant hâte d'aller dissiper leur gain à Melbourne. Plus loin une centaine de charrettes et d'attelages de jeunes taureaux s'agitait au milieu de taillis épais. On se serait cru à Bedlam en
entendant les clameurs et les juremento des charretiers, qu'accompagnait
le bruit incessant des fouets dans toutes les directions. Tout le long du chemin ce n'étaient que voitures embourbées ou renversées et carcasses de
chevaux et de bœufs. Nous n'eûmes pas un instant de repos. Deux fois
nous déchargeâmes nos chariots, deux fois nous les retirâmes des bourbiers. Nous en fûmes quittes pour cela. A cinq heures du soir nous avions
fait huit milles. Nos chevaux tombèrent de fatigue au milieu de la route.
Nous fîmes halte pour la nuit. N'ayant pas d'eau, nous cherchâmes à en
recueillir dans les profondes ornières et dans les autres cavités du sol; j'es-
sayai de la filtrer, mais elle était si bourbeuse qu'elle ne passait pas au
travers du filtre. Enfin, accablé de fatigue, je m'arrangeai sous des buissons pour dormir. Vers minuit je me réveillai et me trouvai dans l'eau; il
avait plu très-abondamment pendant plusieurs heures, j'étais mouillé jusqu'aux os. Il continua à pleuvoir jusqu'au jour. Nous passâmes là une misérable nuit. Un parti de rôdeurs des bois à cheval avait visité un camp
assez éloigné de nous. Ils n'avaient pas aperçu nos charrettes, qui se trouvaient masquées à leur vue par une éminence, ce qui nous dispensa de vider
nos bourses dans leurs mains.

Vendredi. — Aujourd'hui j'ai pris la résolution de pousser en avant
sans les charrettes. Les travaux d'hier m'ont fatigué, et la pluie rendait les
routes une fois plus mauvaises; j'étais effrayé du ralentissement de marche
que les véhicules m'imposaient, ce qui m'eût fait arriver aux mines beau-

coup plus tard que je ne désirais. Je pris donc les devants avec mon ami, après avoir laissé nos instructions aux charretiers. J'emportais, liées sur mon dos, deux couvertures et une natte. A neuf heures nous sortions de la forêt Noire, et après nous être rafraîchis dans une taverne, nous continuâmes notre marche. Pendant cinq milles nous traversâmes un sol marécageux. Dans l'un de ces marais, nous vîmes, gisant ou plutôt enfoncé jusqu'aux épaules, un beau cheval que son maître avait tué d'un coup de pistolet, ne pouvant le tirer de ce bourbier. Un autre accident arriva encore en cet endroit. Un jeune homme qui fumait avait imprudemment placé sa poire à poudre, une étincelle y pénétra et occasionna une explosion, qui blessa grièvement ce malheureux et lui fit perdre la vue. Nous marchions toujours avec ardeur, et n'ayant pas l'embarras des voitures, nous pouvions prendre des chemins raccourcis, qui nous firent gagner plusieurs milles. L'un d'eux, cependant, nous fut peu profitable, car il nous fit perdre complètement notre route, et nous fûmes surpris par un orage terrible, ce qui ne contribua pas à améliorer notre situation. — A deux heures nous atteignîmes la ville de Kyne, où nous dînâmes. Les routes devenaient meilleures, nous continuâmes notre voyage et arrivâmes à Colombine, établissement consistant en trois auberges, une écurie, et quelques cafés, ou plutôt asiles d'ivrognes. L'humidité du sol et des feuillages nous engagea à fixer là nos quartiers pour la nuit. Nous choisîmes celle des auberges qui présentait la plus respectable apparence. Nous reconnûmes bientôt que ce n'était qu'une caverne de voleurs et un refuge de bandits. Pour éviter d'être remarqués, nous nous mêlâmes à eux. Nous plaisantions avec eux et nous applaudissions à leurs prouesses. Nous saisîmes cependant la plus prompte occasion de nous mettre au lit; mais je ne pus dormir de toute la nuit; les querelles de ces coquins ivres, leurs jurements, leurs luttes et la crainte d'en voir quelqu'un trébucher sur nous me tinrent éveillé. J'entendis plusieurs coups de pistolet; s'il y avait eu mort d'homme, le meurtrier eût pu s'éloigner bien tranquillement, et il n'en eût plus été question. Plus d'un homme a disparu dans ces repaires.

Samedi. — A la pointe du jour nous étions en route et seulement à huit milles de la crique de la forêt, notre destination. Nous nous attendions à y arriver à midi, mais ayant été mal renseignés, nous passâmes outre, et ce ne fut qu'à cinq heures du soir que je rejoignis mes amis, qui me félicitèrent de mon heureuse arrivée. Je les trouvai très-confortablement établis. Ils avaient trois bons chiens de garde, une carabine, un fusil, un revolver et plusieurs couteaux de chasse. Ces circonstances nous garantissaient une certaine sûreté au milieu des nombreux coquins qui fréquentent les mines. »

Ceci peut être considéré comme un tableau de l'état actuel des routes de Melbourne à la crique de la forêt, et de la foule des bandits qui les hante. Les pistolets revolvers doivent être les compagnons de tout mineur émigrant; leur vue est une plus sûre sauvegarde que la présence d'une douzaine de compagnons non armés.

Le récit suivant émane d'un mineur qui, au printemps dernier, en compagnie de plusieurs amis, partit d'Allendale dans le voisinage d'Alston (Cumberland).

Ils étaient tous accoutumés à manier le pic et à laver le minerai de plomb, ils étaient donc mieux préparés à affronter les difficultés des mines que ceux qui s'aventurent dans ce pays, sans jamais avoir eu occasion dans leur vie de manier un instrument de travail.

RAVIN D'OR PRÈS BENDIGO. — 31 *octobre* 1852. — Je vous écris, espérant que ma lettre vous trouvera tous en bonne santé, ainsi que nous le sommes nous-mêmes, quant à présent. J'ai quitté Melbourne pour les mines, le 6 septembre, avec un parti d'environ cent de nos compagnons de navire, bien armés de fusils et de pistolets. J'ai mis une lettre à la poste qui vous informait de notre heureuse arrivée après une rapide traversée de quatre-vingt-trois jours. Comme le courrier était déjà parti, nous laissâmes nos bagages dans un entrepôt à raison d'un schelling par colis et par semaine. Nous n'emportions rien avec nous, si ce n'est deux assortiments d'effets et des provisions pour quatre jours. Les deux premières nuits, nous campâmes en plein air, sous nos manteaux et nos couvertures. Le troisième jour fut employé à traverser la forêt Noire, et l'un de nos compagnons fut assailli par un coquin qui dirigea vers lui son pistolet revolver. Notre camarade fit un bond, saisit son adversaire par le milieu du corps, et le tint ferme en appelant du secours. J'étais à environ soixante verges en avant. Je revins promptement sur mes pas, et je plaçai le bout de mon fusil sur la poitrine du bandit. Il se mit à trembler. Avec mon aide, notre camarade désarma son antagoniste, après quoi nous le laissâmes aller. A un mille et demi environ de ce lieu était un poste de police. Quand nous y arrivâmes, cinq hommes de la police et l'un de nous montèrent à cheval et portèrent leurs recherches vers le lieu où ils pensaient rencontrer l'agresseur. Ils l'atteignirent et l'amenèrent au poste. Mais comme il n'y avait pas de témoins pour prouver qu'il avait menacé de son pistolet (je n'avais pas vu le fait; ils luttaient quand j'étais arrivé à eux), on lui rendit son arme et il s'en alla. Nous passâmes les trois autres nuits dans des auberges. A la première, nous payâmes chacun trois schellings pour souper et un schelling pour coucher sur le plancher, tous les lits étant déjà occupés. Le lendemain, notre souper nous coûta trois schellings six deniers, et notre coucher trois schellings par lit, en nous mettant trois dans chaque lit. La cinquième nuit de notre voyage, nous payâmes quatre schellings pour le repas, et un schelling pour dormir sous un hangar. Nous pensâmes ensuite qu'il nous était plus profitable de camper en plein air que de coucher dans les auberges, car, à la station de la dernière nuit, nous avions été victimes de trois ou quatre vols. En longeant le bois, nous tuâmes quelques perroquets magnifiques, tels que nous n'en avions pas encore vu, et qui volaient au milieu des arbres tout près de la route.

Nous sommes arrivés aux mines de Bendigo le samedi dans l'après-midi, et nous nous sommes fait une tente pour la nuit avec nos manteaux et nos couvertures. Le dimanche, nous avons songé à nous procurer une tente. En cherchant dans les environs, nous fîmes rencontre de gens qui allaient partir. Ils étaient demeurés là trois semaines, et à quatre, ils avaient recueilli deux mille livres. Nous fîmes marché pour leur tente et leurs outils, et nous nous installâmes immédiatement. Le lundi, après avoir obtenu notre permis, nous nous mîmes au travail. Pendant les quatre premiers jours, nous étions six en société, et chacun de nous gagna une livre quinze schellings et cinq deniers. Ce furent là nos journées les moins fructueuses aux mines, car depuis notre gain alla toujours augmentant. Notre association à six était trop nombreuse. Elle fut réduite à quatre. Voici le compte de l'or que nous avons recueilli depuis notre arrivée. Nous possédons treize livres une once. L'or vaut aux mines de trois livres cinq schellings six deniers à trois livres six schellings six deniers. Nous avons gagné net depuis que nous sommes ici cinq cent vingt et une livres dix schellings, et nous sommes dans l'intention de ne vendre de notre or que la quantité qui nous sera strictement nécessaire, car nous comptons retourner en Angleterre, où nous trouverons un placement plus avantageux. Nous pouvons recueillir ce qu'il nous faut en un an ou deux. Les approvisionnements et les outils sont ici très-difficiles à obtenir. Nous avons dépensé quatorze livres par tête depuis notre départ de Melbourne. Les mines s'étendent à plusieurs milles autour de nous. Bendigo est à cent vingt milles de Melbourne, et les routes sont très-mauvaises. Le sol de cette contrée est couvert de bois. Il y a de magnifiques acajous. On n'amène l'eau dans le lieu où nous sommes qu'avec une extrême difficulté. Depuis notre arrivée, nous n'avons encore aperçu que deux cours d'eau.

Nous avions entendu parler de nouveaux terrains aurifères situés dans un endroit nommé *les Fours*, auprès des montagnes Neigeuses; après nous être assurés de l'exactitude du fait, nous résolûmes de nous rendre à cet endroit; il est à cent vingt milles du lieu où nous étions, il y a des eaux abondantes.

Il fait très-chaud le jour, et froid après le coucher du soleil. La nuit nous entendons le coucou. Nous sommes ici de dix heures en avance sur vous. Je veux vous donner une idée aussi exacte que possible des mines. L'or se trouve principalement dans les ravins, par exemple dans le lit d'anciens ruisseaux. On trouve là des endroits bons pour le lavage du côté des hauteurs, quelquefois sur le sommet, le plus souvent sur les versants; mais nous n'avons expérimenté aucun d'eux. Chaque mineur peut demander huit pieds carrés de terrain, et aussitôt qu'il y a travaillé, il peut commencer un autre trou. L'or se trouve à une distance de la surface qui varie entre trois et seize ou dix-huit pieds, et dans une couche d'une argile toute particulière que les mineurs appellent *washing-stuff*, et qui a de deux pouces à quatre pieds d'épaisseur.

Par suite du manque d'eau, nous sommes allés dans un ancien endroit de lavage, et nous avons fait plusieurs lavages avec deux baquets. Nous avons extrait de six baquets pleins de terre, semblables à nos seaux d'Angleterre, depuis deux ou trois penny weigth jusqu'à six onces d'or. Il y a là beaucoup de quartz et de minerai de fer. Quand ce dernier paraît avoir subi l'action d'un feu violent, nous le mettons dans un berceau, après quoi nous le frottons dans un plat de ferblanc. Deux des nôtres allèrent la semaine dernière dans un ancien trou, et à une profondeur de quatre pieds environ, en tirèrent le premier jour dix-huit onces d'or, et ensuite une quantité plus forte. Millican et moi nous travaillons dans une mine nouvelle sans grand succès. Nous retournâmes à un trou que nous avions fait la veille, et nous y prîmes six livres pesant d'or, et il en restait encore un peu à laver. Nous avons gagné cette semaine soixante et onze onces. Notre bénéfice, depuis notre arrivée à cet endroit, peut être évalué à une once par jour et par homme. Nous sommes à l'ouvrage de six heures du matin à la nuit. Certains jours, quand nous revenons, nous sommes aussi fatigués que si l'on nous eût roués de coups tout le jour. Après être rentrés au logis à la nuit, nous faisons notre cuisine, nous pesons et serrons notre or. Nous avons payé trois livres trois schellings une très-petite paire de ba-

lances, deux schellings un pic, et six schellings une pièce d'acier appli-
quée dessus. Les dimanches, nous lavons nos effets et faisons notre provision
de bois. La place que nous occupons est très-riche. Partout où nous avons
cherché, nous avons trouvé de l'or. Si nous étions venus six mois plus tôt,
nous aurions déjà fait notre fortune. Le plus grand morceau d'or que nous
ayons trouvé est de 1 1/2 oz — 1 dwt. L'or affecte toute espèce de formes;
quelques morceaux sont comme de la grenaille numéro quatre ou six, d'autres comme de la graine de navet, d'autres ressemblent aux scories de fer
qui tombent sous le marteau du forgeron. Tout cela paraît avoir été fondu
et lavé. Certaines parties d'or sont mêlées avec du quartz. Il y a trois semaines environ, on a trouvé dans le ravin *Pauvreté* une pépite pesant 90 lb.
Quelques-uns de nos compagnons se sont enrôlés dans la police à raison de
huit schellings par jour et une moitié des amendes; cela produit, disent-
ils, une livre par jour. Il n'est pas permis de vendre des boissons aux
mines, mais il y a un grand nombre de contrebandiers. La police en prit
un, dimanche dernier, au-dessus de notre tente; elle jeta bas ses deux
tentes, prit ce qu'il y avait, et ayant attaché l'homme à la queue d'une
charrette, l'emmena. Nous n'avons pas vu une maison depuis notre départ
de Melbourne, à l'exception des cinq ou six construites en bois que nous
avons rencontrées le long de la route. Martin n'a pas encore goûté d'eau-de-
vie ici, et au prix où on la vend, nous n'avons pas l'intention d'en acheter.
Ann Swindle nous dit que le tabac coûte dix schellings par livre. Il est arrivé après nous cinquante navires chargés d'émigrants venant de toutes les
parties du monde. Un nombre de mineurs, de retour de la Californie,
disent qu'elle était moins riche que ne l'est l'Australie. Je finis d'écrire. Je
n'ai pas de table, mais une scie à main posée sur mon genou; ainsi, excu-
sez-moi.

Ce qu'il y a de remarquable dans ces tableaux, c'est qu'ils sont esquis-
sés par des peintres inexpérimentés dans cet art, et qui ne sont en état que
de nous donner les lignes brutes du dessin sans un coloris quelconque. En
voici une autre d'un menuisier, qui émigra environ dix-huit mois plus tard,
et qui a fourni des témoignages de son succès en envoyant des sommes considérables à ses parents dans le nord de l'Ecosse.

Melbourne. — 6 *novembre* 1853. — Je prends la liberté de vous écrire
quelques lignes sur cette patrie de l'or, pensant que vous avez reçu mes
précédentes lettres. Je puis vous faire part de mon séjour aux mines pendant les six derniers mois; mais je n'ai pas encore fait ma fortune, bien
que d'autres aient mis moins de temps encore à l'acquérir. Cependant je

n'ai pas à me plaindre, car dans ce laps de temps j'ai pour ma part gagné deux cents livres. K... a obtenu le même résultat. J'ai vu récemment tous nos jeunes Wick, soit aux mines, soit à la ville, et c'est avec plaisir que je vous informe qu'ils ont tous eu des succès, sans avoir cependant achevé leur fortune. Je suis heureux de constater que S. M..... de Louisbourg s'est enfin émancipé. Il est parti dernièrement pour les mines, et il travaille fructueusement.

« Je vous l'ai dit, je suis revenu la semaine dernière avec l'intention de retourner dans huit ou quinze jours. Mais les mines sont en ce moment peu animées, les profits n'y étant pas très-considérables, et je me demande si j'y retournerai ou bien si je reprendrai le rabot. Je puis largement gagner en ville par mon travail de vingt à vingt-cinq schellings par jour, mais si les mines étaient dans un état florissant, je préférerais habiter les bois sous ma maison de toile et manier le pic et la pelle. Je ne suis jamais mieux portant qu'aux mines. En fait, je n'ai jamais été malade depuis mon arrivée ici. Quand j'étais aux mines, les vivres y étaient très-chers, notamment le sucre, la farine de blé et même celle d'avoine, qui vaut deux schellings la livre. C'est de cette dernière farine que je fais usage. Nous faisons nous-mêmes notre pain, nous faisons cuire nos vivres et nous lavons notre linge quand nous sommes là-bas, et l'on s'acquitte toujours de tous ces soins avec le plus grand plaisir et tout l'entrain imaginable. Oh! combien je serais heureux de réunir tous mes vieux compagnons de boutique autour d'un bon feu devant notre tente, avec chacun sa pipe et sa tasse de thé! C'est la façon dont les mineurs passent leur temps pendant l'hiver, car il faut vous dire que je me suis trouvé là-bas pendant toute cette saison. L'hiver, chez nous, c'est le froid ; ici ce n'est plus cela. Pendant cette saison je n'ai jamais vu même un seul jour la terre couverte de neige ; j'ai seulement vu parfois ce que nous appelons en Europe des giboulées de grêle, et cela ne durait qu'une heure environ. Une ou deux fois, j'ai vu de la glace de l'épaisseur d'un schelling. En résumé, la température de l'hiver dans les bois est délicieuse et suffisamment chaude pour celui qui travaille beaucoup, car il faut dire que l'été est particulièrement pénible pour les travaux extérieurs, et, ce qu'il y a de pire, c'est la quantité prodigieuse d'insectes qui nous tourmentent. On peut dire qu'en été ce pays est particulièrement bien pourvu de vermine de toute grosseur et de tous genres : moustiques, mouches, puces, centipèdes, tarentules, fourmis noires et rouges et fourmis boule-dogue, serpents de toutes sortes, et ce qu'il y a de pire, c'est un animal nommé rôdeur de bois. Il se présentera devant vous avec une demi-

douzaine de pistolets dans sa ceinture et un dans chaque main, et les plaçant sur votre poitrine, il vous demandera le plus poliment du monde en
vous saluant la bourse ou la vie, s'il vous plaît. C'est là une rencontre fort
ordinaire sur les routes de Melbourne aux mines, à partir du huitième mille
environ de la ville. Le fait est encore assez fréquent dans la ville même.
Je n'ai jamais été attaqué moi-même par un de ces coquins, mais pendant
que P. G... de Wick revenait il y a deux semaines, on lui fit compter
strictement tout son argent; heureusement qu'en ce moment il n'en avait
pas beaucoup sur lui. Un grand nombre cependant ont été complètement
dépouillés sur la route en revenant, et je vous raconterai comment.

» Je dois vous dire qu'il y a aux mines un établissemment du gouvernement destiné à recevoir l'or des mineurs pour le transporter en toute sûreté
à la ville sous l'escorte de douze ou quinze policemen à cheval bien armés.
Le gouvernement perçoit sept deniers par once d'or pour le transport à la
ville, mais quelques hommes ne se donnent pas la peine de faire conduire
leur or sous escorte, et l'emportent eux-mêmes, et ce sont ces gens-là qui
sont de bonne prise pour les rôdeurs de bois, et perdent follement leur or.
Un grand nombre de mineurs ne tirent guère meilleur profit de l'or, car
après l'avoir obtenu avec peine, l'avoir transporté à la ville et l'avoir vendu,
ils puisent dans leur bourse tant qu'il y a de la monnaie, et à Melbourne il
est très-aisé d'en voir promptement la fin. Alors ils retournent de nouveau
aux mines comme s'ils n'y avaient jamais été de leur vie. Ceci est le grand
nombre; mais il y en a quelques-uns qui font un autre emploi du fruit de
leurs travaux. Après avoir vendu leur or, il se marient, achètent une jolie
maison de campagne ou bien une maison, passent le premier mois de leur
union dans le confort et la jouissance (en supposant que la mariée soit une
bonne femme et l'époux un bon mari). Celui-ci retourne ensuite aux mines,
laissant sa femme dans l'aisance et le bonheur, mais attendant avec inquiétude que la joie de son cœur revienne des mines. Je puis dire qu'il y a uu
grand nombre d'étranges femmes dans ce pays. Je suis allé par hasard au
théâtre un soir de la semaine dernière, et naturellement il s'y trouvait une
grande quantité de femmes. Eh bien ! il est très-ordinaire d'y voir de jeunes
dames fort bien mises prendre et remplir leurs pipes et fumer au milieu
de tout le monde, et ensuite tirer une bouteille de vin de leur poche, et,
après y avoir puisé, la passer à leurs voisins. Il arrive quelquefois encore
que quand la pièce représentée satisfait les spectateurs enrichis aux mines,
ils font littéralement tomber une pluie de monnaie sur la scène ; non pas de
la monnaie de cuivre, mais de pleines poignées d'argent, entremêlées par
fois de souverains. Voilà leur façon d'agir.

» Il y a en ce moment quelques menuisiers qui travaillent à Melbourne à raison de trente schellings par jour; et ils ne se lèvent pas précisément à six heures du matin, comme nous le faisons tous. Ils ne vont à leur ouvrage qu'après déjeuner. Telle est cette ville; celui qui travaille est largement payé. »

Dans une note adressée à un de ses anciens compagnons, le même narrateur dit :

« Vivent à jamais les mines! Supposez pour un moment que nous sommes compagnons. Bien! nous achetons notre couverture, un pic, une pelle, une tente et ainsi de suite, et nous partons pour les mines avec une charrette. Les premiers jours nous voyageons, nous faisons vingt milles, et puis nous campons. On campe généralement auprès de l'eau, on lâche les chevaux dans le pâturage et on allume un bon feu de branches. C'est le bon moment du mineur. La bouilloire est mise au feu ; on prend le thé, puis on fume et on cause. Avant de nous retirer nous faisons feu de nos pistolets sans balle. Puis nous les rechargeons avec des balles pour notre sauvegarde pendant la nuit. Nous tirons la tente sur la charrette, nous prenons du feuillage (on en a toujours sous la main), et nous en couvrons le sol sous la charrette; après quoi nous nous enveloppons de nos couvertures avec nos pistolets à notre portée. Nous goûtons alors un repos qui nous paraît bien doux après les fatigues de la journée. Au point du jour nous nous levons, et nous avons de la chance si notre cheval ne nous a pas été volé ou ne s'est pas égaré, ce qui arrive assez fréquemment. Nous l'attelons, et après un déjeuner de thé et de mouton nous poussons en avant, et ainsi de même pendant cinq ou six jours jusqu'à notre arrivée aux mines, au milieu d'une innombrable quantité de tentes. Après nous être consultés pour savoir où nous nous installerons, nous plantons notre tente je suppose dans le ravin Eagle-Hauk, c'est le dernier lieu où j'ai travaillé. On appelle ici ravin ce que chez nous nous appelons vallon, un creux entre deux éminences. Nous y dressons donc notre tente et fabriquons une sorte de lit avec des branches et des feuilles. Tous nos préparatifs achevés, nous sortons de notre tente, et à cent yards environ nous jetons un coup d'œil sur les excavations. Là, tous les mineurs travaillent résolùment, et quelques-uns très-fructueusement. Un trou qui rapporte du bénéfice est aisément reconnu à la façon dont on l'exploite. Sur un terrain nouveau les trous sont de toutes formes et de toutes dimensions, avec un intervalle de huit à dix pieds entre eux. Les mineurs creusent jusqu'à ce qu'ils arrivent à ce qu'ils appellent le fonds, et s'ils voient que le fonds est bon, ils commencent aussitôt à miner aussi avant qu'ils peuvent. Ayant découvert un bon trou, nous prenons la résolution de le creuser aussi verticalement que possible. Nous voilà donc au travail creusant un trou d'environ cinq pieds de diamètre. Arrivés à trois pieds de profondeur, il se fait temps de manger; nous rentrons chez nous. Du thé, du mouton grillé et le damper, tel est le déjeuner du mineur, c'est encore son dîner et son souper. Le dimanche, un pouding à dîner, c'est tout ce qu'il y a de mieux. Ayant atteint le fond de notre trou (c'est ordinairement une couche argileuse), nous avons gagné une bonne provision d'or, je suppose quatre onces; nous retournons joyeusement à notre tente avec le produit de notre travail du jour. Chercher l'or de cette façon s'appelle « nuggeting. » En même temps nous prenons quelques pouces du gravier qui touchait au fond du trou, et nous le lavons immédiatement après l'avoir extrait, ou bien nous l'emportons dans des sacs sur notre dos, et l'entassons auprès de notre tente. Ayant atteint le fonds, nous commençons à creuser une excavation de quatre à cinq pieds en hauteur et en largeur, rejetant au-dehors comme inutile tout ce que nous en retirons, à l'exception de quelques pouces des terres qui touchent au fonds, et dont nous opérons le lavage. Nous excavons de cette manière aussi loin que possible jusqu'à ce que nous allions rejoindre des mines voisines. Quand la terrre est ainsi toute retirée et lavée, nous entamons un autre trou. »

Le narrateur qui suit est un homme qui avait déjà de la fortune, et qui s'était rendu aux mines plutôt comme acheteur que comme mineur.

« MINES DE VICTORIA. — 13 *novembre* 1852. — Depuis notre arrivée nous avons découvert un banc de quartz, et peu de jours après l'avoir éprouvé nous avons conçu des espérances d'un riche succès. Nous n'étions pas seulement arrivés à sept pieds de profondeur que déjà nous ne pouvions plus déterminer toute l'étendue du trésor que contenait le rocher; car à cette profondeur nous avons rencontré une veine d'or, et nous avons extrait de ce quartz de riches et magnifiques spécimens du précieux métal. Je ne me fais cependant pas trop d'illusions, quoique jusqu'ici notre trouvaille me paraisse inestimable. Nous avons pris la résolution de mener rondement la besogne, et dans peu de semaines nous aurons mis à jour ces trésors cachés, si trésors il y a.

Meanwhile et moi nous nous sommes établis, pour acheter l'or, au milieu de plusieurs milliers de mineurs qui exploitent ce district. C'est une occupation qui a vraiment du charme que de manier à pleines mains la poudre d'or et les pépites. Nous avons une jolie tente plantée au milieu des mineurs et portant notre pavillon, et au moyen de placards, nous avons informé les travailleurs que nous achèterions leur produit à raison de trois livres six ou sept schellings par oz, et généralement nous arrivons à acheter par semaine pour une valeur de deux à quatre mille livres sterling.

Les mineurs placent leur or dans un petit sac de peau de chamois ou bien dans des boîtes rondes destinées à contenir des allumettes. Nous l'éparpillons devant nous sur une feuille de papier blanc, afin de le nettoyer, ce qui se fait en soufflant pour enlever les petites parties de sable et d'autres corps étrangers. Passant ensuite un aimant puissant au milieu, il dégage l'or des particules de fer qui peuvent y être mêlées; enfin, l'or est pesé et considéré comme bon pour la vente.

Les descriptions des journaux rendent un compte assez exact de l'état des choses aux mines. Il y a là réunis des gens de toutes sortes, comme vous devez bien le penser; ils travaillent côte à côte dans des espaces très-resserrés, et comme la défiance est générale et réciproque, chacun se tient sur le pied d'une extrême réserve. Les mines de Victoria ont acquis un grand renom par les nombreuses scènes de vol et de meurtre qui y ont eu lieu. Nous sommes tenus à une surveillance très-active, car notre tente est connue pour être le sanctuaire du trésor. Nous avons trois camarades noirs pour corps d'armée et trois bons chiens, sans compter nos armes. Chaque soir, nous faisons feu de nos revolvers, et nous les rechargeons pour qu'ils soient bien en état; ceci est un usage général aux mines. Un étranger arrivant à la nuit pourrait croire qu'il s'approche d'un champ de bataille. Des groupes considérables d'hommes armés réunis autour de leur feu et les incessantes détonations des armes que l'on décharge représentent parfaitement une scène de guerre. Nous avons rencontré quelques amis parmi les mineurs; ils nous viendraient en aide en cas de besoin, et le commissaire du gouvernement a signifié son intention de faire arrêter quiconque nous paraîtrait suspect. Pour ma part, je me considère comme parfaitement en sûreté; j'aime mieux vivre ici qu'à Melbourne. »

Tous ces tableaux ont été peints couleur de rose, mais nous arrivons à quelques esquisses d'un caractère différent, et qui, en ce qui concerne les auteurs, sont également fondées.

« MELBOURNE, 17 *novembre* 1852. — *La Grande-Bretagne*, navire à vapeur de Liverpool, arriva ici vendredi dernier avec huit cents passagers, tous appartenant à la première classe du peuple, et fort honorables. — Voici maintenant quelques renseignements sur notre sujet. Dans les premières places, le salaire, à Melbourne, est de cent livres par an ; c'est le recours des neuf dixièmes des chercheurs d'or à qui la fortune fait défaut. Cent mineurs rentrent à Melbourne chaque jour, je puis même dire à chaque heure ; c'est effrayant ! Quelle peut être la conséquence de cet état de choses? Je ne puis le dire. Presque tous les passagers qui sont arrivés sur *la Grande-Bretagne* ont repris immédiatement leur passage de retour en Angleterre ; quelques-uns n'ont même pas fait sortir leurs effets du navire. Vous comprendrez aisément cela quand je vous dirai que depuis dimanche dernier il n'est pas arrivé ici moins de sept navires venant d'Angleterre, et portant chacun de deux à trois cents passagers. L'accroissement de la population de Melbourne a été pendant la semaine dernière de trois mille six cents âmes. Très-peu parmi eux sont d'une condition infime, et méritent l'application du terme de nécessiteux, tel qu'on l'entend en Angleterre. Ces gens n'ont rien à faire ; la ville regorge de monde, au point que les gages sont réduits de moitié sur les mois antérieurs ; j'ai vu de véritables gentils-hommes réduits à vendre de l'eau et du bois dans les rues ou à travailler sur les routes. De deux cents individus sur *le Blackfriar* et partis pour les mines, presque tous sont revenus, et ceux qui sont restés gagnent à peine de quoi vivre. Les denrées sont horriblement chères ; quant aux légumes, nous n'en avons point jusqu'à présent. 6 liv. de pommes de terre coûtent 9 d. par liv.; le céleri vaut 3 schellings la tête ; un chou que nous ne voudrions pas regarder en Angleterre, 2 schellings 6 d.; les pommes, 4 schellings la liv.; les oranges, un schelling la pièce ; les œufs, 4 schellings la douzaine. Les journaux donnent, du reste, le prix moyen des denrées. Le crâne, ici, va tête levée. En fait, la colonie se corrompt complètement, et les mines viendraient à manquer, on ne peut calculer quelles en seraient les conséquences ; les convicts vous attaqueraient à l'instant si vous tentiez de les arrêter. Ce pays-ci deviendra une nouvelle Californie dans quelques mois, si les mines continuent à être aussi improductives que les deux derniers mois. Je vous raconterai tous les désagréments que nous avons à subir dans ce délicieux paradis. La nuit, nous sommes obligés de nous couvrir le visage de masques pour nous garantir des piqûres des moustiques et des cousins. Dans l'endroit où j'écris, il y a un tel bourdonnement, qu'on ne s'entend pas parler ; ce sont des milliers de sauterelles et de grands insectes longs de trois pouces qui tourbillonnent dans l'air pendant le jour. C'est vraiment magnifique ! »

Les quelques lignes qui suivent sont du fils d'un gentilhomme du Ayrshire qui émigra à Melbourne au mois de mai dernier.

« Il y a ici des milliers de gens qui ne peuvent trouver de position. Un grand nombre retournent chez eux. Les mines sont une véritable loterie; à peine y en a-t-il un sur cent qui réussisse, et personne n'échappe au besoin s'il n'a deux cents livres dans sa poche. Plusieurs des passagers les plus honorables du navire *la Grande-Bretagne* vendent de l'eau dans les rues de Melbourne. »

Un autre écrit de Sydney, 27 novembre 1852 : — « La fièvre d'or paraît faire rage en Écosse et en Angleterre à un tel point, que je suis effrayé à la pensée des scènes de misère et de désappointement dont ce pays-ci sera le théâtre avant longtemps. Il y a ici des centaines d'individus ayant reçu de l'éducation, et qui ne peuvent trouver d'emploi; s'ils ne se résignent pas à quitter leurs habits et à accepter un travail quelconque, ils sont exposés à mourir de faim. L'émigration a débuté avec trop d'entraînement; le pays n'était pas en position de recevoir si soudainement un aussi grand nombre de gens; de là l'énorme prix des logements et des denrées, et en même temps de tous les articles dont nous faisons usage.

La recherche de l'or est une loterie. Pour un homme heureux il y en a cent qui ne trouvent rien. Vous avez pu voir dans les journaux, le récit de quelques bonnes fortunes; ils ne disent rien des insuccès; mais si vous étiez ici, vos oreilles et vos yeux vous en apprendraient long sur ce sujet. Les chercheurs d'or heureux ne savent comment dépenser leur or assez vite. Ordinairement leur premier soin est de se marier. L'épousée se couvre des plus brillants atours; ils n'achètent que les objets les plus chers, et regardent comme au-dessous de leur dignité de reprendre la monnaie de l'argent qu'ils changent. Ils vont en carrosse à Botany-Bay, rentrent tous chez eux, tout finit par une bonne bataille. C'est dans la plus basse classe de la société que se trouvent ordinairement les gens heureux : ainsi les paysans, les charretiers, les conducteurs de bœufs et autres gens de cette sorte. Vous pouvez aisément vous imaginer ce qu'il advient d'hommes qui, n'ayant jamais possédé que quelques schellings, se trouvent dans la ville avec plusieurs mille livres dans leur poche. Ils les dissipent en quelques semaines, et retournent travailler. Les clercs et les jeunes gentilshommes sont en général les plus malheureux. »

Autre :

« MINES DE VICTORIA. — 24 *octobre* 1852. — Nous campions à quelques milles des mines, ne comptant nous mettre au travail qu'au commencement du mois. En attendant la licence qui nous était nécessaire, et que l'on paye une livre dix schellings, nous avons passé un jour à faire des essais dans divers endroits autour des criques, afin de nous rendre compte de leur rendement. Nous trouvâmes de l'or, mais en quantité qui nous parut insuffisante. Sachant qu'on n'était pas très-strict à l'endroit des licences, nous allâmes camper aux mines le jour suivant, heureux de toucher au terme de notre voyage. Le travail des mines forme vraiment une curieuse scène, et le balancement de centaines de cribles produit un tapage inouï. Le pays n'est que sablonnières; on ne saurait s'imaginer quel travail c'est que ce bouleversement d'une aussi vaste contrée. Nous nous sommes installés sans retard, et avons commencé nos travaux; mais bien que nous ayons choisi notre endroit, nous n'avons pas été heureux. Notre trou, après un travail de trois jours, ne nous a donné qu'une once pesant d'or. Nous étions sur la limite de la veine. Quelques-uns de nos voisins avaient recueilli pendant une semaine de huit à dix onces chaque jour. Le lit de la crique avait déjà fourni des témoignages de sa richesse; mais il fallait un travail terrible, et que nous ne pouvions entreprendre à trois. Huit hommes vigoureux avaient péri peu de temps auparavant par suite de la chute des murs de soutènement et de l'envahissement des eaux. Nous fîmes un trou et nous fûmes chassés par l'eau, ce qui nous découragea un peu. Mes camarades furent malades, et jeudi dernier ils m'ont surpris en m'annonçant leur soudaine résolution de revenir à Melbourne. Quelques autres mineurs, dégoûtés de cette vie et de leurs insuccès, résolurent de revenir en même temps. Le lendemain de leur départ je sortis avec mon crible, mais je pris beaucoup de peine sans profit, je ne recueillis qu'un quart d'once d'or. Je me suis adjoint un compagnon, et nous avons commencé un trou de bonne apparence, attenant à un point où quelques individus travaillaient avec succès, peut-être aurons-nous du bonheur également. »

Autre :

« 1ᵉʳ *décembre* 1852. — Combien de milliers d'individus arrivent dans la colonie! Que feront-ils? où aboutiront-ils? Dieu le sait. L'Australie jouera bientôt un rôle important dans le monde. Les mineurs, nouvelle aristocratie, parlent d'indépendance. L'autre jour, sous certains prétextes, quelques mineurs ont refusé de payer leurs licences. Le commissaire a envoyé ses constables pour les saisir. La police arrivée a été huée et raillée; le commissaire lui-même a éprouvé le même accueil avec accompagnement de coups de pierres et de bâton. J'étais auprès de lui quand une pierre a failli le renverser de cheval. On a envoyé chercher des soldats; mais ce cera encore une comédie.

» C'est une grande erreur pour un jeune homme de Londres de venir aux mines s'il a un emploi quelconque. Il lui sera impossible de supporter les privations et la fatigue qui l'attendent. Nous avons ici deux militaires, un capitaine et un lieutenant, un clerc de l'amirauté, deux avocats, un apprenti chirurgien, deux ingénieurs civils, les deux fils d'un magistrat de l'Inde..., etc. Quelques-uns de ces hommes ont d'étranges histoires, le plus souvent peu croyables. Notre lieutenant, qui n'a conservé de sa première profession qu'un manteau bleu doublé d'écarlate, maudit la vie des mines avec le plus d'énergie, car il n'a pas d'argent, et ne peut en sortir. Il est bien connu à Londres, où il menait une existence extravagante ; privé de solde, ses amis l'embarquèrent pour l'Australie. Maintenant il allume les feux, fait la cuisine et lave les assiettes de ferblanc pour le compte de ses compagnons, deux desquels sont hommes de peine, mais ils ont plus d'énergie, et valent par conséquent mieux que lui. Un de nos avocats est là, accroupi sur ses deux genoux dans la boue, éclaboussé des pieds à la tête, et travaillant comme un terrassier. »

L'extrait qui suit, daté de Melbourne, émane d'un compositeur d'imprimerie intelligent, qui écrivait à son père dans le Chester :

« Vous serez quelque peu surpris, je n'en doute pas, en apprenant que je compte retourner sur le navire *la Grande-Bretagne*, qui est arrivé ici le 1er janvier 1853. En voici la raison. La grande affluence d'émigrants remplit la ville de commerce et d'agitation ; personne ne s'occupe d'impression. Je me suis présenté dans plusieurs imprimeries ; elles étaient complètement pourvues. Il y a ici un grand nombre de compositeurs sans emploi ; aussi on a tenu samedi dernier un meeting pour délibérer sur ce qu'il y avait de mieux à faire. Ceux qui ont de l'occupation ne travaillent que la moitié de la semaine ; les uns alternent avec les autres, et les gages ont été abaissés. Ceux à leurs pièces ont été diminués de deux schellings six deniers à un schelling six deniers par mille lettres. Je paye trente schellings par semaine d'un très-petit logement meublé composé de deux chambres, où prennent leur pension et couchent six personnes ; naturellement nous y sommes fort gênés. »

Voici une autre correspondance relative à l'année 1852, et qui nous ramène au 10 décembre ; elle émane d'un gentilhomme bien connu de Liverpool, qui nous fait connaître la conduite d'une bande d'émigrants nouvellement débarquée à Melbourne. Ce récit peut être considéré comme commun à tous les milliers d'individus que la soif de l'or a amenés ici dans le cours de l'année passée.

« Melbourne, 10 décembre 1852. — A leur première visite à terre, les émigrants cherchent un logement. Leurs moyens étant humbles comme leurs tentations, ils évitent les hôtels et les maisons publiques, et sont attirés par un placard suspendu à une petite fenêtre, annonçant qu'il y a là pension et logement. Ils se réjouissent à cet aspect, pensant que les conditions seront en harmonie avec la médiocre apparence du lieu.

» Cependant ils n'ont pas plus tôt connaissance de ces conditions, que leurs cheveux se hérissent sur leurs têtes : deux livres dix schellings par semaine! Epouvantés et découragés, ils se retirent, s'en vont rôder par toute la ville, et, harassés de fatigue, s'arrêtent à Collingwood (place qui est pour Melbourne ce qu'est le parc Toxtett pour Liverpool); et après un jour complet de recherches, ils reconnaissent qu'ils ne peuvent trouver nulle part pension et logis à moins de deux livres par semaine. Le malheureux émigrant ne sait que faire; enfin, il arrête un passant pour lui demander conseil. Celui-ci l'engage à acheter une tente et à louer, moyennant cinq schellings par semaine, un petit espace de terrain en un certain endroit destiné à l'érection des tentes, de l'autre côté de l'Yarra. L'émigrant se met en quête, et trouve non sans peine à acheter une petite tente pour environ trois livres. Il la prend sur son dos, passe le pont du Prince, et arrive au campement. Là il paye d'avance le loyer des premières semaines, plante sa tente, et devient membre d'une communauté de plusieurs milliers d'individus, qui n'ont qu'un abri de toile contre les intempéries de l'air. Il sort ensuite pour acheter ses provisions, et alors il donne cours à ses malédictions contre les prétentions des marchands... — Cependant, l'effet de la triste apparence des choses s'efface un peu dans le cours de la première semaine. Le premier jour, il s'enquiert du produit des mines ; le second jour, il retire ses bagages du navire. Il faut payer quatre ou cinq schellings pour le transport, quelle que soit la voie qu'il choisisse, entre la baie d'Hobson, où sont amarrés les navires, et Melbourne. La distance est de dix milles, au prix de trente schellings par tonneau de bagage. C'est ensuite trois ou quatre schellings pour charger, soit au quai de Cole, soit à celui de Raleigh, puis sept schellings par charge pour le transport à son logement, ou quinze schellings s'il demeure hors des limites de la ville; et si les bagages ne peuvent trouver place dans le logement, il faut encore quelques schellings pour les placer dans un entrepôt de bagages des émigrants. Le prix de magasinage est d'un schelling par semaine et par colis. Peut-être, afin de ne pas payer le prix de transport, l'émigrant voudra seulement louer un homme qui lui donne un coup de main pour porter ses bagages. De mal en pire! Il reconnaît qu'il ne peut se procurer un porteur à moins de douze schellings par jour ; chacun de ceux auxquels il s'adresse est déjà engagé. Enfin, il aperçoit un pauvre diable se promenant le long du quai ; il l'appelle : celui-ci ira, mais pour douze schellings par jour. Il essaye de marchander ; l'autre coupe court en disant qu'un homme qui se respecte ne peut donner les mains à un travailleur, quand le gouvernement cherche, sans les trouver, des hommes qui veuillent travailler sur les routes pour un salaire de huit à dix schellings par jour. Dix schellings sont le prix du gouvernement ; car, bien qu'il donne d'abord huit schellings, le salaire est presque immédiatement élevé à dix si l'homme se montre digne de son salaire. Et ainsi va le pauvre émigrant, payant cher, mais gagnant de l'expérience. Au bout de quelques jours, il sait que les mines sont improductives, que le travail est rare et les gages élevés ; en un mot, il peut se demander comment il gagnera son pain quotidien. Si c'est un artisan, il pourra gagner au moins une livre par jour, et dix schellings si c'est un manœuvre ordinaire. Il n'y a pas de débouchés pour les écrivains et les garçons de boutique ; au contraire, ils sont complètement impropres au travail qui a cours. Je connais, ou plutôt je connaissais déjà en Angleterre le fils d'un très-respectable commerçant de Liverpool, qui conduit lui-même sa charrette et ses chevaux pour le compte d'autrui ; aussi il gagne dix livres par semaine. Voilà comme on doit faire ici. Quand un jeune gentilhomme ne peut trouver une occupation du genre de celle qu'il remplissait dans son pays, il n'a qu'à s'atteler hardiment à la roue et travailler résolûment à n'importe quoi ; ma vie en cela lui servira d'exemple, et lui apprendra à devenir tel qu'il faut être dans les colonies. Quant au jeune homme dont j'ai parlé, je ne l'ai jamais rencontré, mais je lui serrerais la mains avec un vrai plaisir ; c'est un brave compagnon. »

L'extrait suivant de William Howitt esq. sera le complément de ceux qui précèdent.

« 15 *décembre*. — Nous sommes actuellement dans les montagnes Ovens et nous approchons des mines. Nous avons eu à gravir montagnes sur montagnes, à franchir des abîmes, nous avons escaladé des roches menaçantes. Le granit commence à se montrer çà et là, on en voit de larges surfaces briller sous les rayons du soleil, et nous voyons autour de nous des chaînes de montagnes se développer dans différentes directions. Les arbres sur ces hauteurs paraissent avoir été battus et fracassés par les tempêtes et ont perdu la moitié de leurs branches. Leur feuillage est de plus en plus bleu et affecte les plus étranges formes. Sur le même arbre on voit deux ou trois différentes sortes de feuilles. Quelques-uns ont de larges feuilles sur fleurs branches inférieures, tandis que les branches supérieures ont des feuilles qui s'allongent comme celles du saule. Voilà que maintenant sur ces cimes de granit où il ne paraît pas y avoir le moindre atome de terre, nous découvrons, fortement enracinés dans les crevasses, des arbres d'un nouveau genre. Ce sont des espèces de pins dont le feuillage ressemble à celui du sapin d'Ecosse, mais aigu comme celui du mélèze ou du sapin argenté. Ses cônes sont à peu près de la grosseur d'une bille. Je pense que c'est le pin Murray. Auprès d'eux, sur ces brûlantes cimes de granit sont des fleurs et des arbrisseaux nouveaux pour nous et qui excitent notre curiosité.

Nous rencontrons incessamment de singuliers groupes sur la route. Ici ce sont cinq ou six mineurs montés sur de magnifiques chevaux avec leur bagage devant eux roulé dans une couverture grossière, plus loin des individus d'un plus modeste aspect portés par de maigres chevaux. Leur bagage est maigre. Ils sont simplement vêtus d'une chemise et d'un pantalon et coiffés d'un chapeau couleur feuille de chou; un plat de fer est attaché à leur ceinture et pend derrière eux. Ailleurs marchent à la file des attelages de bœufs. Ils sont tous la propriété d'un seul homme qui se rend d'une mine à une autre avec ses provisions : sucre, farine, fromages, etc. Voyez, il se dirige vers une rivière. Là, tout s'arrête, il lâche ses bœufs et les laisse paître. D'un chariot couvert s'échappe une bande d'enfants âgés de deux à sept ou huit ans, suivis par leur mère coiffée d'un bonnet qui la garantit du soleil et qui laisse tomber une sorte de large volant sur son cou. Le feu est fait, la bouilloire placée dessus, et voilà la poêle à frire qui se montre. Mais voyez encore... Quelle est cette procession? On dirait les tenanciers de quelque baron à fief. Le premier est à cheval, il est coiffé d'une casquette à galon d'or et couvert d'un manteau rouge qui flotte derrière lui. Il a un cheval de main portant son bagage dans une enveloppe de cuir; suit un autre individu sans costume spécial et qui conduit deux chevaux; enfin vient un troisième coiffé d'un casque. Il appartient à la police montée, et conduit un autre cheval. Ces gens sont attachés aux officiers de la police à cheval.

Mines d'Ovens. — Enfin nous avons atteint ces mines après un pénible et aventureux voyage de deux mois. Deux mois employés à traverser un espace de 250 milles seulement! Mais quel pays! Quelques personnes prétendent que ce trajet n'est que de 150 milles, d'autres disent 200 milles, mais nous sommes parfaitement convaincus qu'il comprend 280 milles anglais.

Arrivés au sommet d'une colline, nous avons vu une large vallée se dérouler devant nous, parsemée de tentes blanches dans une étendue de plus d'un mille. Ces tentes de droite et de gauche se détachent sur les bois qui les entourent de tous côtés. Les bois sont épais dans les contours de la vallée, et dans le centre il y a un espace considérable où le sol a été tellement bouleversé qu'on dirait un désert d'argile blanche. Après notre long pèlerinage il nous semblait que nous ne verrions jamais la fin du voyage, mais, à force d'avancer... nous descendons la colline. Nous voyons à distance une vaste tente ouverte surmontée d'une perche portant une enseigne. C'est un entrepôt ou magasin. Nous allons en avant. Ce ne sont que huttes, terrains battus et couverts de poussière, arbres abattus desséchés par le soleil, çà et là un trou rond semblable à un puits, d'une profondeur de quelques pieds et creusé par les chercheurs d'or. Nous marchons toujours. Les tentes sont plus nombreuses, la poussière plus épaisse, le nombre des entrepôts augmente. Les arbres abattus sont amoncelés de tous côtés. De maigres chevaux paissent un gazon qu'une oie ne pourrait saisir. Les trous succèdent aux trous d'où l'or a été extrait et actuellement abandonnés. Des linges sont étendus pour sécher; d'épouvantables émanations s'échappent des boutiques de bouchers et des fosses où ils jettent les débris des animaux tués. A gauche de la vallée croît un beau gazon. Quels indices, cependant, ont fait rechercher l'or ici plutôt que dans mille autres endroits que nous avons foulés? Nous ne pouvons le dire. Au haut de la vallée plusieurs centaines de tentes sont plantées dans les plus sales et les plus misérables endroits, et tout le sol est percé de trous ronds ou carrés; les uns peu profonds, les autres très-profonds; les uns secs, les autres pleins d'eau, mais nous voyons travailler dans fort peu d'entre eux. Les mineurs sont allés creuser ailleurs. Entre tous ces trous, l'argile rouge amoncelée et couverte de sable se durcit au soleil, et ce n'est pas sans peine qu'on se fraye un chemin, au risque de tomber dans l'une ou l'autre de ces excavations. Partout nous suit l'horrible puanteur des boucheries. Boutiques, tentes, cabanes, huttes d'écorce, on dirait une foire. Il y a là une crique ou petit cours d'eau qui, à peine sorti des montagnes, ne conserve pas longtemps sa limpidité, car il se change en bourbier grâce aux séries de cuves limoneuses qui l'avoisinent, et au travail des individus qui lavent la terre dans des plats de ferblanc et des cribles. »

C'est là un premier aperçu des mines. Nous retournons à gauche sous le vert et paisible abri de la forêt, et nous y plaçons notre tente, à distance de la foule, et dans un lieu où nous trouvons de l'herbe pour nos chevaux.

Nous prenons promptement le thé, et nous nous rendons ensuite à la tente du commissaire pour obtenir nos licences. Ceci est un autre point de vue de la crique. Deux superbes tentes, ma foi, couvertes en toile bleue et accompagnées d'autres tentes sur l'arrière, le tout entouré de palissades... Si vous pouviez voir nos marmites, nos poêles, nos plats d'étain, les uns destinés à faire le pain et le pouding, les autres destinés au lavage ; nos couteaux, nos fourchettes, nos cuillers, et épars çà et là nos sacs de sucre, de riz, de farine ; notre coffre à thé, nos lanternes, notre théière en étain d'une belle taille, nos bouilloires constamment en fonction, nos cognées américaines pour fendre le bois de chauffage, notre fanal de nuit suspendu à une corde dans la tente, et l'intérieur de la tente avec les lits étendus par terre et couverts de couvertures de bure, des pièces de bœuf salé et desséché suspendues tout autour, au milieu de chapeaux avec des voiles, de bonnets et de mille autres choses ; et dans un coin nos fusils, nos livres, tout ce qu'il faut pour écrire, et nos portefeuilles : si vous pouviez voir tout cela, vous diriez que c'est une scène très-curieuse et intéressante.

J'ai fait un tour au milieu des mines, et j'ai vu les mineurs lavant leur or. Ils m'ont paru faire une bonne récolte. Un individu, après avoir extrait le sable et fait couler l'eau de son plat d'étain, a recueilli une livre pesant d'or ; un autre a obtenu cinq ou six onces. Beaucoup sont allés explorer les environs, et on s'attend à quelque grande découverte. Aucun langage ne peut en vérité décrire la scène confuse qui se passe surtout dans les endroits où l'on travaille. La Crique, qui est un gros ruisseau, est complètement détournée de son lit dont on fouille tout le parcours, ainsi que ses deux rives. Les trous sont creusés aussi près que possible les uns des autres, ne laissant entre eux que l'espace nécessaire pour recevoir la terre extraite. Ce ne sont en effet que fosses et puits. Ordinairement la terre est retirée des trous avec des seaux. Quelques-uns ont organisé des cabestans, d'autres des appareils à poulies. Ces appareils font monter et descendre les mineurs eux-mêmes au moyen de fortes cordes ou de lanières en peau de bœuf, par une échancrure ménagée sur un côté du trou. Aujourd'hui plusieurs de ces excavations sont presque garnies d'eau par suite d'un terrible orage qui a eu lieu la nuit dernière. Jusqu'ici nous avons éprouvé qu'après trois jours de fortes chaleurs il survient un orage à la suite duquel il y a souvent un refroidissement momentané de la température, qui rend les nuits aussi glaciales que pendant l'hiver. Il en a été ainsi la nuit dernière. Comme nous observions les gens qui lavaient leur or à la Crique, nous vîmes une grande foule réunie autour d'une berceuse verte ; c'est ainsi qu'ils appellent un petit crible peint en vert. On disait que les gens à qui appartenait la berceuse en avaient retiré sept livres d'or provenant de neuf plats de terre. Aussi tous les regards accompagnèrent-ils les heureux retournant au trou d'où ils avaient retiré ce trésor, et aussitôt on se précipita vers cet endroit avec une sorte d'acharnement. En quelques heures plusieurs centaines d'individus prirent possession du terrain, chacun le plus près possible du trou dont la richesse venait d'être signalée. Il était curieux de voir cette multitude qui avait envahi la place avec pics et pioches. En peu d'heures, plusieurs acres de terrain se trouvèrent répartis et le nombre des prétendants allait croissant, si bien qu'on offrit un bon prix pour notre paisible clairière et l'emplacement de notre tente. Le terrain a été lestement retourné, et on y a trouvé beaucoup d'or. Vers midi nous avons vu un spécimen du procédé au moyen duquel les mines ont acquis un renom dont l'exagération a trompé l'Angleterre, le continent européen et l'Amérique elle-même. De grandes acclamations retentissaient auprès d'un trou et un individu qui me connaissait arriva en courant, et m'invita à y aller pour voir une pépite large comme son doigt qui venait d'en être retirée. On n'avait pas encore trouvé de pépites dans cet endroit, mais seulement de la poussière d'or, aussi le fait parut-il fort extraordinaire. Je m'y rendais, quand je rencontrai en chemin un homme qui disait : — Fort bien ! j'ai vendu ma pépite et mon trou, et j'en ai eu un bon prix.

— Où est la pépite ? lui demandai-je.

— Oh ! celui qui me l'a achetée s'en est allé et l'a emportée.

Il y avait une pépite dans ce trou, j'en suis certain, mais elle y avait été mise par cet homme, vieux mineur de Bendigo, qui comptait par ce moyen vendre avantageusement son trou. Plusieurs trous du Munchausen au mont Alexandre, dont on disait avoir retiré en peu de jours cinq mille et même sept mille livres, avaient obtenu leur renom de la même façon et dans le même but.

La saison a été froide et malsaine, et bien des gens se sont mal trouvés du voyage aux terrains aurifères. Des milliers ont été fauchés par les maladies, des milliers ont déjà quitté le pays, maudissant ceux qui les y avaient appelés et le climat. Des milliers sont encore ici malades, sous la pernicieuse influence de cette *contrée si salubre*. J'ai vu dans une lettre récente de Melbourne qu'on y rencontrait à peine un individu qui n'eût pas été malade, et qu'il en était de même dans toute la contrée. Un gentilhomme qui a voyagé dans l'Inde, dans la Chine et dans tous les continents d'Europe et d'Amérique, dit qu'il ne connaît pas un climat pire que celui-ci. Sans aucune cause apparente, les gens sont pris de dyssenterie, de rhumatismes, de crampes et de fièvre. Il faut qu'on se dise cela et qu'on en soit bien convaincu. Il est immoral de ne présenter aux yeux du public qu'un seul côté des choses; c'est le leurrer, lui tendre un piége.

La petite mouche noire d'Australie est un vrai démon. Les épis de gazon en été vous percent les jambes comme des aiguilles; car, sans exagération, ils traversent la peau des montons, pénètrent dans leurs chairs et dans leurs poumons et les tuent (mais ceci est particulièrement le fait des épis aigus d'un géranium sauvage). Les tourbillons de poussière, les variations violentes de l'atmosphère qui ne parcourent pas moins de cent degrés en un jour, tels sont les inconvénients qu'il faut faire connaître. On dit qu'une certaine quantité de jeunes femmes doivent venir chercher des maris dans nos bois. Dieu soit en aide à celles qui épouseront des gaillards tels que ceux qui composent ici la masse de la population! Leur langage habituel n'est qu'un mélange d'obscénités, de jurements et de la plus abjecte phraséologie, et ils dépensent en boissons tout ce qu'ils gagnent. Au total, ce pays est comme l'Inde, on y vient pour faire fortune. Quant à la dépenser ici, dans les circonstances actuelles cela ne peut convenir qu'à des hommes et des femmes dont les goûts les excluent des classes cultivées de la société. Ce que l'on peut dire de mieux de la contrée, c'est que les meilleures classes y sont excessivement bienfaisantes et hospitalières, et ne présentent rien que de très-honorable dans leur vie privée. Je garderai un éternel souvenir de la générosité de certains habitants de nos bois. Chaque maison nous est ouverte et nous y sommes comme chez nous. Sans cette généreuse hospitalité des bois, peut-être ne serais-je pas en état de vous écrire ceci.

Le terrible voyage que j'avais fait m'avait rendu très-défiant avant d'arriver ici. Et je devais différer ma visite du pays, eu égard à la malignité de la saison; cependant nous sommes maintenant ici en sécurité, et en bonne santé, état de choses indispensable pour parcourir les mines, et en définitive j'espère qu'il en sera pour moi comme pour beaucoup de gens que je connais ici, tout ira bien.

Pendant que j'écrivais on m'a appelé pour me faire voir sept individus mis en état d'arrestation, sous l'inculpation de deux assassinats dans le bas des mines, à cinq milles d'ici. Le nombre sept me faisait supposer que ce pouvaient bien être les sept rôdeurs de bois qui nous avaient visités en route; mais ce n'étaient pas les mêmes. Je n'ai jamais vu de physionomies aussi ignobles et aussi sanguinaires, et cependant il n'y a pas de preuves directes contre eux. Le crime a été commis sur les personnes de deux individus qu'ils ont rencontrés à une certaine distance de leur camp. L'une des deux victimes, Germain Jew, venait à ce moment de laisser sa femme et ses enfants à la garde de son cheval, à quelque distance dans le bois. Quatre conducteurs de bœufs campés non loin de là avaient été témoins du crime, mais n'avaient pas eu le courage de porter secours aux victimes. C'est sur leur déclaration ques les meurtriers ont été arrêtés; mais depuis ils ont eux-mêmes disparu. Je crains bien que les meurtriers ne s'en tirent. Les mineurs voulaient leur faire l'application de la loi de Lynch, si le commissaire y eût consenti; mais il s'y est refusé, attendu le défaut de preuve complète de leur culpabilité.

XVI. — Quelques réflexions à propos du dernier chapitre. — Les mineurs et les mines. — Journal de quatre explorateurs. — Comment on dépense l'or trouvé. — Réflexions à ce sujet. — La métamorphose de Biddy Carral, l'orpheline irlandaise.

Les scènes variées qui remplissent mon dernier chapitre peuvent être considérées, non pas comme une galerie poétique de fictions imaginaires, mais comme un groupe de vivantes réalités se mouvant sur une partie de la surface du globe, de même que des nuages et des ombres sur certaines portions de la voûte céleste. La moralité a ses jours et ses nuits qui caractérisent les diverses conditions de la nature humaine. Mais d'heure en heure les modifications surgissent par le fait des circonstances; aussi est-il bien difficile de dire absolument : ceci est bon, ceci est mauvais. Quoi qu'il arrive, il est sage de ne jamais glorifier avec excès, ou blâmer trop sévèrement ce qui est pour nous l'objet de doutes continuels; car ce qui aujourd'hui paraît être une source de bien peut demain devenir une source de mal; et ce qui hier nous paraissait plongé dans les ténèbres de la moralité, peut aujourd'hui resplendir de toutes les clartés morales.

Quant au succès ou à l'insuccès des mineurs, on ne peut nier que si un homme travaille avec ardeur et persévère, malgré ses premiers désappointements, il est certain, en fin de compte, d'obtenir au moins la rémunération de ses peines. Ce sont le paresseux, l'oisif, l'homme de plaisir qui murmurent, tandis que leur défaut de persévérance est récompensé comme il le mérite. Deux et plus fréquemment trois onces d'or par semaine sont le profit ordinaire d'un mineur, et quelquefois il gagne beaucoup plus; tandis que dans d'autres circonstances il travaille bien plus longtemps et ne recueille rien. Pendant quelque temps il en a été ainsi pour nous. En obtenant ce bénéfice ordinaire ou même moins, un homme a encore la chance de gagner un prix à la grande loterie des gisements aurifères. C'est en effet une véritable chance, et la simple confiance que la plupart des hommes ont dans leur bonne fortune fait que des millions d'individus transigent avec les répugnances instinctives de leur dignité personnelle et partent pour les mines. Oui, tout cela est une loterie, et particulièrement la loterie du travailleur. Moyennant le prix de sa licence (trente schellings par mois), et grâce à un vigoureux exercice de ses forces musculaires, il peut gagner un prix toujours avec la certitude de ne pas tirer un billet blanc. Il y a peut-être plus de chances de réussite dans l'exploration d'une nouvelle partie de la contrée que dans l'exploitation des vieux gisements. Cela résulte de l'extrait suivant du journal d'un parti de quatre individus, parmi lesquels était un mineur expérimenté, et qui avaient été envoyés par un comité spécial dans des localités que l'on supposait plus fécondes.

1er *jour*. — Lavé vingt seaux de terre extraite; obtenu huit grains d'or; essayé plusieurs autres places, et trouvé de l'or sur le roc nu.

2e *jour*. — Creusé un trou de six pieds dans le rocher. Lavé quinze seaux; trouvé un pennyweigth six grains.

3e *jour*. — Creusé un trou de neuf pieds dans le rocher. Lavé le contenu de trois plats d'étain; trouvé deux ou trois parcelles dans chacun d'eux.

4e *jour*. — Revenu de nouveau au trou creusé le second jour. Lavé quinze seaux; trouvé deux pennyweigth.

5e *jour*. — Lavé trente seaux; trouvé un pennyweigth. Creusé un autre trou de cinq pieds; lavé dix seaux; trouvé quatre grains.

6e *jour*. — Remonté plus haut sur la Crique. Creusé deux trous d'environ cinq pieds de profondeur. Nous ne sommes pas arrivés jusqu'au rocher, l'eau ayant envahi le trou.

7e *jour*. — Expérimenté plusieurs autres endroits sur le bord de la rivière. Retiré de trois à cinq parcelles d'or du contenu de chaque plat.

8e *jour*. — Lavé vingt seaux; trouvé douze grains. Fait des essais dans le lit d'une crique desséchée; point d'or.

9e *jour*. — Revenu sur la Crique au point où nous étions le troisième jour. Lavé quarante seaux de terre; trouvé seize grains. Essayé six autres endroits; trouvé de deux à cinq parcelles d'or dans chaque platée de terre.

10e *jour*. — Revenu au point du quatrième jour. Creusé deux trous et trouvé de deux à trois parcelles dans chaque platée de terre.

11e *jour*. — Deux de nous se détachent à environ dix milles, vers l'embouchure de la rivière, du côté de la hauteur qui forme son bassin ; ils ont lavé vingt plats de terre, et y ont trouvé six ou huit parcelles.

12e *jour*. — Poussé deux milles plus loin sur la Crique, et trouvé deux parcelles dans son lit.

13e *jour*. — Parcouru les hauteurs dans le voisinage de la Crique, et trouvé de l'or partout où nous avons cherché. Pendant ce temps, les deux autres mineurs ont trouvé deux pennyweigth seize grains en travaillant au premier trou que nous avions ouvert.

14e, 15e et 16e *jours*. — Les mineurs réunis ont lavé deux cent soixante seaux au premier trou et ont trouvé trois pennyweigth et huit grains.

17e *jour*. — Grande pluie dans l'après-midi. Recherches sur les hauteurs ; point d'or.

Cette expédition demeura encore quelques jours dans le voisinage de la Crique, mais la pluie devint si forte qu'elle fut en définitive obligée de retourner sans avoir renouvelé ses expériences. Quoi qu'il en soit, son journal ainsi que les renseignements que les mineurs fournirent à leur retour démontrent qu'ils avaient parcouru environ quinze milles, et que presque partout ils avaient trouvé de l'or, et le mineur dont on connaissait l'expérience déclara que, dans son opinion, ce pays devait être extrêmement riche ; mais il n'avait pu en fournir des preuves complètes, parce que presque constamment l'eau avait fait irruption dans les trous avant qu'il fût parvenu à la couche où généralement l'or se dépose.

Ce journal non-seulement atteste combien de gens sont poussés à la recherche de l'or, mais nous offre un exemple frappant du désappointement qui couronne parfois les efforts des chercheurs, malgré les illusions qui éblouissent encore leurs yeux. Je dois dire que, dans mon opinion, la vie des mines fait grandement déchoir l'homme, et la raison en est que, heureux ou non, l'homme y perd généralement le goût d'une vie sédentaire et laborieuse, même accompagnée d'un gain modéré. Ses recherches ontelles été fructueuses jadis, il ne peut s'empêcher de trouver méprisable la modeste industrie du boutiquier ou du laboureur comparée aux ardentes émotions de la recherche de l'or ; — n'a-t-il pas réussi, et le dégoût lui a-til fait abandonner les mines, il entend parler par la suite de quelque voisin qui, plus constant dans son dessein, a enfin mis la main sur un trésor ; alors il s'invective lui-même, maudit le défaut de persévérance qui lui

a fait manquer une fortune pareille, jette son pic sur ses épaules, et s'é-
lance de nouveau sur la piste de l'or avec dix fois plus d'ardeur qu'il n'en
eut jamais.

Au milieu des résultats extraordinaires de la découverte des mines d'or,
ce serait une grande compensation si ceux qui ont acquis de la fortune l'é-
conomisaient et en faisaient un usage convenable, au lieu de se livrer à
tous les excès, et de ne trouver dans leur richesse qu'une occasion de descendre plus bas sur l'échelle de l'honorabilité sociale. Plusieurs, je n'en
doute pas, dont l'esprit était d'une trempe supérieure ont immédiatement
pris une position plus élevée; mais ils sont peu nombreux eu égard à ceux
qui ont dissipé leur gain dans la folie et dans le vice, et qui au lieu du confort n'ont trouvé dans la possession des richesses qu'un complément de
misère. De fait ils se sont enivrés avec leur soudaine fortune, et dans l'excès
de leur joie ils n'ont mis aucun frein à leurs passions.

Nonobstant les sombres récits des mineurs malheureux, il est à notre
connaissance que plusieurs fois un seul individu est parvenu à recueillir en
moins d'un mois de cent à cinq cents et même de mille à trois mille livres,
mais le plus souvent le tout était dissipé en un aussi bref délai. Ceci serait
suffisamment extravagant de la part d'un marquis qui raffine tous les plaisirs, et que l'on peut supposer connaître les moyens faciles de dépenser une
pareille somme; mais de la part d'un forgeron, qui n'a jamais connu de
jouissances au-delà d'un repas de porc frais et de pain avec une pinte de
bière, en vérité, il y a de quoi nous surprendre. Cependant ceci est arrivé
et arrive encore; c'est incontestable, et vous pourrez vous rendre compte
tout comme nous de la façon dont ils s'y prennent par les quelques détails
suivants.

D'abord c'est la chose la plus facile du monde à accomplir sous l'empire
d'une illusion, car le bonheur lui-même est une illusion s'il n'est pas
fondé sur la raison et la vertu. Les auteurs de ces extravagances sont
pareils à des chevaux qui, sortis d'un désert où ils n'ont connu que la
faim, sont soudainement lâchés dans un pâturage où ils ne trouvent que
l'abondance.

A l'époque où nous étions dans la colonie, la population de Melbourne
était composée de gens de la pire espèce. Dans chaque maison publique il
y avait foule d'individus se livrant à la consommation des vins les plus coûteux par cela seul qu'ils étaient chers, car ils n'étaient pas capables de distinguer les plus mauvais vins ordinaires des produits les plus exquis de la
France et du Rhin. Là on s'asseyait et l'on buvait. Le porter, l'ale, les vins

de toutes sortes, les liqueurs, coulaient à la ronde ; les gens se gorgeaient du mélange le plus inouï de boisssons de tout genre ; ensuite les moins ivres volaient les autres, et les jetaient dans une ignoble arrière-salle où ils gisaient sur le sol jusqu'à ce qu'ils eussent recouvré leur raison. Alors recommençaient les mêmes scènes. Des voitures de louage sillonnaient constamment les rues emportant des hommes et des femmes d'une honora-bilité plus que douteuse, ceux-ci doués de grossières physionomies et re-vêtus d'habits mi-partis élégants, mi-partis misérables ; quelques-uns même portaient leurs vêtements de travail, et étaient assis au milieu de femmes couvertes de toilettes splendides et de tout ce que les magasins de Mel-bourne pouvaient fournir de plus riche. Les lorgnettes étaient fort en vo-gue parmi ces tristes femmes ; dans leur opinion, cet objet leur donnait tout le bon ton d'une lady ; aussi le commerce fit un débit considérable de cet article. Il y avait une telle quantité de ces gentilshommes des mines qui se faisaient promener en carrosse de louage avec leurs compagnes, que les citoyens sensés eussent rougi de se montrer en pareil véhicule avec leurs familles ; si bien que d'un consentement unanime, les mineurs se trouvaient avoir le monopole des calèches. D'autres encore affectaient un goût tout particulier pour l'équitation, et on pouvait les voir galoper de tous côtés comme des fous. « Nous sommes l'aristocratie maintenant, disaient-ils, et l'aristocratie maintenant, c'est nous. »

Melbourne, étant aussi rapproché du théâtre de l'action, avait nécessai-rement une large part dans le mal comme dans le bien dont les mines d'or étaient la source. — Il y a quelque temps nous nous étions arrêtés sur un grand chemin, à un certain endroit, pour faire boire les chevaux ; il y avait là un débit de boissons, et au-dehors était assise une bande de mineurs de retour. Il buvaient du vin à pleins verres, et ils invitaient à boire avec eux tous ceux qui passaient sur cette route. Ce n'étaient que bouteilles dessus et dessous la table. Comme nous sortions pour continuer notre route, deux d'entre eux entraient, l'un était tout à fait ivre, et après un torrent de vi-lains mots que je n'ai pas besoin de répéter, il s'écria en regardant son compagnon : — Bill, je déclare que je viens de passer ici une agréable quinzaine ; maintenant je retourne aux mines, car je ne puis que boire ou travailler. Quelque humiliante que fût la confession, je ne doute pas qu'elle ne fût fondée, et cette façon d'être est loin d'être rare dans cette classe d'hommes.

Cependant il ne faut pas conclure ceci qu'il n'y a aux mines qu'une es-pèce de gens, et que cette espèce est mauvaise. Les hommes de ce genre se produisent généralement beaucoup à l'extérieur, tandis que les hommes paisibles, décents, laborieux, ménagers de leurs ressources, et qui ne les emploient qu'à un usage convenable, sont très-peu vus ou entendus au-dehors; de sorte que, proportionnellement à la masse de la population, les premiers peuvent paraître beaucoup plus nombreux, et les autres bien moins nombreux qu'ils ne sont réellement. Où l'éducation est presque nulle et l'argent abondant, on ne peut espérer de la délicatesse dans le choix des plaisirs. Au reste, la richesse soudainement acquise est toujours difficile à employer convenablement au début, soit qu'elle tombe entre les mains de gens incultes, soit qu'elle arrive à des personnes instruites. Dans les plus hautes comme dans les plus basses conditions de la vie, l'adversité est facile à supporter quand on n'a rien à regretter; mais quand il faut, indépendamment du poids de son malheur, supporter celui des souvenirs amers d'une vie déplorablement gaspillée, on fuit la lumière du jour, on cherche les coins sombres, et l'on s'entretient de son passé avec le remords pour unique compagnon.

Je finirai ce chapitre quelque peu aride et sententieux par un court récit qui, au mois de novembre dernier, fut communiqué à l'*Argus* de Melbourne par une dame émigrante. Elle raconte divers incidents du genre de ceux dont j'ai parlé, et en écrivant elle avait évidemment pour but de donner des conseils utiles aux individualités les plus dissipées de son sexe. La scène a lieu sur un steamer employé à cette époque à faire le service entre Geelong et Melbourne.

Biddy Carol, tel est le nom d'emprunt de notre héroïne, était une jeune orpheline irlandaise, qui vient de se marier. Le passé de Biddy, sa situation présente et son avenir probable sont faits pour impressionner l'âme des personnes intelligentes de l'un et de l'autre sexe, et pour exciter les femmes de la classe de Biddy qui ont conservé quelque peu de bon sens à veiller davantage sur elles-mêmes pour prévenir leur chute. Les unions du genre de celle que vient de contracter Biddy sont beaucoup trop fréquentes ici pour ne pas faire concevoir de graves appréhensions sur leurs résultats à venir.

L'orpheline Biddy arriva à Geelong vers le mois de juin, pauvre, simple, ignorante. Elle trouva son premier emploi dans l'intérieur d'une famille. Ses qualités y furent jugées si nulles qu'on se trouva fort heureux de se débarrasser d'elle. Excessivement sotte, paresseuse et malpropre, la pauvre Biddy ne pouvait trouver d'amis, et elle-même n'aimait personne. Si un être du règne végétal peut être comparé à un être du règne animal, je dirai qu'une pomme de terre verte, fraîchement arrachée, avec ses rames fanées, et Biddy se ressemblaient comme deux pois, pour me servir de l'expression usitée en Irlande, sa patrie. — Mais un grand changement s'est opéré dans la destinée de la jeune orpheline, un changement qui, nonobstant l'éclat présent de la pauvre sotte jeune fille, n'est pas de nature à assurer son bonheur et son bien-être dans l'avenir. Ce changement, Biddy le doit à son mariage.

L'autre jour, en entrant dans le salon du steamer *Victoria*, continue la dame à qui on doit le récit, je rencontrai une femme magnifiquement vêtue, qui me tournait le dos et qui répandait tout autour d'elle des parfums de musc et d'eau de lavande. Je passai devant elle et me retournai. Qu'on juge de ma surprise en reconnaissant dans cette mise extravagante la simple, la sotte Biddy Carol avec sa figure de pomme de terre. Elle se tenait là, pourvue de tout ce que l'art de la toilette pouvait lui donner, et présentant un véritable spécimen de l'épouse fortunée et insouciante du chercheur d'or. Son chapeau était de satin blanc garni d'une profusion de fleurs les plus délicates et recouvert d'un riche voile blanc. Elle portait une magnifique robe de satin à fleurs couleur lavande, avec un superbe châle de barége, maintenu sur sa poitrine par une broche d'or massif. Sa main droite seule était gantée d'un gant fauve; son autre main était nue pour laisser voir l'anneau de mariage, emblème de sa nouvelle position, et accompagné de trois autres bagues qui paraissaient être d'un grand prix. Une chaîne d'or massif pendait à son cou et d'élégants bracelets d'argent ornaient ses bras. Elle tenait une charmante ombrelle à sa main.

L'homme qui avait conquis les affections de la pauvre Biddy, et à qui elle devait d'être mise avec une aussi extravagante recherche, était avec elle, et je n'en doute nullement, elle l'aimait sincèrement. Loin de moi la pensée de vouloir la rabaisser par une opinion contraire; mais comme j'ai caché son vrai nom et que je suis une étrangère pour elle, je dois, dans l'intérêt des autres, dire que je la considère comme une pauvre victime abusée. Je sais qu'elle est mariée, d'après le témoignage de son précédent maître, mais elle s'est donné là un déshonnête compagnon. Son mari, malgré sa fortune d'aujourd'hui, était antérieurement bien connu de la police comme un fieffé voleur. Et je l'ai moi-même rencontré en compagnie des plus ignobles gens des deux sexes, depuis que je l'ai vu conduisant sa jeune femme à Melbourne sur le steamer *Victoria*.

Il est utile de considérer quels peuvent être les résultats d'un pareil mariage, soit au point de vue de la femme, soit au point de vue de la famille.

La prodigalité avec laquelle les gens du caractère de son mari dépensent leur argent ne pronostique que trop une vie crapuleuse et criminelle à leurs malheureux enfants.

Après tout, cependant, espérons qu'au fond le monde est meilleur qu'il ne paraît, et que même maintenant il y a aux mines beaucoup plus d'honnêtes gens qu'on ne le pourrait supposer au premier abord.

XVII. — Un dialogue irlandais. — Rapport de M. Stutchbury, intendant géologue. — Explorations des terrains aurifères de l'Occident.

— Eh! Phil, mon cher, qu'avez-vous?

— Ce que j'ai, Jerry? Ils m'ont accablé d'invectives tout le long de la bienheureuse ravine.

— Ils ont le diable au corps! et pourquoi donc?

— Et qui le sait, les brigands! mais si je n'avais pas été monté sur mon bon cheval, j'en aurais arrangé quelques-uns d'une belle manière, dit Phil en jetant des regards courroucés vers quelques individus dont les clameurs insultantes s'entendaient encore au loin.

— Oh! ne faites pas attention à eux, reprit Jerry avec un diabolique sang-froid stéréotypé sur la physionomie de ce parfait spécimen de l'indigène irlandais.

— Malheur à eux! riposta Phil, je ne songe pas plus à eux qu'à un poil de ma barbe. Or je ne vois pas souvent ma barbe, grâce à l'absence complète de miroir. Croiriez-vous que l'un d'eux m'a appelé Irlandais protestant! C'est la plus violente insulte qui m'ait jamais été faite.

— C'est Jabers, interrompit Jerry, il a l'habitude de provoquer tous ceux qui ont conservé quelques croyances.

— Non, ce n'est pas lui; c'est le Saxon Hathens! Si ce n'était la crainte de tuer sur place ces coquins, j'aurais déjà tourné Rover de leur côté, et gratifié leurs épaules d'une grêle de coups.

Au fond la rage de Phil diminuait d'autant plus qu'elle s'exhalait en paroles plus violentes.

— Bien! à votre place, je laisserais ces pauvres diables en repos, reprit Jerry sur un ton de calme méprisant.

— Bien! ajouta Phil avec un regard de complaisante amitié, je le ferai par égard pour vous, Jerry; mais j'en atteste la grande âme de mon grand-

père, Philimore O'tyke, s'ils m'adressent encore une seule parole inconve-
nante, je les perce d'outre en outre.

A ce moment les voix de quelques stentors, dont les poumons paraissaient avoir été l'œuvre des Cyclopes, retentirent à travers l'espace.

— Phil O'tyke, Phil O'tyke! répéta la terrible voix. Reviens ici, Irlandais protestant. Mais Phil était sourd ou bien eut le bon sens de suivre le
conseil de son ami Jerry, car il se contenta de piquer le flanc de Rover
avec son seul éperon. Le lecteur a déjà compris que Rover, c'est-à-dire
rôdeur, était le cheval de Phil. Or le nom et les dispositions apparentes du
pauvre animal étaient en complète contradiction. Phil invita son ami à
l'accompagner pendant un bout de chemin, puisqu'il était dimanche et
qu'ils n'avaient rien à faire. Jerry se prêta volontiers à l'invitation, et ils
poursuivirent leur route réciproquement satisfaits de la compagnie que
chacun d'eux trouvait dans l'autre.

C'était la nuit précédente que Shanty avait été enseveli; et nous nous
trouvions à ce jour qui est ou doit être le plus doux pour le travailleur.
Reprenant ici le cours de notre récit, je dois vous remettre au courant de
notre dernière tournée dans les champs. Elle avait été en un très-court
laps de temps particulièrement féconde en aventures aussi intéressantes que
douloureuses pour nous. Deux des nôtres avaient été perdus et retrouvés.
Un autre était mort, et nous l'avions enterré; un quatrième était encore
indisposé. Évidemment le succès nous était dû, ne fût-ce qu'à titre de compensation.

A cette époque l'attention publique dans toutes les colonies australiennes
était vivement tenue en éveil par les articles de journaux et les récits des
mineurs émigrants, au sujet des efforts tentés par le gouverneur général de
la Nouvelle-Galles du Sud, sir C. A. Fitzroy, dans le but de donner un développement aussi grand que possible à l'exploitation des mines d'or. On
avait expédié récemment sur divers points du pays quatre gentlemen avec
mission d'étudier les ressources géologiques et minéralogiques des localités
au point de vue des gisements aurifères. De ces quatre gentilshommes, trois
étaient des savants, et le quatrième se distinguait par une expérience toute
spéciale en ces matières. C'étaient MM. T. M. Mitchell, intendant général,
S. Stutchbury, écuyer, intendant géologue; le révérend W. B. Clarke, et
Hargreaves. Comme les résultats des travaux de ces messieurs étaient publiés successivement au fur et à mesure qu'on les obtenait, leurs pérégri-
nations étaient l'objet d'une curiosité d'autant plus passionnée, que la cupidité allait croissant sous l'influence de notions chaque jour plus complètes;

et comme nous avions tous dans l'idée d'aller chercher fortune ailleurs, nous dévorions avec avidité le moindre rapport des explorateurs; ce qui ne nous empêchait pas d'avoir nos deux yeux et nos oreilles toujours en éveil sur ce qui pouvait se passer autour de nous.

Cependant tout ce que nous apprîmes nous convainquit de l'infériorité générale des mines de la Nouvelle-Galles du Sud comparativement aux riches terrains de la montagne. C'était de la plus complète évidence. Nous n'eûmes encore aucun succès, et partant peu de satisfaction. Nous n'étions pas les seuls dans cette disposition d'esprit. Des milliers d'individus avaient éprouvé le même désappointement, et étaient partis désespérés. Mais cela ne nous parut pas suffisant pour nous engager à suivre leur exemple, bien que notre situation fût soumise à bien d'autres inconvénients, et le prix exorbitant des approvisionnements n'était pas le moindre. Quand un homme n'examine pas une chose d'un œil calme, il ne peut obtenir le résultat qu'il poursuit. Il y avait à notre crique une association d'individus qui n'avait obtenu aucun succès dans ses recherches. S'étant arrêtés par suite d'un accident fortuit auprès d'un trou abandonné, ils le creusèrent encore d'un pied ou deux, et y recueillirent vingt livres pesant de pépites presque en un seul tas. Un mineur, dans la même localité, avait exploré dix trous sans résultats; son dernier avait vingt-deux pieds de profondeur, et il n'en tira pas un atome d'or; de dégoût, il se retira. De nouveaux mineurs arrivèrent, s'installèrent au trou abandonné, et l'ayant encore creusé de dix-huit pouces, trouvèrent dix-huit livres d'or réunies sur un seul point. Plusieurs mineurs ont fait fortune en une semaine. D'autres, après un travail de quatre mois, ont à peine gagné de quoi suffire à leur voyage. Nous espérons à la longue conquérir la récompense de notre patience et de notre persévérance.

La continuité de la découverte de l'or jusqu'à ce jour a donné cours à diverses opinions. Les uns affirment que l'exploitation de ces mines ne sera réellement profitable que pendant deux ou trois ans; d'autres soutiennent avec non moins d'assurance qu'elles sont inépuisables. L'histoire complète de la recherche de l'or en Australie semble devoir comprendre l'étendue presque illimitée des gisements aurifères de ce continent, et malgré toute l'activité qu'a éveillée la valeur excessive du métal recherché bien loin, il n'est pas seulement probable que les plus riches gisements du continent australien soient connus. La science n'a jusqu'à ce jour rien ou presque rien fait en Australie à cet égard. Les procédés pour l'exploitation de l'or sont des plus grossiers. Ce travail est caractérisé presque uniquement par ce que les matelots appellent parfaitement « vigueur et stupidité. » Il semblerait résulter de l'extrême diffusion de l'or dans le pays que le précieux minerai ne pourrait y être épuisé qu'après un temps assez long.

L'expérience a démontré depuis qu'une vaste bande de terrains très-aurifères s'étend à travers le continent, depuis les gisements de Victoria jusqu'à ceux de Bathurst et de ses environs, et de ces derniers aux rives du Hunter et en arrière de la baie Moreton. C'est une longueur de mille milles sur une largeur inconnue. A Victoria, par exemple, l'or semble rayonner dans toutes les directions. On en a trouvé aux Pyrénées, à Yallock, à Ballarat, à Clunes, au mont Alexandre, à Bendigo, à la crique d'Anderson, distante de seize milles de Melbourne, auprès de Wangaratta. On en a trouvé sur l'Ovens, à Mitta-Mitta, sur le Murray, et dans le sol même des rues de Melbourne.

En supposant même que les jours de rapide fortune soient passés, et que ce ne soit que par un concours de circonstances extraordinaires qu'un homme ignorant, cherchant sans règle de conduite de droite et de gauche, puisse mettre la main sur un amas de grosses pépites qui lui complètent sa fortune en un jour, supposant cela, on en peut conclure qu'il y a là de suffisantes indications de la diffusion de l'or dans presque toute l'Australie, et ceci justifie la pensée qu'un homme apte à un travail pénible et voulant s'y livrer lui-même avec intelligence et ardeur, pourra compter avec le temps sur une ample récompense.

Ces observations ont été suggérées par l'exploration étendue que, d'après la mission qu'ils en ont reçue du gouvernement, ont accomplie les gentils-hommes dont j'ai cité les noms plus haut. Ils ont gravi les cimes des plus hautes montagnes, et pénétré dans le fond des abîmes; en un mot, ils n'ont épargné aucun effort pour élucider autant que possible la question des ressources aurifères du pays. C'est le quartz qui est le siége de l'or dans les districts de Macquarie et de la rivière Turon, et dans ceux de la crique Summer-Hill et des routes de Lewis où les premières centaines de pépites ont été trouvées par M. Stutchbury. Il s'est rencontré dans maintes circonstances que le quartz demeurait attaché et comme enchâssé dans l'or comme aussi dans le minerai de fer. C'est un fait digne de remarque que de l'or non lavé et du fer également ont été envoyés adhérant encore à du sable qu'on appelle à tort émeri. L'or a été trouvé, mais en petite quantité, aussi bien sur les cimes que sur les flancs des montagnes de ces districts; on l'a constamment trouvé dans de plus larges proportions au sein des plaines inférieures.

Nulle part au monde il n'est possible de trouver des exemples d'une vie plus étrangement vagabonde que celle adoptée par beaucoup des chercheurs d'or. Dans les courses au milieu des montagnes et des ravins d'une région aurifère, vous rencontrez à chaque pas des individus se livrant à une œuvre lente et inintelligente, retournant la terre çà et là dans ces solitudes, et soumettant leurs projets ultérieurs aux quelques gouttes de pluie qui peuvent tomber d'un nuage capricieux. Certaines localités se trouvent animées pendant quelques heures par une centaine de travailleurs; mais aussitôt que le peu d'eau qu'ils avaient est épuisé, ils vont ailleurs, ou bien se laissant gagner par la nonchalance, vivent jusqu'à nouvel ordre du produit de leurs premières heures de travail. M. Stutchbury a rencontré dans le voisinage de la rivière Macquarie des gens qui, guidés par de certaines notions scientifiques, obtenaient de fréquents succès en mettant de la persévérance dans leurs recherches. Quelques-uns d'entre eux avaient des connaissances suffisantes en minéralogie pour distinguer les gemmes des pierres d'une espèce moins précieuse, car ils lui avaient montré des topazes, des grenats, des rubis, des saphirs, des chrysolithes et autres. Il découvrit lui-même plusieurs pierres précieuses dans le lit des cours d'eau; mais elles étaient si petites, qu'elles n'avaient aucune valeur.

L'aspect de ce pays présente un accident très-singulier et digne d'attention; c'est une masse isolée de pierre calcaire qui s'élève au milieu d'une campagne tourmentée. Ce rocher offre une profonde échancrure médiane qui le divise en deux taillies. Sa direction générale est de l'est à l'ouest : son extrémité orientale présente des stratifications très-ondulées. La partie ouest de la masse orientale montre sur son sommet horizontal les formes linéaires symétriques des colonnes de basalte. Les faces extérieures des colonnes sont beaucoup plus dures que les centres et demeurent debout en une double ligne verticale qui déploie régulièrement ses plans divisionnaux. « Dans ce fait, dit M. Stutchbury, on reconnaît que les schistes qui entourent ce roc isolé ont été recouverts par des lits de sables stratifiés; et que ce lieu a été le foyer d'émission d'une grande chaleur, dont l'influence a mis en fusion des couches qui se sont durcies ensuite, et ont ainsi préservé le rocher de la destruction ; tandis que d'autre part le temps faisait disparaître les roches plus molles qui n'avaient pas subi cette action, et mettait à jour les couches ardoisées. Quoique les lignes originales de stratification soient distinctes, la figure en colonnade n'est pas visible au même degré dans toute la masse, car la cause du phénomène paraît n'avoir pu produire un changement complet. On distingue encore en effet le caractère granuleux de la pierre de sablon dans l'axe central des colonnes. »

XVIII. — Une anecdote sur un soi-disant grand homme. — Géologie du sol
aurifère. — Histoire de Hugh Mac-Grégor.

Il y a vingt-cinq ans M. Cunningham a écrit et publié un fort bon livre
sur la Nouvelle-Galles du Sud, et l'a dédié à Sa Royale Grandeur le duc de
Clarence, lord, grand amiral d'Angleterre. La colonie n'était pas alors trop
bien vue de la société anglaise; par suite, ce lieu de déportation des convicts du Royaume-Uni eût été le dernier des pays auxquels on eût songé
comme recélant des trésors. M. Cunningham, comme beaucoup d'autres,
avait non-seulement témoigné son incrédulité à l'endroit d'une pareille
supposition, mais encore avait clos son chapitre sur les richesses minéralogiques et métallurgiques de cette contrée par une anecdote dans laquelle
il s'était complu à reproduire ses sentiments à cet égard sous une forme
quelque peu facétieuse.

Un illustre amateur en minéralogie, qui il y a quelques années nous a
donné le spectacle d'une bévue accidentelle, a presque mis à l'envers les
esprits calmes jusqu'à ce jour de quelques-uns de nos laborieux colons par
l'annonce qu'il leur a faite de mines d'or que renfermaient leurs champs.
Il retira, sous leurs yeux, les plus riches spécimens de ce métal précieux,
des lieux mêmes qu'ils avaient personnellement explorés plus de cent fois
auparavant sans jamais rien y observer de pareil, tant les yeux d'un savant
sont différemment organisés que ceux du vulgaire ! Le Pérou n'était plus
rien auprès de l'Australie. Mais tandis que nos Crésus étaient enfoncés dans
leurs calculs relatifs à l'exploitation des mines, inquiets le jour, sans sommeil la nuit, sous l'influence de leurs biens imaginaires, ces rêves dorés
s'évanouirent subitement. Et ceci fut l'œuvre d'un nommé Paul Pry, domestique d'un courrier, qui avoua à son maître avoir vu le minéralogiste
tirer le minerai de sa poche, le jeter dans la terre pour l'en retirer ensuite.
Il n'y avait pas à douter du fait; un morceau de papier auquel le fameux
savant n'avait pas pris garde était demeuré collé à un coin du morceau de
métal et attestait que ce n'était autre qu'un échantillon que notre homme
avait d'abord extrait de l'un des cabinets de minéralogie de Mawe.

Cette pièce de charlatanisme scientifique que le géologue avait jouée en
public pour se faire chez nous une réputation de grand homme a défrayé
pendant quelque temps la verve des rieurs; mais elle est encore à cette

heuré un sujet de douleur pour les propriétaires des prétendue mines.

Si M. Cunningham vit encore dans sa terre d'adoption, il aura actuellement l'occasion de se rappeler son anecdote et même peut-être de sentir combien est lourde une plaisanterie qui retombe sur la tête de son auteur. L'Australie, tout bien considéré, a déjà dépassé le Pérou, et comme, grâce aux progrès qu'elle a faits de nos jours, la science peut développer dans des limites incalculables les ressources d'un pays, ce qui était loin d'exister au temps de Pizarre, nous pouvons déjà fonder sur la découverte de l'or en Australie l'espérance de résultats beaucoup plus grands encore que ceux dont nos imaginations étaient déjà émerveillées. A l'appui de ceci nous venons d'entendre l'opinion de M. Stutchbury, en vertu de laquelle le district qu'il a parcouru prend le nom de Terre d'or occidentale. Nous dirigerons actuellement notre attention vers un autre district dont le gouverneur, sir Charles Fitzroy, a voulu confier l'étude à l'intendant général lui-même, sir T. Mitchell, personnage auquel l'Australie, au point de vue scientifique, a les plus grandes obligations. Les points qu'il avait à étudier plus particulièrement étaient les suivants :

1º Les limites de l'étendue longitudinale des montagnes aurifères, ainsi que leur largeur en partant de Canobalas et allant vers le sud ;

2º La disposition générale des flancs des montagnes aurifères ; la possibilité de les exploiter par des coupures verticales et transversales : informations à se procurer sur ce point particulier qui est à établir, savoir si l'or a été entraînée par les eaux et à quelle distance des deux côtés des chaînes aurifères ;

3º Les plus grandes hauteurs des chaînes aurifères aux divers points ; l'élévation moyenne de toute la chaîne ; la hauteur moyenne de la plaine Guyong au-dessus du niveau de la mer et de la plaine située à l'occident des chaînes aurifères ;

4º Les angles moyens de la déclivité des pentes orientales et occidentales des chaînes aurifères, et plus particulièrement les angles de déclinaison du cours des ruisseaux et des criques, qui, ayant leurs sources sur les montagnes, coulent soit vers la plaine de l'orient, soit vers celle du couchant ;

5º Le nombre et l'importance de ces divers cours d'eau et criques, avec leurs noms, et s'ils ont de fréquentes crues ;

6º Faire connaître la richesse du sol auprès de leurs diverses sources, autant que possible par des spécimens extraits du flanc des montagnes dans le voisinage de chaque source, et indiquer soigneusement la localité pour chaque spécimen.

Sir Mitchell a accompli cette mission difficile et compliquée de la manière la plus remarquable, et a examiné avec la plus scrupuleuse attention tous les points qui devaient former l'objet de son étude.

Ses études géologiques sont aussi complètes que possible, et leurs résultats parfaitement exposés. Au total, son rapport est au plus haut degré instructif et intéressant pour les hommes de science. Le point le plus élevé exploré par lui est Canobalas, qui se trouve à 4,461 pieds au-dessus du niveau de la mer. L'intendant général reconnaît aussi qu'en thèse générale le quartz est le siége de l'or ; mais il n'adopte pas ce principe comme une règle absolue, attendu, dit-il, le peu de connaissances que nous avons encore sur l'histoire naturelle de l'or, ce qui doit rendre défiant dans l'adoption des règles que n'appuient pas des preuves suffisantes.

En ce qui concerne la quantité d'or que renferme le sol de l'Australie, le rapport de sir Mitchell donne une 'idée à peu près complète des prodigieux trésors que cette terre est destinée à produire à nos regards ; je dis à produire, à cause de l'immensité des régions désertes qui n'ont pas encore développé leurs ressources aux yeux de l'univers émerveillé.

Je ne suivrai pas davantage M. Hargreaves, Hardy et le révérend W.-B. Clarke dans leurs excursions. Leurs rapports fournissent une preuve de plus de la prodigieuse abondance d'or dont la formation géologique du pays faisait supposer l'existence. M. Hargreaves, après une excursion de sept mois dans la partie occidentale de la colonie, termine son rapport par cette affirmation, qu'aucune des parties de la Californie qu'il a parcourues n'a produit de l'or aussi généralement et en aussi grande quantité que la crique de Summer-Hill et la rivière Turon avec ses tributaires.

Le révérend M. Clarke dit que ses études géologiques l'ont mis à même d'affirmer que dans la Nouvelle-Galles du Sud l'or est réparti, non pas avec la même abondance cependant, en une étendue de seize cents milles carrés. A la date du 3 juin 1852, il ajoute : Pendant les neuf derniers mois, j'ai acquis chaque jour une plus complète conviction de l'existence de l'or sur presque tous les points du pays.

Dans une revue descriptive des principaux terrains des parties ouest et sud de la nouvelle-Galles, M. Hardy, commissaire en chef des terres de la couronne, dit qu'ils offrent un bénéfice considérable au mineur, et qu'ils sont pour le moment peu fréquentés, par suite du voisinage des colonies de Victoria, où se portent plus volontiers les travailleurs. A Ophir, dit-il, bien qu'il y ait jusqu'à huit cents personnes gagnant en moyenne une livre par jour, l'or paraît avoir été à peine touché. Le lit de la rivière n'a pas été entamé. On peut en dire autant de la rivière Turon, pour Meroo et Tamboroura. Le bassin de Macquarie a seul été exploité largement, et cependant on ne saurait y déterminer une limite à la production de l'or.

L'état de choses est le même dans les districts du sud. Quant à ceux du nord, le commissaire, M. Durbin, a fourni plusieurs rapports; mais la population est encore trop peu considérable pour qu'on puisse constater des résultats définitifs. On sait cependant, à n'en pas douter, que l'or existe dans des espaces considérables, et qu'à Bingara sur le Giwdir il y a un champ dont la richesse dépasse, dit-on, celle de toute autre localité de la colonie. Des mineurs expérimentés ont assuré n'avoir jamais rien vu de pareil. Un homme a gagné vingt-deux onces d'or du samedi au jeudi, n'ayant pour tout outil qu'un plat d'étain et un fer de lance; un autre a recueilli en deux jours seize onces d'or au moyen d'une simple cuillère de fer et d'un couteau.

Telle est la prodigieuse étendue des terrains aurifères dans cette admirable contrée; et eu égard à l'immensité des solitudes encore inexplorées, on peut dire que de longues années s'écouleront avant que le chercheur d'or ait accompli son œuvre dans ces régions.

Je finirai ce chapitre par la courte et curieuse biographie d'un nommé Mac-Grégor, dont le nom figure dans le rapport de l'intendant général Mitchell. Ses aventures méritent, par leur singularité, qu'on saisisse l'occasion de les raconter.

Hugh Mac-Grégor exerçait la profession de boucher à Inverness, et a quitté cette ville depuis environ quatorze ans. Il lui vint dans l'idée d'émigrer en Australie, il décida son beau-frère à l'accompagner avec sa famille. Ils partirent tous ensemble d'Inverness, et arrivèrent à Londres sains et saufs. Le lendemain ils s'aventurèrent dans la métropole pour visiter les merveilles; mais il était écrit que le même navire ne les transporterait pas en Australie, car dans leur promenade à travers la ville ils se séparèrent et se perdirent de vue l'un l'autre. Au milieu de l'immense et inextricable réseau des rues de Londres, notre héros Hugh Mac-Grégor, ou plutôt Huistean-Beag, car tel était son vrai nom, ne put parvenir à retrouver son beau-frère. Pendant sept jours il le chercha du matin au soir, mais sans aucun succès. Cette disparition soudaine et inexplicable de sa sœur avec son mari laissait Hugh dans une pénible situation. Pensant alors que toute recherche ultérieure serait inutile, et ses ressources étant du reste fort modiques, il prit la résolution de ne plus attendre, et en effet il s'embarqua pour l'Australie le lendemain du septième jour. Le beau-frère avec sa femme avaient aussi perdu l'espoir de retrouver leur parent, et après d'actives investigations pendant deux jours étaient partis pour l'Australie, et se trouvaient ainsi avoir une avance de cinq jours sur Hugh Mac-Grégor. Il s'ensuivit que les deux navires arrivèrent le même jour au Port-Philippe, l'un le matin, l'autre le soir. Hugh se trouvait sur le dernier. En débarquant il apprit que le premier navire avait amené quelques émigrants écossais, et que parmi eux se trouvaient des individus correspondant parfaitement au signalement qu'il donna de ses parents. Il se mit aussitôt à leur recherche dans la ville et dans ses environs; après trois jours de perquisitions, il ne se trouva pas plus heureux qu'il ne l'avait été à Londres. La raison en était toute simple. Son beau-frère avait été engagé en qualité de berger au moment même de son débarquement, et avait été aussitôt emmené au loin dans l'intérieur du pays. Mac-Grégor l'apprit par une lettre de ses amis d'Inverness; il sut par là les détails de leur heureuse arrivée au Port-Philippe, de l'engagement qui s'ensuivit, et de l'état prospère où ils se trouvaient. Il se réjouit de les savoir dans la même colonie que lui. D'après les dernières nouvelles, ils ne s'étaient pas réunis; mais sans doute, depuis que la fortune a comblé Mac-Grégor de ses faveurs, ils se seront revus pour se raconter les étranges aventures qui sont résultées de leur séparation à Londres, et qui les ont conduits à la fortune sur la terre de leur adoption. Mac-Grégor, soit Huistean-Beag, après avoir rempli fidèlement pendant quelque temps un emploi de domestique, se trouvant possesseur d'une certaine somme, acheta une pièce de terre. Ce terrain se trouva très-voisin de régions aurifères. Ceci lui donna l'idée d'expérimenter si, comme tant d'autres, sa terre ne renfermerait pas le précieux métal. Le succès dépassa ses espérances, et il se trouva que son terrain était l'endroit le plus riche du district. La nouvelle se répandit dans la contrée avec la rapidité de l'éclair, et, comme on peut bien l'imaginer, bien des gens lui firent des offres pour obtenir de lui la permission de creuser; il refusa tout. Enfin une compagnie se présenta, offrant l'énorme somme de quatre-vingt mille livres sterling, qui fut acceptée. Huistean-Beag se retira alors de la vie active pour jouir des avantages de sa prompte fortune. Des richesses aussi considérables et aussi facilement acquises n'échoient pas souvent aux pauvres mortels. La nouvelle des succès de Hugh parvint à Inverness, son lieu de naissance, et fut un stimulant puissant pour tous ceux qui se sentaient capables de manier un plat d'étain; beaucoup quittèrent cette ville, et se rendirent en Australie. C'étaient en général des connaissances et des parents de Hugh Mac-Grégor, soit Huistean-Beag.

XIX. — Promenade au milieu des mines. — Sermon de John Trevellyan. — Résolution de quitter la rivière de la Forêt. — Exploits des rôdeurs de bois à la ville et dans les champs. — Réflexions à ce sujet.

Tandis que je vous ai fait faire une excursion au milieu des gisements aurifères de la Nouvelle-Galles du Sud, je n'ai pas oublié qu'il est encore dimanche à la crique de la forêt, et que nous n'avons pas fini de nous promener au milieu des gens qui font du pain, cuisinent, causent et frottent. Ici rien ne distingue ce jour de tout autre, si ce n'est la cessation du travail des mines. En présence de l'inaction et de la nonchalance des uns, de l'espèce d'accablement avec lequel d'autres rôdent autour de leurs tentes ou sont étendus devant leur feu, ou bien vont de place en place comme écrasés sous le poids de leur propre corps, on se croirait transporté en Perse, au milieu d'une ville de tentes, n'étaient la langue saxonne qui résonne à vos oreilles et les vêtements saxons qui frappent votre vue.

En parcourant ce labyrinthe sans fin d'habitations de toile, de calicot et d'écorce, de quels étranges cachets l'imagination ne peut-elle pas marquer ces spécimens variés de l'humanité qui passent devant les yeux! Quelles empreintes d'un passé malheureux ou criminel sur quelques-unes de ces physionomies! Le matelot qui a bravé mille tempêtes; le voleur qui a défié toute la sagacité de la police de Londres; le Français qui a joué et s'est battu en duel; l'Allemand qui a bu, a fait le rodomont, et a assisté à la moitié des batailles du continent européen; l'Italien, à qui l'amour a mis le stylet à la main; le Portugais qui a tué pour voler; le Turc qui a fumé à Stamboul, et l'Egyptien qui a dormi à l'ombre des pyramides; le Yankee qui n'a jamais connu la loyauté en affaires, en l'exaltant plus que tout autre; enfin, des milliers de gens de toutes nations, dont l'or est la seule divinité... Tout ce monde-là se presse au sein des montagnes, des criques et des ravines que vous et moi avons pu parcourir comme dans un songe, songe à peine distinct de la réalité.

Mais écoutez! Quelle voix retentissante roule dans l'espace? De quels vigoureux poumons s'échappe-t-elle? c'est John Trevellyan prêchant un des plus singuliers auditoires qu'il m'ait jamais été donné de voir! Des éclats de voix et la ferveur apparente de sa déclamation ont attiré quelques individus ; mais le plus grand nombre de ses auditeurs n'est rien moins qu'attentif à ses exhortations. Je dois avouer que le peu que nous entendons de son discours n'est pas très-bon. Il paraît pénétré de l'idée que le bruit est le moyen préférable pour fixer l'attention de ceux auxquels il s'adresse. Oh! comme il montre le blanc de ses yeux ! tandis que ses auditeurs paraissent diversement impressionnés par son air de sainteté et ses vigoureuses apostrophes contre le péché. J'ose dire qu'il croit accomplir une grande œuvre, quoique, je le crains, l'exercice de son ministère parmi les mineurs ne soit pas suivi d'heureux résultats. Il faut cependant lui reconnaître un certain courage, pour s'être placé au beau milieu de la crique de Friar, où, ainsi que je l'ai déjà dit, l'état social est au plus bas de l'échelle, et où la vie et la propriété courent incessamment les plus grands dangers. Des bandes de coquins les plus fieffés qui soient sous le soleil hantent constamment ce lieu, on le sait bien, et se livrent chaque nuit, quelquefois même pendant le jour, aux plus impudentes escroqueries.

Nous retournons maintenant sous notre tente, où la plus sérieuse conversation nous absorbe entièrement, à savoir : que ferions-nous le lendemain lundi? Enfin nous prenons la résolution de quitter la crique de la forêt, et de nous diriger vers Bendigo, dont la fécondité aurifère était largement renommée. La longue sécheresse qui a brûlé et durci la terre a rendu le travail des mines non-seulement difficile à la crique de la forêt, mais encore très-dispendieux. C'est ce qui fait que nous allons chercher fortune ailleurs, ne nous doutant pas qu'enfin nous allions atteindre le succès. Binks n'était plus aussi malade, car il pouvait travailler, et nous pensions que le voyage contribuerait au rétablissement de sa santé. Nous avions quelques appréhensions sur les brigands qui infestaient les routes à cette époque, car nous nous considérions comme ayant quelque chose à perdre indépendamment de la vie, quoique ce fût bien peu, au prix de ce que des milliers d'autres avaient acquis en bien moins de temps. La seule sauvegarde efficace d'un homme sur les routes était ses armes et son courage. Le voisinage même des villes était quelquefois le théâtre d'actes de brigandages d'une si incroyable audace, qu'ils dépassaient tout ce que pouvait produire en ce genre l'état social du moyen-âge. Comme preuve du fait et pour donner une idée de ces étranges scènes, voici un extrait de l'*Argus* de Melbourne :

« Un samedi, dans l'après-midi, vers trois heures et demie passée, par un éclatant soleil, deux résidents de Brighton, MM. W. Keel et W. Robinson, se trouvaient en voiture sur la route principale au-dessus de Saint-Kilda. Deux hommes marchaient devant eux à une petite distance. Ils virent deux ou trois autres individus armés de fusils qui paraissaient guetter les oiseaux sur les arbres. Soudain MM. Keel et Robinson sont environnés, et les fusils menacent leur tête en même temps que la tête du cheval. On leur ordonne de descendre. L'attaque avait été si vive, qu'ils crurent d'abord à une plaisanterie. Mais, interpellés dans les termes les plus grossiers et menacés d'avoir le crâne brisé s'ils ne se dépêchaient, ils quittèrent la voiture et se résignèrent à être dépouillés l'un de vingt-trois, l'autre de quarante-six livres. Les voleurs, dont les chevaux étaient attachés à des arbres voisons et qui n'affectaient aucun déguisement, enjoignirent à leurs victimes d'aller avec leur voiture dans une sorte d'enclos voisin. Une corde coupée en morceaux servit à les lier par les mains à une barrière; ils durent ensuite s'asseoir par terre. Deux hommes armés de fusils doubles montaient la garde auprès d'eux. Quelques minutes après les deux individus que ces messieurs avaient aperçus les précédant sur la route furent amenés, dépouillés, liés aussi et contraints à s'asseoir à leurs côtés. Les brigands avaient alors établi une garde en haut et en bas de la route, et tous ceux qui, deux heures demie durant, passèrent là, soit à pied, soit à cheval, soit en voiture, furent arrêtés et dépouillés, au nombre de vingt-cinq. D'après le récit de M. Bawtree, l'une des personnes arrêtées, il paraît que vers quatre heures et demie lui et madame Bawtree allaient du petit Brighton à Saint-Kilda. Ils étaient à peine à un mille et demi de ce dernier endroit, quand deux rôdeurs de bois à pied se présentèrent subitement devant eux, les menaçant de leurs armes à feu et en même temps leur ordonnant d'avancer dans le bois. Arrivés à une certaine distance, l'un des bandits frappa de la crosse de son fusil le panneau de la voiture et menaça de faire sauter la cervelle à quiconque ferait la moindre résistance. M. Bawtree protesta contre l'inconvenance de ces violences et de ce langage en présence d'une femme. Le brigand ne cessa que lorsque M. Bawtree et sa femme furent descendus de la voiture, qui fut immédiatement fouillée et d'où les voleurs retirèrent un fusil double de grand prix avec sa poire à poudre. Ils fouillèrent ensuite M. Bawtree, sur lequel ils ne trouvèrent ni argent ni aucun objet de valeur. A sa requête de dispenser sa femme d'un pareil traitement, ils repartirent par des injures, et madame Bawtree dut s'y soumettre. Ils la firent ensuite remonter en voiture avec son mari et les conduisirent à un endroit où étaient déjà huit autres personnes attachées ensemble. Là, ils les firent descendre, et M. Bawtree fut accouplé avec une corde à M. Chambers. Un homme restait auprès des captifs avec la consigne expresse de faire feu sur eux si une main sortait de ses liens. Le chef lui cria : — Massez-les; comme cela, si vous en manquez un, vous en attraperez un autre. Nos prisonniers restèrent dans cette position pendant une heure et demie. Sept autres personnes furent encore amenées et garrottées de la même manière. Au soleil couchant, l'homme laissé à la garde des captifs fut appelé par ses compagnons, et, peu de temps après, le bruit des pas de chevaux se fit entendre à travers le bois dans la direction de Sud-Yarra, à ce qu'il semblait. Alors les prisonniers se délivrèrent eux-mêmes, et gagnèrent leurs demeures respectives. Pendant qu'ils étaient garrottés, un M. Moody, passant à cheval et se trouvant encore à une certaine distance, avait été sommé de se rendre; mais il avait donné de l'éperon à son cheval, et était parti au galop. On lui tira deux coup de fusil, heureusement sans résultat. Les cris d'un homme assassiné retentirent dans une autre direction. Cette bande paraissait composée de quatre rôdeurs des bois armés. Ils étaient à pied, mais leurs chevaux étaient attachés dans le voisinage. Les victimes de l'attentat pensent cependant qu'il devait y avoir plus de quatre hommes, car ils faisaient fréquemment des signaux vers différents points du bois. Il y eut un moment où le plus brutal des bandits, animé encore par l'ivresse, s'approcha des prisonniers en se livrant à de bruyantes démonstrations : un de ses compagnons cria :

— Tenez-vous tranquilles, un homme a déjà été tué là; je ne voudrais pas qu'un autre eût le même sort. »

Y a-t-il rien de plus fort dans *la Reine Faëry*, de Spencer?

Telle est la façon d'agir des terribles bandits australiens à la porte des villes; voyons leurs exploits dans le fond des campagnes.

« Une compagnie, conduisant quelques moutons et accompagnée par M. Arthur Wryght (employé de l'administrateur officiel de la banque d'Australie), plus trois charretiers, se mit en route pour la station de la rivière Edward. Un lundi ils arrivèrent au pont de Maiden, sur la rivière Murray; après l'avoir franchi, ils organisèrent leur campement pour la nuit et soupèrent. Pendant le repas ils remarquèrent deux hommes, dont l'un portait un fusil, et qui, ils le reconnurent plus tard, appartenaient à une bande de rôdeurs de bois, qui les attaqua le lendemain. Le lendemain, à cinq heures, nos voyageurs reprirent leur route. A cinq milles environ du pont de Maiden, ils aperçurent un campement de cinq hommes avec des chevaux. Les hommes étaient occupés à plier leurs couvertures. Notre compagnie passa outre, se doutant bien que ces gens étaient des rôdeurs dé bois. En effet, M. Shepherd, géologue du gouvernement, en tournée d'inspection des mines de Victoria, tomba au milieu d'eux à deux milles plus loin. Arrêté par eux, ils lui prirent son cheval avec la selle et la bride, et les soutes contenant tous ses objets précieux, et trente livres.

Jusqu'à douze milles du pont de Maiden, aucun incident n'interrompit le voyage de notre caravane. On fit halte pour se rafraîchir. Pendant cette opération, nos voyageurs aperçurent cinq hommes à cheval, à environ cinquante pas en avant; ils s'avancèrent lentement vers eux, et on comprit immédiatement ce qu'ils étaient. Presque aussitôt ces nouveaux venus arrivaient au sein de la caravane, tenant chacun un revolver dans chaque main. Les premières paroles que prononça celui qui paraissait être leur chef furent pour demander à quelle distance ils étaient du pont le plus voisin; sans attendre la réponse, il enjoignit à M. Wryght de laisser tomber son fusil (dont il s'était armé, comme de juste); mais avant qu'il eût le temps d'obtempérer à cette injonction, l'un des coquins lui lâcha un coup dirigé contre la poitrine, mais que fit dévier un mouvement du cheval, de sorte que la balle, pénétrant un peu au-dessus du coude-pied, alla se loger dans le milieu du talon. Le pauvre M. Wryght lâcha aussitôt son arme et fut conduit avec tous ses compagnons à environ cinquante verges sur la gauche des charrettes. Il leur fut enjoint, avec accompagnement d'imprécations, de se coucher sur le dos. Le capitaine descendit de cheval, et fit également mettre pied à terre à un de ses hommes, tandis que les autres menaçaient de leurs revolvers les individus étendus sur le sol. Le capitaine demanda alors à chacun son nom, sa qualité et le lieu où il se rendait. En même temps, il le fouillait et le dépouillait de son argent et de tout ce qu'il pouvait avoir de précieux. Vint ensuite le tour des charrettes. Le capitaine en fit la visite avec deux hommes, bouleversant et vidant les colis. Les brigands avaient admirablement choisi le lieu de leur coup de main. C'était une large clairière entourée de bois, et d'où la vue s'étendait à plusieurs milles de tous côtés.

Les pillards ayant trouvé un barricot d'eau-de-vie qui appartenait aux charretiers, il s'ensuivit une scène d'ivrognerie entremêlée de rire. Après avoir désharnaché les chevaux, et tout éparpillé sur le sol, ils manifestèrent l'intention de tuer les moutons ou de les lâcher. Les supplications des propriétaires du troupeau firent renoncer les bandits à ce projet. Enfin ils remontèrent à cheval, et s'éloignèrent emportant tout le butin qu'ils pouvaient transporter. L'un des bandits témoignait l'intention de tuer tous les prisonniers, et avait fait feu plusieurs fois. Il ne fut arrêté dans son projet que par la menace énergique du chef de lui casser les reins.

On ajouterait difficilement foi à un pareil état social, si un grand nombre de faits de ce genre n'étaient attestés par des milliers de témoins. Cependant, sans faire beaucoup attention aux dangers de la route, nous résolûmes de faire le jour suivant nos préparatifs de départ, plier notre tente, abandonner la crique de la forêt et nous mettre en route pour Bendigo.

XX. — Inconvénients actuels de la découverte de l'or à Victoria. — Résultats probables.

Nonobstant les récits reproduits dans le précédent chapitre, et mille autres aussi peu rassurants, nos esprits s'étaient à la longue familiarisés avec l'idée des rencontres de rôdeurs de bois et autres bandits, si bien que ces dangers avaient cessé de nous inspirer de la terreur. Le lendemain nous fîmes nos préparatifs. Il n'était pas difficile de trouver des gens qui voulussent s'adjoindre à nous et faire route ensemble, attendu qu'il ne manquait pas d'individus qui, comme nous, avaient eu peu de succès. Nous nous déterminâmes à nous défaire de nos outils de mineur, sachant par expérience qu'il ne nous serait pas difficile de nous en procurer d'autres au lieu où nous allions ; car, je l'ai dit, à cette loterie des mines le nombre des malheureux est infiniment supérieur à celui des heureux. Les premiers sont nécessairement toujours prêts à se défaire de leurs outils et d'autres objets utiles. Nous n'éprouvions donc aucune crainte de manquer de quelque article que ce fût dont nous pouvions avoir besoin.

Quant à la certitude d'un succès personnel aux mines, on ne peut rien affirmer, et notre propre voyage en est une preuve. Il sera peut-être utile d'entrer ici dans quelques détails dont la connaissance pourra éviter bien des ennuis aux personnes qui peuvent avoir l'intention d'émigrer en Australie. On ne saurait trop répéter à ceux qui vont chercher de l'or que les chances de succès sont plus contre eux que pour eux, et qu'ils n'ont pas de meilleures raisons que nous n'en avions pour compter sur un succès. Quoique naturellement les chances puissent paraître plus favorables à celui qui possède la vigueur physique, et par suite une plus grande aptitude au travail, néanmoins, même dans ces conditions, l'entreprise n'est qu'une spéculation hasardée. J'ai vu maints exemples d'individus qui, désappointés de n'avoir rien trouvé en six semaines de travail, abandonnaient la partie avec dégoût. D'autres mineurs prenaient possession du dernier trou creusé par ces pauvres diables, et en vingt-quatre heures en extrayaient plusieurs livres pesant d'or.

Rien ne fait mieux comprendre que ces faits le degré d'incertitude du résultat de l'industrie des mineurs. Le seul moyen de s'assurer un succès raisonnable est de conduire la recherche de l'or comme une affaire régulière ; d'aller aux mines avec des ressources suffisantes pour pouvoir y rester en dépit des mécomptes, et de persévérer dans son œuvre, fût-ce trois, six, neuf ou douze mois. On obtiendra alors un résultat, et on sera récompensé de sa peine par la conquête d'une quantité d'or constituant une somme considérable en Angleterre.

Tels étaient nos raisonnements pour nous stimuler à poursuivre notre entreprise et combattre le projet qui surgissait de temps à autre de nous livrer à un autre genre de travail. De fait, en-dehors de ce que nous faisions, nous ne pouvions guère songer qu'à des emplois de valets de ferme ou laboureurs. Or, il nous répugnait un peu de descendre jusque-là après avoir vécu dans un milieu qui semblait imprégné des émanations du précieux métal. Sans contredit nous aurions pu être clercs ou garçons de boutique ; mais il y avait déjà dans la colonie un grand nombre d'individus de ces classes, qui avaient bien du mal à gagner leur vie. Quelques-uns, grâce à leur tempérament, avaient pu se faire bûcherons ou porteurs d'eau, et gagnaient ainsi simplement de quoi suffire à leurs besoins, malgré le prix élevé de toutes choses ; mais beaucoup d'autres, dont la force physique était aussi nulle que les ressources, mouraient littéralement de faim.

Quoique la civilisation soit parvenue à un degré qu'elle n'avait peut-être jamais atteint, il est néanmoins résulté de la découverte de l'or australien beaucoup de confusion et une grande prostration dans les branches les plus ordinaires de l'industrie. Les établissements du gouvernement et du commerce ont été en partie fermés, les boutiques abandonnées, les édifices à demi construits laissés dans le *statu quo*. Plusieurs navires se sont trouvés dans l'impossibilité de quitter le port par suite de la désertion des marins. Les gens de la police ont quitté leurs postes, et les colons se sont vus souvent et se voient encore dans la nécessité de veiller eux-mêmes à cheval sur leurs bestiaux, massés en troupeaux de six à sept mille têtes, et leurs femmes ont à pourvoir à tout le détail des travaux intérieurs de la ferme. Si vous avez la chance de pouvoir engager à votre service quelque misérable créature trop paresseuse pour travailler ou creuser la terre, elle prétendra à des gages plus que doubles de ce qu'ils étaient jadis, et vous ne pourrez vous permettre aucun reproche pour quoi que ce soit vis-à-vis d'elle, non plus que la diriger à votre guise dans le service de votre maison. La culture du sol est abandonnée, et des milliers d'acres de terre demeurent incultes. Des milliers de balles de laine sont entassées sous des hangars des colons, et des millions de moutons ne sont pas tondus. Du reste l'eussent-ils été, que leur laine n'aurait pu être transportée de l'intérieur à Melbourne. Sur quelques stations les indigènes sont employés en qualité de bergers, mais ils ne rendent pas de grands services, car leurs habitudes nomades leur rendent pénible un séjour prolongé dans un même endroit, et il arrive fréquemment qu'ils s'en vont sans donner avis. Le troupeau qui leur a été confié reste livré à lui-même, et il en résulte de grandes pertes pour les colons. Un petit nombre de ces indigènes ont quelque idée de la situation dans laquelle ils étaient et des événements qui ont changé la face du pays. Ils sont aussi enclins à devenir de grands voleurs, comme leurs frères blancs. La nourriture était pour eux, dans les premiers temps, le prix du travail ; mais maintenant il faut que l'on donne en outre *beaucoup de monnaie blanche et des perles*. Ils répètent incessamment : *Donne cela !* Le pauvre noir gardait le troupeau d'une station, et se trouvait content avec sa ration et une couverture, mais il a compris que son frère blanc abusait de son travail et le tuait par calcul. On questionnait un indigène violemment soupçonné d'avoir été complice d'un meurtre, il répondit avec le plus grand sang-froid : « Merry Jig travaille avec son compagnon blanc, le compagnon blanc a beaucoup d'argent, le sauvage, compagnon noir, travaille, travaille ; le blanc ne lui donne pas de chausses, pas de chemises ; c'est trop de cupidité ! il le tue. » C'est sans contredit une très-mauvaise raison pour ôter la vie à un homme.

Un autre résultat désavantageux de la découverte de l'or est le défaut de protection pour la vie et la propriété. J'ai déjà fait allusion à cette circonstance que, dans les villes comme dans les campagnes, les gens de police avaient abandonné leurs postes au moment où l'on sut que la découverte de l'or avait lieu sur une grande échelle. Les fonctions de ces gardiens publics n'avaient jamais été vues d'un bon œil par les classes inférieures. Au début, leur salaire était inférieur à celui qu'on pouvait se procurer par tout autre genre de travail ; aussi les paresseux seuls s'enrôlaient dans ce corps. Le pouvoir exécutif a dernièrement beaucoup accru leur solde ; mais on ne peut encore que difficilement se procurer des candidats de choix. Soixante-dix hommes ont, il est vrai, été recrutés dans la terre de Van-Diémen, mais ils sont devenus bientôt aussi nuisibles qu'inutiles, car plusieurs d'entre eux ont été convaincus d'avoir touché des sommes considérables pour avoir favorisé l'évasion de prisonniers. On ne trouve de la police qu'à Melbourne, Géelong et dans le voisinage des diverses mines. Dans l'un des districts les plus considérables de la colonie, il n'y a qu'un seul constable, et malgré les avis publiés depuis six mois, il ne s'est pas présenté un seul candidat.

Dans de pareilles circonstances, on ne peut être surpris non-seulement que le crime soit fréquent, mais encore qu'il soit en progrès. Le filou devient promptement un audacieux rôdeur des bois, et poursuit sa criminelle industrie avec impunité non-seulement dans les districts ruraux, mais encore dans le voisinage des villes les plus populeuses. La proximité des colonies pénales de la terre de Van-Diémen et la facilité avec laquelle le gouverneur de ce pays a accordé des permis de sortie ont contribué à faire naître les plus mauvais germes à Victoria. Quant aux mines, si nous voulons considérer le caractère mélangé de la société qui s'y trouve, nous pouvons être surpris que la somme des crimes n'y soit pas plus considérable; ceci est dû sans doute aux dispositions énergiques des mineurs et à la crainte qu'inspirent leurs armes. Vous avez pu le supposer aisément d'après tout ce qui précède; personne n'arrive ici sans être armé, quoiqu'on n'ait établi ni le règne de la loi de Lynch ni un comité de salut public : en plusieurs occasions, le châtiment mérité ne s'est pas fait attendre. Quelques-uns, pris sur le fait, ont été fusillés sans désemparer. D'autres, saisis de nuit dans leurs retraites, ont été soumis à un rude châtiment. Deux ou trois fois des malfaiteurs ont été attachés à des arbres dans le voisinage du lieu de leur méfait. Maintenus dans cette position pendant plusieurs jours, ils étaient nourris de pain et d'eau. Exposés ainsi aux regards de la multitude, ils pouvaient être par la suite facilement reconnus.

Le défaut d'ouvriers de divers états est encore un des résultats fâcheux de la présence de l'or en Australie. Ce besoin se fait même sentir à Melbourne, où avant la découverte des mines les habitations n'étaient que suffisantes pour la population. Et c'est précisément au moment où cette population prenait un accroissement de cent pour cent que les travaux de construction entamés avec vigueur ont été subitement abandonnés. Ce n'est pas seulement le confort du peuple, mais encore sa santé qui ont eu à souffrir de cette situation. Des centaines de tentes et des maisons provisoires s'élevaient dans les plus malsaines conditions, et les émigrants y étaient entassés. La fièvre typhoïde, jusque-là inconnue dans la colonie, y fit irruption. Le bois et l'eau, si nécessaires pour la propreté et la santé, ont acquis un prix exorbitant. Le bois n'avait jamais dépassé dix schellings la charge actuellement il vaut soixante schellings. L'eau valait un schelling, elle en vaut six. Le prix des vêtements a augmenté proportionnellement, et des bottes grossières qui valaient dix schellings en valent quarante aujourd'hui. Les articles même les plus nécessaires ne sont accessibles qu'aux gens qui possèdent une certaine fortune.

Mais le plus grand des inconvénients de la fièvre d'or, c'est l'accroissement énorme du prix des denrées, en raison du défaut d'agriculture. Le laboureur s'est fait chercheur d'or. La colonie est pour la farine à la merci de l'étranger. — Le prix de la farine s'est élevé de huit livres dix schellings à trente livres le tonneau. Il se maintient actuellement entre vingt et une et vingt-cinq livres. — Mais à ce prix il faut ajouter l'énorme supplément de cent soixante-dix livres, montant par tonneau du transport à Bendigo, et cent trente livres seulement pour la crique de la forêt. Ceci est le profit exclusif du marchand et du garde-magasin. Bendigo est à quatre-vingt-onze milles de la ville, la crique de la forêt n'est qu'à soixante-dix milles. Aux mines, où les consommateurs sont nombreux, le prix de la farine est à ce moment de vingt-cinq livres par sac du poids de deux cents livres : — la même quantité vaut encore quinze livres dans les magasins qui se trouvent en-dehors de l'influence des mines. Toutes les autres denrées ont renchéri dans la même proportion.

XXI. — Notre départ pour Bendigo. — Rencontre de mineurs enrichis. — Les chansons des bois.

Laissons de côté tous les détails oiseux de notre départ de la crique de la forêt; vous pouvez vous en faire facilement une idée. Nous voilà engagés dans les bois sous la protection de nos armes, et de plus accompagnés d'une douzaine de mineurs qui vont tous à Bendigo. Ils sont las de la crique de la forêt, mais aspirent avec ardeur à atteindre Bendigo, où les criques sont si nombreuses, que leur seule nomenclature remplirait bien des pages. Aussi sont-ils tous riches en espérance. Notre première rencontre fut celle de trois heureux compagnons qui allaient à Melbourne déposer ou dépenser leur or.

— Hourrah pour la ville, mes garçons! cria l'un d'eux. Et nos trois gaillards s'avançaient d'un pas vigoureux qui indiquait suffisamment qu'ils désiraient abréger la route.

— Où allez-vous, et quelles nouvelles? riposta l'un de nous, fort bavard de sa nature, et qu'un brin de conversation alléchait plus que le terme du voyage. C'était un de ceux qui savaient par expérience que la profession de mineur n'est pas aussi profitable qu'on le dit, et de fait elle lui avait occasionné plus de tourments qu'elle n'avait mis de pépites dans sa poche.

— A Melbourne, répondit l'un des nouveaux venus dont la taille et les formes athlétiques indiquaient une force d'Hercule.

— Et d'où venez-vous? reprit notre compagnon.

— De Bendigo, où tout le monde fait fortune.

Cependant on avait fait halte, et l'on causait. On apprenait que l'or abondait partout à Bendigo.

— Dieu sait les ravins que nous avons fouillés, disait l'un; celui de l'Aigle, celui du Faucon, des pauvres hommes...

— Le ravin d'or, le ravin de la Californie, le ravin américain, ajoutait le second.

— Le ravin de fer, le ravin des matelots et bien d'autres encore, continuait le troisième.

— Et comment sont les routes? demanda l'un de nous.

— Assez mauvaises dans quelques endroits; mais au total passables; mais les rôdeurs de bois sont aussi serrés qu'on l'est à trois dans un lit, et aussi sanguinaires que n'importe quel bandit de grand chemin.

Et en même temps ils reprirent leur course avec leurs paquets et leurs carabines, aussi gais et alertes que l'oiseau qui retourne à son nid avec la becquée pour ses petits. Ils chantaient en s'éloignant, et sans doute ils organisaient leurs plans pour l'avenir, comptant que le bonheur ne leur faillirait pas, puisqu'ils avaient beaucoup d'or. Illusion !

La dernière nouvelle de ces voyageurs n'était pas très-rassurante. Nous ne nous laissâmes cependant pas trop intimider, supposant que leurs appréhensions résultaient plutôt de leur sollicitude pour leur or que des dangers qu'ils avaient pu courir. Nous nous tînmes cependant prêts à tout événement, et ayant vérifié le bon état de nos armes, nous poursuivîmes gaiement notre route, résolus à atteindre notre but en dépit des obstacles que nous pourrions rencontrer. Nous n'avions que deux chariots pour le transport de nos bagages. La journée était chaude, et les mouches nous incommodaient beaucoup. Nous nous contentâmes d'une courte traite ce jour-là. Après trois heures de marche dans les bois, nous dressâmes notre tente pour la nuit. Le lieu où nous nous trouvions était à la rigueur assez favorable pour camper. Un petit ruisseau coulait au fond d'un étroit vallon, entre des collines couvertes d'un gazon qui, quoique chétif et légèrement brûlé par le soleil, donnait au paysage un caractère britannique qui ne manquait pas de charmes, eu égard à la physionomie de la contrée que nous parcourions. L'expérience nous avait appris à établir convenablement notre campement. Il n'est rien qui ne soit apprécié d'un mineur comme un lit confortable. Donc, il casse une certaine quantité de petites branches, et cueille des feuilles d'arbre en masse, après quoi il les étale sur le sol, et en forme un matelas de trois ou quatre pouces d'épaisseur. Il étend au-dessus sa couverture, et s'y couche bénissant son étoile qui lui a ménagé ce bon moment. Sa tente est ordinairement tendue sur une perche transversale placée à environ cinq pieds du sol, et la toile en est attachée par le bas avec des chevilles, de sorte qu'elle offre l'aspect du toit d'une maison. Les deux ouvertures sont fermées avec des branches d'arbre en masse assez compacte, pour anéantir la force de la brise qui s'élève souvent pendant la nuit.

Une bande de mineurs ainsi campée, leur feu étincelant comme un baril de goudron enflammé, et qui se détache sur les ombres de la nuit; leurs quartiers de mouton suspendus au-dessus du foyer, et répandant à la ronde une odeur exquise, les hommes couchés dans des positions variées; les bœufs et les chevaux qui boitent dans leurs entraves et paissent aux environs : ce tableau mérite d'occuper l'attention de l'observateur et le pinceau de l'artiste. Il a un caractère exagéré de sauvagerie, que chercheraient vainement à reproduire nos meilleurs romanciers, même s'ils étaient en veine de description.

C'était dans cette situation qu'on aurait pu nous surprendre la première nuit qui suivit notre départ. Nous éprouvions tous un sentiment de satisfaction, en nous trouvant au milieu des bois, sur la route d'un nouveau terrain aurifère, où nous entraînait l'espérance, déité souvent trompeuse, qui nous berçait de rêves dont la réalisation complète était assurément impossible. Toutefois il y a dans tout changement de résidence ou de position je ne sais quoi de stimulant qui surexcite agréablement l'esprit, et nous révèle en nous des facultés dont nous n'avions pas soupçonné l'existence. Dans la circonstance actuelle, nous étions tous pleins de gaieté, et nous faisions volontiers chorus aux refrains des mineurs. Chanter est le genre de divertissement le plus à la mode parmi eux ; et dans cet assemblage bigarré d'hommes de toutes les classes, il s'en trouve non-seulement qui savent chanter, mais encore qui composent des vers.

La poésie est naturelle à l'homme : quand on la juge par les grandes œuvres des auteurs anciens et modernes, on peut croire qu'elle est le privilége des élus de la civilisation, de ceux dont le travail a développé les facultés intellectuelles, et qui sont initiés à toutes les délicatesses des langues ; mais les esprits les plus vulgaires sont sensibles aux charmes du rhythme. Les paysans illettrés reproduisent volontiers leurs émotions dans des vers incorrects sans doute, mais souvent aussi intéressants au point de vue philosophique que les strophes les mieux scandées.

C'est surtout dans les déserts, quand les hommes sont réunis par microcasmes, quand ils se resserrent pour lutter contre la nature encore sauvage, qu'ils se souviennent des mélodies de la terre natale, et qu'ayant à exprimer des sentiments nouveaux, ils les modulent sur les airs anciens. Un mineur qui avait vainement tenté la fortune en Californie nous racontait que dans une gorge de montagnes, au milieu d'une affreuse solitude, loin de toute habitation humaine, se croyant seul et sans témoin, il avait entendu tout à coup un refrain se mêler au bruissement d'une cascade qui jaillissait d'une colline.

Il s'approcha, et trouva deux individus, qui, tout en se reposant sur un rocher, fredonnaient avec insouciance un air national.

C'étaient deux enfants de Paris, qui chantaient une informe chanson qu'ils avaient composée sur l'air des *Girondins*.

Nous donnerons quelques échantillons des œuvres lyriques qui ont obtenu le plus de succès parmi les mineurs australiens.

L'INVITATION DU MINEUR.

I

O vous, gens déshérités
Rebutés
Par la fortune marâtre,
O vous, dont un feu brillant,
Pétillant,
N'a jamais égayé l'âtre ;
Vous, du travail condamnés,
Qui gagnez
A peine un chétif salaire ;

Vous, que le divin pouvoir
Semble avoir
Accablés de sa colère ,
Quittez de rudes chemins,
Toujours hérissés d'épines;
Votre sort est en vos mains;
Venez aux mines !
Hurrah pour les mines !

II

Tu n'as rien, pauvre étranger,
A manger.
Ta vie est une souffrance ;
Jamais à ton œil mouillé
N'a brillé
L'étoile de l'espérance.
Viens ! nous avons à foison
Venaison,
Quartiers de bœuf à la broche ,
Et gaîment, bons compagnons,
Nous dînons
Sur une table de roche !

Quitte de rudes chemins,
Toujours hérissés d'épines ;
Ton sort est entre tes mains;
Accours aux mines !
Hurrah pour les mines !

III

A quoi bon longtemps lutter,
Végéter
Dans un stérile esclavage,
Quand, pour prix de tes efforts,
Des trésors
T'attendent sur ce rivage !
Pour dorer ton avenir,
Pour finir
Tes courses aventureuses,
La fortune enfin, martyr,
Va sortir
De la fosse que tu creuses !

Quitte de rudes chemins,
Toujours hérissés d'épines ;
Ton sort est entre tes mains;
Accours aux mines !
Hurrah pour les mines !

Il me serait impossible de donner une idée de l'énergie avec laquelle on chantait habituellement les chansons de cette espèce. Ces rudes enfants du travail y mettaient une animation et un entrain dont les effets mélodiques n'auraient pu être égalés par l'art le plus consommé. Ils reposaient le cœur à la façon des matelots qui virent au cabestan en entrant au port après un long voyage. Si leur puissance d'expression n'était pas à la hauteur des sentiments qu'ils exprimaient, ils les manifestaient du moins en ouvrant démesurément la bouche et en donnant à leurs poumons tout le développement possible.

Ces chansons de mineur célébraient tantôt les charmes du travail qui trouve sa récompense, tantôt les douceurs de l'abondance et de la liberté, ou bien le plaisir d'être affranchi du luxe et de vivre dans les bois. Ces idées, si elles ne formaient pas le principal sujet des couplets, y revenaient invariablement. On ne manquait jamais d'y glisser des allusions à quelques abus dont on avait été victime dans la mère patrie. Un de mes compagnons, qui paraissait de sombre humeur, et qui s'était dérobé aux fatigues incessantes qu'entraîne en Angleterre toute espèce de travail, nous chanta la chanson suivante :

LA PLAINTE DE L'ARTISAN.

I

Quand je me suis mis à l'ouvrage,
L'aube d'indécises couleurs
Diaprait à peine une image ;
La rosée argentait les fleurs ;
Et quand ma tâche est accomplie,
Dans un linceul sombre et pesant
La nature est ensevelie :
Plaignez le sort de l'artisan.

II

De l'aurore à la nuit mon maître
Me retient en captivité.
Heureux le travailleur champêtre
Qui se chauffe au soleil d'été.
Et qui, sous l'ombreuse ramée
Par intervalles se posant,
Respire une brise embaumée !…
Plaignez le sort de l'artisan.

III

Parfois des chants patriotiques
Sont répétés par mes amis :
« Jamais à des lois despotiques
Les Anglais ne seront soumis. »
Mais pourquoi d'une voix sonore
Chanter ce refrain imposant ?
Que veut-il dire ? Je l'ignore :
Plaignez le sort de l'artisan.

Ces couplets étaient une réminiscence de la vie industrielle en Angleterre, où les sources de l'existence sont taries avant d'avoir pu couler librement, où les heures de lumière céleste sont converties en ténèbres. Ils peuvent trouver de l'écho dans le cœur de plusieurs millions d'Anglais, bien qu'ils fussent chantés dans une forêt lointaine par des aventuriers occupés à surveiller la cuisson d'un souper qu'il leur était accordé non-seulement de préparer, mais encore de manger : faculté que n'ont pas toujours, hélas ! nos compatriotes dans leur pays natal. Ce chant mélancolique n'était pas de nature à nous divertir ; mais il excitait de ces émotions qui ne manquent jamais de fournir un aliment à l'entretien. Un de nous prit la parole en ces termes :

— J'aime mieux mille fois être ici que de travailler dans le meilleur atelier de Londres.

— Et même, dit un autre, que d'être commis dans le meilleur magasin. Vous êtes esclaves sans savoir de qui, car tout le monde est votre maître. On vous fait aller, venir ; on vous envoie en course, on vous rappelle ; et pourquoi ? je vous le demande. On n'a jamais pu le savoir. Quand vous avez une place, vous n'êtes pas sûr d'y rester une heure. Quand vous n'en avez pas, vous n'êtes pas sûr d'en trouver une. J'espère que je ne reverrai plus Londres, à moins d'y reparaître avec tant d'argent que je ne saurai qu'en faire.

— Il n'y a point de ressources en Angleterre, reprit un autre misanthrope : on peut la parcourir d'un bout à l'autre sans que personne vous demande si vous avez un estomac.

— Et pourtant, reprit le premier interlocuteur, on chante avec audace :

Jamais à des lois despotiques
Les Anglais ne seront soumis.

— Dieu m'assiste, Robert ! conter de pareilles balivernes, c'est commettre un péché mortel, car depuis que j'ai ma connaissance, les Anglais vivent en esclaves. Il faudrait dire :

> Toujours à des lois despotiques
> Les Anglais ont été soumis.

Cette variante, débitée d'un ton moitié sérieux, moitié comique, fut accueillie par un rire universel. La mauvaise humeur qui pesait sur l'assemblée s'envola ; on oublia les précédentes boutades, car il est dans le caractère des Anglais de ne jamais s'appesantir sur un sujet désagréable, et de ne point trop critiquer leur patrie.

— Allons, mes enfants, s'écria celui qui avait parlé le second, je vais vous chanter la chanson des bois.

— Oui, oui, bravo ! murmurèrent quelques voix.

Et l'on écouta sans perdre de vue la bouilloire à thé et les quartiers de viande qui grillaient devant le feu.

LES BOIS.

I

> Vivent les bois d'Australie,
> Et les mille arbres divers
> Dont le vent balance et plie
> Les panaches toujours verts !
> Ici, féconde est la terre
> En pittoresques beautés ;
> La lune a plus de clartés
> Que le soleil d'Angleterre.
>
> D'une commune voix,
> Rendons hommage aux bois !
> Aux bois !

II

> Sous ces dômes de feuillage
> Sautille le kangourou ;
> L'opossum au brun pelage
> Se blottit au fond d'un trou.
> L'ému, l'oiseau sans plumage,
> Court sur les monts escarpés ;
> Les kakatoës huppés
> Font entendre leur ramage.
>
> D'une commune voix
> Rendons hommage aux bois !
> Aux bois !

III

Et puis, c'est l'or que recèlent
Les argiles par monceaux !
Les pépites étincèlent
Dans le sable des ruisseaux.
Quand l'abeille aux étamines
Enlève l'or en son vol,
Nous, les abeilles du sol,
Nous butinons dans les mines.

D'une commune voix
Rendons hommage aux bois!
Aux bois !

IV

Fiers de notre indépendance,
Affranchis de tous liens,
Fixons notre résidence
Dans les bois australiens.
Sur l'Océan en furie
Pour revoir notre foyer,
A quoi bon nous fourvoyer?
Les bois sont notre patrie.

D'une commune voix
Rendons hommage aux bois !
Aux bois !

Telles sont les seules inspirations poétiques que j'ai cru devoir recueillir aux mines; elles suffisent pour indiquer les dispositions des mineurs à l'égard de leur pays natal et de leur colonie d'adoption. Je me suis abstenu de reproduire les mots hideux dont leur conversation est trop souvent émaillée. En cela j'ai peut-être sacrifié l'exactitude sur les autels de la morale ; mais celle-ci, je l'espère, profite largement de ce que perd celle-là.

Nous n'avions fait que dix milles dans notre journée ; cependant nous comptions arriver le lendemain soir à Bendigo. Les routes étaient plus mauvaises que nous ne l'avions supposé. Certains passages avaient une analogie frappante avec un champ labouré d'Angleterre, détrempé par trois jours d'une pluie battante. Pourtant, en somme, nous n'avions pas trop à nous plaindre. Binks était dans les meilleures dispositions, et sa santé s'améliorait sensiblement.

Après le souper, assaisonné des graves plaisanteries que cette occupation suggère toujours au Saxon qui a bon appétit, nous nous divisâmes par escouades de trois pour monter la garde. Chaque homme était armé d'un revolver et d'un fusil double. Il fit froid pendant la nuit ; mais au point du jour nous étions tous sur pied, et après un rapide déjeuner nous nous remîmes en route.

XXII. — Rencontre et description d'un ému. — Les bois et la vieille Angleterre. — Dialogue. — Notre charrette est renversée. — Arrivée à Bendigo. — Tableau.

Nous étions à peine partis qu'un de nous s'écria avec la plus vive surprise qu'il avait aperçu un animal extraordinaire haut de plus de six pieds, avec des jambes comme des échasses et un cou six fois aussi long que celui d'un cygne. Cette description indiquait un ému. Nous connaissions sa position, et nous résolûmes de le tuer si c'était possible. Mais il allongea son cou, et pendant un moment nous regarda avec une sorte de stupide fierté ; on lui envoya une balle ; il tourna aussitôt les talons, et disparut bientôt à nos yeux avec la rapidité d'un cheval de course.

Il s'y dérobe ; mais l'ensemble de ses formes est disgracieux. On prétend qu'il n'a pas de langue. Il n'a ni plumes ni ailes ; il est protégé de la rigueur des éléments par une espèce de couverture qui tient à la fois du poil et de la plume. Il est aidé dans sa course par deux espèces de moignons, qui ne remplacent que bien imparfaitement les rames élégantes avec lesquelles les autres volatiles fendent l'atmosphère azurée. L'ému est fixé au sol où il est, de même que le kangourou, exposé aux poursuites des chiens. Quand il est tranquille, il affecte une démarche imposante ; mais lorsqu'il est inquiété, il fuit avec une telle vitesse, qu'un lévrier peut à peine l'atteindre. Au point de vue culinaire, il a peu de valeur ; cependant la chair du quartier de derrière, qui a l'aspect et la saveur du bœuf, est délicate, surtout quand l'animal est jeune. A certaines époques il est chargé d'une prodigieuse quantité de graisse, dont les colons australiens font grand cas lorsqu'elle est fondue.

Les coquilles des œufs de l'ému étant très-épaisses, sont parfois disposées en coupes, et figurent comme ornements dans les habitations des colons.

Les bêtes fauves et les oiseaux sauvages se retirent à mesure que la pupulation avance, et deviennent de plus en plus rares. L'ému et le kangourou auront en Australie le sort du sanglier et du loup en Angleterre :

ils seront refoulés dans l'intérieur du pays; puis ils finiront par disparaître, et l'on ne se rappellera leurs noms que comme ceux des races éteintes.

Il n'y a point de voyage plus monotone que celui qu'on accomplit dans les bois australiens. Des arbres, des arbres, toujours des arbres; quelques tertres arrondis, et çà et là des pelouses bordées de savanes que des fondrières divisent en rayons comme une ruche. Là, sont accumulées des masses verdâtres de matières végétales en décomposition. Ces détritus ressemblent à ceux que, dans votre enfance, vous avez pu ramener au bout d'un bâton du fond d'une mare sur les bords de laquelle vous avaient attiré les ébats aquatiques des grenouilles.

En Australie les paysages n'éveillent aucun souvenir. Jamais les éminences ne sont dominées par les tours démantelées de quelque forteresse, séjour d'un hardi baron du moyen âge, qui levait des tributs sur les contrées d'alentour, et vivait tantôt de chasse, tantôt de pillage. L'imagination est embourbée comme le corps. Il n'y a point de bocages sacrés, retraites d'où les druides couronnés de chêne cueillaient solennellement le gui; point de monastères sanctifiés par des actes charitables, dans un temps où l'hospitalité était en honneur; point de champs de bataille qui rappellent la chute de la tyrannie et le triomphe trop souvent tardif du bon droit sur l'iniquité, comme Runnymède en Angleterre et Bannochburn en Ecosse; on n'a pas à visiter des cités propres à exalter l'esprit par les idées qui s'y rattachent, des localités fières d'avoir donné naissance à quelques grands hommes; de ruines illustrées par la présence d'écrivains qui, comme Shakspeare ou Walter Scott, semblent avoir communiqué aux pierres mêmes un reflet de leur intelligence. Rien de pareil en Australie; tout y est morne, prosaïque, désenchanteur.

— Bah! dit Tom de Berwick, je commence à être las de la vie de mineur.

C'était un de mes compagnons, qui avait déjà éprouvé bien des vicissitudes; il se rappelait maintenant les moindres particularités de ses mésaventures, et savait les rendre intéressantes par la manière dont il les racontait.

— Oui, ajouta-t-il, je viens vous donner ma démission; voilà ma présidence terminée, et j'espère que ce sera la dernière. J'ai été aux Fours, au mont Alexandre, sans ramasser rien qui vaille la peine d'en parler. En ce moment je suis en route pour Bendigo, et, j'en ai la confiance, l'inconstante fortune ne trompera plus un pauvre diable en faisant luire à ses yeux des espérances aussi brillantes que mensongères.

— Par Jabers! dit Paddy Paul, l'Irlandais, j'ai la même confiance que vous. Je suis fatigué d'entendre toujours parler de pépites, sans jamais en tenir une seule, sans recueillir pour ma part plus d'une valeur de quelques misérables schellings.

— Un peu de patience, dit un grand et maigre Ecossais d'un ton solennel : les routes paraissent longues quand on n'en voit pas le but.

— Vous avez raison, repartit Paddy; mais j'ai fait des marches forcées pour atteindre ce but; et quand j'ai cru y arriver, il s'est trouvé que ce n'était pas là.

— Eh bien! dit le placide Ecossais, il fallait revenir sur vos pas.

— C'est justement ce que j'ai été obligé de faire; après bien des fatigues et des peines, mon voyage à Bendigo va peut-être encore aboutir à rien.

— Ce n'est pas à souhaiter; mais dans la crainte que nos affaires tournent mal, préparez-vous à tout ce que vous pourrez imaginer de plus fâcheux : de cette manière, vous êtes sûr de ne pas être désappointé.

— Par Jabers! s'écria Paddy en riant, les Ecossais sont tous les mêmes; ils sont très-savants, et en même temps les plus sages et les plus fous des hommes.

— Eh! comment l'entendez-vous?

— Je veux dire qu'ils sont toujours très-sages en conseils, et très-fous en actions.

— *Sermo est imago cogitationis,* dit gravement l'Ecossais; ce qui veut dire, continua-t-il, que le discours étant l'image de la pensée, il semblerait contraire à toute règle que celui qui pense sagement agisse follement. Quoique j'aie entendu parler de certains individus qui justifiaient, quant à eux, votre assertion, je n'ai cependant jamais observé personnellement un fait de ce genre, à moins que ce n'ait été de la part d'un homme plongé dans l'ivresse. Et dans ce cas il est jusqu'à un certain point excusable, car en cet état il ne saurait être considéré comme un être raisonnable.

— Bien! riposta l'Irlandais, dont l'esprit impétueux avait eu besoin de se soutenir à deux reprises pour ne pas interrompre le fil de ce discours; bien! j'ai vu cinquante exemples de ce que je dis dans chaque Ecossais que j'ai connu. Je n'en ai pas connu un seul qui se conduisît raisonnablement, quoique je n'en aie point entendu un seul qui ne parlât très-convenablement.

— Fort bien, ami, reprit l'Ecossais, il ne s'agit plus pour éclairer la question que de nous dire ce que vous entendez par se conduire sagement et penser de travers.

— Se bien conduire ! répondit l'autre ; je dis que vous vous conduirez bien si vous vous faites une existence sans travail, et je dis que c'est se mal conduire que de travailler pour vivre.

— Pass ! siffla l'Ecossais, tandis que tous nos voyageurs rompaient bruyamment le grave silence que cette petite discussion avait occasionné. Mais après que sa physionomie eut repris son expression de solennité accoutumée, il poursuivit : — Monsieur, vous devez remarquer que le plaisir de boire n'est connu que des ivrognes, et que le plaisir que les gens laborieux trouvent dans le travail est ignoré des paresseux. — *Tristes ut iræ*. Ce qui veut dire que rien n'est funeste comme la passion, et rien ne la provoque comme la paresse. — Observe la fourmi et sois sage, dit Salomon pour nous enseigner à aimer le travail. — Comme l'Ecosse n'a jamais été remarquable sous le rapport de ses produits naturels, certainement ses enfants ne doivent pas être exempts de blâme, si leur industrie peut leur être imputée à crime. Quelle que soit la façon de parler de l'Ecossais, je dis que ses façons d'agir ne sont pas en désaccord avec elle, comme on peut en avoir la preuve sur le propre sol de l'Australie, où les principaux colons, et par conséquent les plus considérés, sont des Ecossais. Si notre caractère était parfait, nous ne serions pas des hommes ; mais malgré tous nos défauts, le reproche de vivre en paresseux et de nous rouiller comme un bloc de vieux fer, ne saurait nous être justement adressé. Nous avons, par le seul travail, arraché notre sol et même nos montagnes à la stérilité ; et l'expérience prouve que ces montagnes qui couvrent notre pays seront plus productives que les plaines et les fondrières dont, j'en suis certain, la pauvreté irlandaise a quelque raison de se plaindre. Mais, *bona res quies*.

— Holà ! au secours ! soutenez-la... elle est à terre ! C'était une de nos charrettes qui se renversait sur le côté au milieu de pièces de bois éparses et dans la boue de la forêt.

Il ne fallait rien moins que cet événement pour couper court aux refrains perpétuels de l'Ecossais à la louange de son pays et de ses compatriotes. L'incident était précisément survenu au moment où il disait en latin que le repos est une bonne chose, et personne ne peut dire jusqu'où l'aurait conduit le développement de ce nouveau point de départ, si la culbute de la charrette n'avait subitement coupé court à son éloquence.

Nombreux comme nous l'étions, l'événement était de peu d'importance. Et bien que, chacun ayant intérêt au sauvetage, tout le monde crût devoir donner des ordres, crier, pousser à la fois pour relever la charrette, on y parvint assez promptement. Il n'y avait d'autre dommage que la rupture d'un rais de roue. C'était peu de chose.

Aucun autre incident ne rompit la monotonie de notre voyage, et dans l'après-midi nous aperçûmes la crique de Bendigo. Figurez-vous, aussi loin que la vue peut s'étendre, une foule d'hommes s'agitant, — le pittoresque aspect de leurs divers costumes, — les chemises rouges et bleues des mineurs, et les uniformes des troupes suivant lentement leur chemin au sein de la foule, — ou bien le commissaire, suivi d'un escadron de policement se livrant à de vaines recherches au milieu de dix mille individus qui n'ont aucune idée de la définition du *meum* et du *tuum*. — Sur les bords de la crique, dans le milieu de la ravine, des milliers de cribles sont en mouvement, chaque parcelle utilisable du terrain est occupée. — Sur le versant s'élèvent des milliers d'habitations, les bureaux du gouvernement et la prison. Presque tous ces édifices sont en bois. — Les entrepôts se distinguent par de superbes pavillons flottant au gré du vent, les tentes des mineurs sont blanches comme la neige. — Tout cet ensemble charme la vue.

Vous descendez et vous vous mêlez à cette foule active, où vous rencontrez beaucoup de politesse. Presque toujours on répond volontiers à vos questions, mais sans se déranger de son occupation. Là vous trouverez des représentants de toutes les nations : l'Anglais fier, mais poli ; l'Ecossais défiant, qui ne dira jamais franchement s'il a du succès dans sa recherche de l'or; le joyeux Irlandais, toujours allégeant son travail par la plaisanterie et les bons mots; le lent, mais laborieux Allemand; le Français mécontent; le Yankee basané, qui vient d'arriver à Melbourne avec une provision de notions sur la recherche de l'or, et qui en fait le commerce parmi les mineurs ; les indigènes de l'Inde dans leur costume national. Des centaines de Chinois et de Nouveaux-Zélandais complètent cette étrange réunion d'hommes. Toutes les classes d'individus sont mélangées. Celui qui a reçu de l'éducation se trouve associé avec le paysan illettré de Wilts ou de Somerset. Les descendants de gens qui ont siégé dans la chambre des lords sont compagnons d'un prisonnier gracié de Milbank ou de Pentonville. La seule distinction dont soit gratifiée son origine aristocratique, c'est la dénomination de *swell* ou de *genteel cove*. Au total, cette scène est le complet tableau d'une grande république.

Quand les ombres de la nuit ont envahi la contrée, la scène change. Le bruit des cribles a cessé. Des milliers de feu allumés au-devant des tentes font une brillante illumination. Les lanternes qui brillent devant les entrepôts, les innombrables explosions des armes à feu, et les accords des musiques de tous genres invitent au repos les travailleurs fatigués. Tout cet ensemble produit un enchantement que la plume ne saurait rendre.

A propos de l'aspect du paysage en cet endroit, notre ami l'Ecossais se mit à communiquer ses impressions à l'un de ses compagnons. « Watty, lui dit-il, ceci me rappelle plusieurs paysages du sud de l'Ecosse, et notamment celui de la vallée de Palnure près de Bargaly. L'une de ces montagnes me représente Cairnsmuir, et, n'était l'absence de bois sur ce dernier point, la ressemblance serait à peu près complète... » Mais nous dûmes mettre un terme à la patriotique éloquence de notre ami, car nous étions fatigués du voyage, et Dieu sait quand il se serait arrêté.

XXIII. — Aventures de Tom de Berwick depuis son arrivée en Australie.

L'habitude est une seconde nature. Nous avons nous-mêmes expérimenté la vérité de ce proverbe, par la facilité avec laquelle nous nous sommes pliés aux exigences des diverses positions où nous nous sommes trouvés. La tente dressée, le souper cuit et mangé, chacun s'est placé à sa convenance pour écouter le récit de Tom de Berwick, qui pendant la route s'était trouvé interrompu par la discussion de l'Irlandais et de l'Ecossais. Tom cracha, toussa, mit sa pipe dans sa bouche pour remplir les pauses et suppléer aux lacunes de son histoire, et débuta par son départ pour les Ovens.

— Nous nous étions réunis trente ou quarante pour notre sûreté commune, car les routes étaient infestées de voleurs, et mieux que cela encore. Vous savez tous, camarades, que plus d'un est parti pour les mines, et n'a plus jamais été ni vu ni entendu. C'était un lundi, à dix heures du matin, que nous partîmes. La route était bonne pendant les premiers milles, au bout desquels nous arrivâmes à une auberge. De Melbourne à cet endroit, la route bordée d'arbres est semblable à l'allée d'un parc. Mais après ce n'est plus cela, et nous avions devant nous une horrible plaine de quinze milles d'étendue. Il y a, vous savez, un étang devant l'auberge de cet endroit ; or, comme en route nous étions toujours particulièrement en quête d'eau et de bois, nous pensâmes que nous ne pouvions mieux faire que de dîner en cet endroit ; ce que nous fîmes. Nous avions du pain et de la viande, du thé et du sucre, avec un plat de ferblanc et chacun une tasse pour prendre le thé, et comme il y avait de grandes lignes d'arbres se prolongeant dans toutes les directions, nous n'étions pas embarrassés pour le feu. Dieu merci ! nous pouvions faire du feu où nous voulions et brûler ce que nous voulions sans que personne nous en empêchât. Tandis que quelques-uns de nous finissaient de dîner, j'entrai dans l'auberge pour voir le propriétaire, supposant, d'après le nom placé extérieurement, que ce pourrait bien être un homme de ma connaissance ; mais ce n'était pas lui. Le nom était celui d'un convict transporté en Australie plusieurs années auparavant. Il avait vendu cette auberge au propriétaire actuel, et était allé lui-même en établir une autre à l'endroit nommé Crique-Profonde. Après dîner nous fîmes encore une traite, et, cinq milles plus loin, nous rencontrions une rivière, que nous dûmes traverser dans une sorte de bateau qui ressemblait à un saloir. Le pont avait été emporté par les eaux. La route devenait ensuite très-difficile, quelques hommes restèrent en arrière ; aussi nous ne fîmes plus que trois milles, et nous nous établîmes pour la nuit dans un endroit creux sur le bord de la même rivière. Nous nous fîmes un lit de feuilles, et nous mîmes nos couvertures au-dessus. Nos draps de lit attachés ensemble, et supportés au milieu par une perche horizontale avec les extrémités attachées au sol, nous formaient une tente à deux versants comme le toit d'une maison. Les ouvertures des deux côtés étaient garnies de branches d'arbres. Cette tente nous garantissait bien de la rosée ; mais nous apprîmes à nos dépens qu'elle était très-insuffisante contre la pluie. En effet il plut fort pendant la nuit et nous étions mouillés jusqu'aux os. De plus il faisait froid, et je vous prie de croire que nous vîmes arriver le jour avec grand plaisir. Le temps s'éclaircit au lever du soleil. Nous fîmes un feu à rôtir un bœuf, qui sécha nos vêtements et fit cuire notre déjeuner. Après quoi, en route ! Nous n'avions pas fait cinq milles, que nous étions tous disséminés, si bien que le dernier de nous était bien à deux milles du premier. Je n'ai pas besoin de vous dire que j'étais avec les premiers. Après douze milles de marche et avant de nous engager dans la forêt nous nous arrêtâmes pour attendre les retardataires et dîner. Autre étape après dîner. Nous comptions atteindre quelque auberge avant la nuit. Un parti de quatre hommes nous avait rejoints pendant le jour ; l'un d'eux était déjà allé aux mines. Actuellement ils se rendaient tous quatre au mont Alexandre, à soixante-dix milles de Melbourne, tandis que nous, nous allions aux

Ovens, à cent dix milles de cette ville. L'homme qui connaissait déjà les mines nous dit que pour aller à l'auberge il y avait un chemin plus court que la vieille route. Or, comme la vieille route était pitoyable, nous nous résolûmes à suivre cet homme. Ce chemin raccourci nous justifia la vérité du vieux proverbe. « Evite les chemins de traverse. » Une vingtaine de nous s'y engagea. Les autres s'étaient passablement arrangés, et n'avaient pas voulu aller plus loin cette nuit ; nous les laissâmes donc, et... nous voilà dans le bois. Après trois heures de marche il était à supposer que nous n'étions pas loin de l'auberge, et comme la nuit tombait, nous hâtions le pas pour arriver avant les ténèbres. Bientôt nous entendîmes au-devant de nous des beuglements de bestiaux, ce qui nous confirma dans la pensée que nous approchions du but de notre course. Tout à coup nous débouchons de la forêt dans une plaine ouverte ; mais pas la moindre maison n'était en vue. Celui qui nous guidait avoua alors ce que déjà nous avions craint, c'est qu'il avait perdu son chemin. Nous avions en perspective un joli repas sans pain ni viande. Pendant que nous nous livrions à ces agréables réflexions, un homme parut conduisant un troupeau. Nous nous hâtâmes de l'interpeller. Il nous dit qu'à environ trois cents verges du lieu où nous étions, il y avait une bergerie où nous pourions nous procurer du mouton, mais il ne pensait pas que nous puissions nous procurer du pain. Quelques-uns de nous y allèrent, tandis que les autres faisaient halte, allumaient du feu et dressaient les tentes. On nous rapporta une moitié de mouton et un peu de farine. Nos compagnons n'avaient pu se procurer de pain. Nous fîmes cuire notre viande. Le mouton était maigre ; mais nous étions encore bien heureux de l'avoir. Le souper fini, nous nous couchames ; nous eûmes de la pluie pendant la nuit. Mais comme nous étions dans un lieu très-abrité, nous fûmes peu mouillés ; en revanche nous avions très-froid. Nous nous étions informés de la distance qui nous séparait encore de l'auberge. Il se trouva que nous en étions aussi éloignés qu'au moment où nous avions fait halte pour dîner. Sans nous livrer à d'inutiles lamentations sur notre malheur, nous déjeunâmes et reprîmes notre route.

Ce jour et le suivant ne présentèrent aucun événement qui mérite d'être raconté, si ce n'est que la route était affreuse. Vous pourrez vous en faire une idée quand je vous dirai que nous étions fréquemment obligés de faire usage de nos mains et de nos genoux pour nous tirer de la fange. Plusieurs de nous avaient des bottes qui leur montaient jusqu'aux cuisses. Ils furent obligés de les enlever, car elles étaient pleines de boue. Ailleurs il

nous fallait traverser des rivières avec de l'eau jusqu'aux genoux. Le long
du chemin, on rencontrait par vingtaines de pauvres bœufs morts dans ces
bourbiers après de vains efforts pour s'en tirer ; çà et là on voyait un cheval
mort. Nous aperçûmes même le cadavre d'un homme : peut-être avait-il
été assassiné ; peut-être était-il tombé mort de fatigue et de froid. Ce n'est
rien encore d'avoir traversé plusieurs milles de marais, même en faisant
la moitié du chemin sur ses genoux, dans la boue et dans l'eau, pourvu
qu'à la nuit on trouve tout ce qu'il faut pour sécher. Nous fûmes assez heureux pour trouver du bois en quantité, ce qui nous permit de faire un
aussi bon feu que nous voulûmes. A part les plaines, la route gravissait de
hautes montagnes ou traversait des marais. Nous vîmes beaucoup d'opossums, des chats sauvages, des kakatoës et des perroquets de toutes sortes
et de toutes couleurs ; mais pas un serpent. Les oiseaux étaient magnifiques.

Nous restâmes sept jours en route. Nos bagages étaient arrangés en paquets, et nous les portions suspendus sur nos épaules, moitié en avant, et
moitié en arrière. Ils consistaient simplement en deux paires de bas, un
pantalon avec nos couvertures, une pinte en ferblanc, une poêle à frire, un
plat de ferblanc, un couteau, une fourchette et une cuillère, avec du thé,
du sucre, du pain et de la viande, le tout pesant environ quarante livres ;
et sur une pareille route c'était beaucoup. A notre arrivée, nous allâmes
d'abord prendre nos licences chez le commissaire ; ensuite nous fîmes acquisition d'un crible, d'une cuve à délayer, de plats de fer, de pics, de
pelles et d'une forte étoffe pour faire la tente ; après quoi nous nous mîmes
à l'œuvre. De notre premier trou nous eûmes de l'or, mais en petites quantité. Pendant quelque temps, notre gain ne dépassa pas une demi-once par
jour. Notre trou étant épuisé, nous passâmes à un autre. Deux de nos compagnons se dégoûtèrent, et il y avait de quoi. Nous étions du matin au soir
dans l'argile et la boue jusqu'aux yeux, et sans résultat. Rien du tout dans
le trou que nous fîmes ensuite. Les vivres étaient très-chers, et notre argent
s'épuisait rapidement, si bien que nous en vîmes la fin, ce qui nous détermina à retourner à Melbourne avec une vingtaine d'autres individus qui
étaient dans le même cas. Donc nous vendîmes tout et nous partîmes. Sur-
vinrent deux vieux mineurs, qui s'en allaient à Bendigo, dans la longue ravine, pour y terminer le lavage de terres fort riches qu'ils avaient dû
laisser là au début de la mauvaise saison. Ils me proposèrent de me joindre à eux. Sitôt dit, sitôt fait. Nous voilà allant à la longue ravine, à travers
nombre d'aventures sur les routes et dans les bois. Nous arrivons, et nous

trouvons le terrain en question déjà exploité depuis une quinzaine par deux hommes, qui en avaient extrait seize livres d'or. C'était une mauvaise affaire pour nous. Nous entamons d'autres trous avec plus ou moins de succès. Mes compagnons commençaient à se lasser, et moi j'étais affecté d'une mauvaise chance aussi constante. L'un de mes caramades avait déjà recueilli sept cents livres avant de venir, aussi tenait-il peu à quelques livres de plus. Comme je n'avais pas d'argent, il paya pour tous. Enfin, tous deux abandonnèrent la partie après six ou sept semaines de travail dans toutes les ravines de l'endroit. Il y avait en ce moment un grand entraînement vers une vallée du mont Alexandre, qu'on avait appelée la vallée du Clair-de-Lune. Nous y allâmes avec quelques centaines de vieux mineurs ; nous ne fûmes pas plus heureux. Après trois semaines de travail dans un terrain rocheux aussi dur que le fer, nous ne recueillîmes pas une parcelle d'or. Il n'y avait plus qu'à retourner à Melbourne. C'étaient soixante-quinze milles à faire encore après les trente-cinq milles de Bendigo au mont Alexandre. Je vendis tous mes ustensiles, et j'en retirai vingt-cinq schellings. Avec cette somme, il me fallait arriver à Melbourne et vivre jusqu'à ce que j'eusse pu m'y procurer du travail. Mais je ne m'inquiétais pas trop tant que j'avais la santé. J'étais bien certain de trouver promptement de l'occupation à Melbourne. La saison sèche était venue, et l'on ne se procurait de l'eau qu'avec une extrême difficulté. Pendant quelque temps nous n'avions su comment nous garantir de l'eau dans les trous, actuellement il fallait faire douze et quatorze milles avant de rencontrer le moindre ruisseau. Ici, vous le savez, il n'y a pas de milieu : ou trop d'eau, ou point d'eau.

La mauvaise eau que je buvais m'avait donné la dyssenterie ; j'étais très-malade, et avec cela rien dans le gousset. Le découragement me gagnait. En arrivant, vite je cherchai dans les journaux des renseignements pour me procurer du travail sans retard ; l'ouvrage à ma portée ne manquait pas ; mais quand j'allai me présenter aux charpentiers, ils ne purent m'employer, parce que je n'avais point d'outils. Je ne pus me placer nulle part ; tout semblait conspirer contre moi, et je me vis enfin presque réduit au désespoir.

C'était un samedi, dans l'après-midi, j'avais quatre schellings et six deniers dans ma poche. J'avais déjà vendu ma montre, mon fusil et mes vêtements. Je sortis de la ville, et me laissai tomber sur le gazon, réfléchissant à ce que je pouvais faire. Il me vint alors à l'esprit qu'à mon retour des mines un M. Wright, qui tient une auberge à la Crique-Profonde, m'avait offert du travail. J'avais causé avec lui, et en apprenant que j'étais charpentier, il m'avait dit qu'il me trouverait des outils et de l'ouvrage avec de bons gages. Mais je n'aimais pas les auberges, et celle-là était toujours pleine de gens de la plus basse classe; je ne voulus donc pas accepter ses offres avant d'avoir vu ce que je pourrais faire à Melbourne. Mais après mon insuccès dans cette ville je n'avais plus que ce parti à prendre. Je me rendis donc à mon logement pour préparer mon petit bagage. Comme j'en sortais, je fis rencontre d'un homme qui était arrivé en Australie sur le même navire que moi. Triste comme je l'étais, je voulais passer sans lui parler; mais il vint à moi; nous entrâmes en conversation, et il m'apprit qu'il s'était enrôlé dans la police, et qu'il gagnait trois livres dix schellings par semaine. Il ajouta qu'il n'avait jamais été plus heureux dans sa vie, et me conseilla de faire comme lui. Je lui dis que je n'avais pas songé à cela, car j'aurais supposé mes démarches inutiles, attendu l'insuccès de celles que j'avais faites pour entrer dans la compagnie d'escorte des convois d'or. Nous allâmes donc ensemble chez le surintendant, et l'on m'invita à revenir le lundi matin pour être admis à prêter serment.

J'acceptai l'offre de mon camarade de demeurer chez lui; mais je n'y voulus prendre aucune nourriture jusqu'à ce que je fusse certain de pouvoir la lui payer. Mon thé, ce soir-là, me prit un schelling six deniers, et le déjeuner du lendemain une pareille somme. Il me restait un schelling six deniers soit pour dîner, soit pour prendre le thé. Je renonçai au dîner, et gardai mon argent pour le thé. J'empruntai un livre à quelqu'un de la maison, et je me rendis sur le rivage. Comme après mon séjour aux mines j'étais assez sale, et que du reste il faisait chaud, je me déshabillai et pris un bain de mer qui me fit le plus grand bien. Je passai ainsi la sainte journée du dimanche à me baigner et à lire, tout en faisant pénitence par la privation de dîner. Vers trois ou quatre heures je mourais de faim, et revins à la ville. Je pris le thé, et aussitôt que mon ami fut arrivé je me mis au lit. Cependant je ne dormais pas, et je me demandais comment je déjeunerais le lendemain, lorsque je me rappelai qu'il me restait un habit que j'avais apporté de Liverpool. Au jour je le portai sur le quai, et je le vendis huit schellings. J'étais sauvé pour ce jour-là encore. A dix heures je me présentai au surintendant, qui me conféra la qualité de policeman. Les gens de la police, vous le savez, reçoivent sans cesse de petits cadeaux et des noblers, comme ils appellent les verres de liqueur. Je m'efforçai d'éviter les occasions de boire. Nous vivions dans des baraques, dix par chambrée. On nous fournissait des lits, des effets, du feu et de l'eau. Tout

cela pouvait valoir quatre livres dix schellings ou cinq livres par semaine ;
nous n'avions pour toute besogne que huit heures de garde sur vingt-quatre. Nous étions comme des gentilshommes et traités comme tels. De fait,
quand nous n'étions pas de service, nous étions si bien mis que vous vous
y seriez trompés vous-mêmes. Et, du reste, il y en avait parmi nous qui
passaient en Angleterre pour des gentilshommes. Ils étaient venus ici sur
la foi des brillants récits qu'on leur avait faits, et comptant réaliser une
prompte fortune ; mais déçus dans leur espoir, et ne trouvant rien de mieux,
ils s'étaient enrôlés dans la police. Les agents sont de diverses sortes : les
uns sont dits révélateurs, d'autres forment la police à cheval, d'autres sont
dits volontaires. J'étais dans la police de la ville ; mon service commençait
à six heures de l'après-midi et finissait à deux heures du matin, de sorte
que j'avais toute la journée pour faire ce que je voulais et aller où il me
plaisait. Je faisais presque tous les jours une promenade sur les quais pour
voir si je n'y rencontrerais pas quelqu'un de mon pays ; j'eus occasion d'y
voir plusieurs compatriotes. Mais quelque chose m'attristait dans ces pro-
menades, c'était la vue de l'endroit où l'on vendait les biens et les effets
des émigrants. On les voyait là, ces pauvres diables, livrant à n'importe
quel prix le peu d'objets qui leur restaient. Les uns venaient des mines,
où ils avaient dépensé tout leur argent ; les autres, en débarquant, se trouvaient dans une telle pénurie, qu'ils étaient obligés de faire argent de leurs
bagages pour vivre jusqu'à ce qu'ils pussent se procurer une position. Or,
les positions étaient très-rares pour ceux qui n'étaient pas habitués au
travail des champs ou qui n'avaient pas un métier. Tout allait bien pour
moi, quand un jour je vis débarquer mon meilleur ami, Jean Robinson.
Nous étions si joyeux l'un l'autre de nous rencontrer, que je mis de côté
ma résolution, et nous allâmes boire. Je fus deux jours absent de mon
poste ; aussi, pour éviter qu'on me donnât congé, je donnai ma démission.
Cependant ma sobriété jusque-là n'avait pas été sans un certain mérite,
car l'eau de l'Yarra est la plus mauvaise eau que j'aie jamais bue de ma
vie, pire encore que l'eau même non filtrée de la Tamise, sur le côté
Surrey de Londres. Nous avions fréquemment affaire sur les bords de
l'Yarra, et je voyais des corps de chevaux, de vaches ou de chiens flottant
sur l'eau.

En outre, tout est très-cher à Melbourne. Les maisons louées trente
schellings par semaine ne sont que des cabanes. Elles n'ont qu'un étage,
ne contiennent que deux petites pièces, et sont complètement en bois. Le
toit même est en bois ; mais il a un aspect élégant quand il est fait conve

nablement. Il ressemble à un toit d'ardoise ; chaque morceau de bois a un pied de long sur six pouces de large. Des légions de rats et de souris peuplent les rues de derrière, et avant de vous mettre au lit il faut le secouer, car il est plein de vermine. Quelques-uns des hôtels garnis ont une belle apparence. Il arrive souvent que les gens qui débarquent dans l'après-midi, même eussent-ils beaucoup d'argent, ne trouvent de logement d'aucune sorte ; comment donc les pauvres diables qui reviennent des mines sans un seul schelling trouveraient-ils un endroit pour reposer leur tête ? Ils sont vraiment dignes de compassion. J'en connais qui, arrivés ici comme passagers de première classe, et ayant toutes les manières de vrais gentilshommes, servent les maçons aujourd'hui, ou bien sont aides-peintres, hommes de peine dans les entrepôts. D'autres travaillent sur les quais et transportent à terre les cargaisons des navires. J'ai vu tout cela, et j'ai éprouvé ma bonne part de tous ces désagréments ; mais hurrah pour les mines encore une fois, mes garçons, en attendant que je fasse ma fortune avec elles !

Tom depuis longtemps déjà parlait au milieu de nos bâillements. Nous organisâmes les gardes, et on se coucha.

XXIV. — Charlie et Wattie.

— La plupart de ces huttes ressemblent aux cabanes des pêcheurs de quelques-unes des îles de l'Ecosse que j'ai visitées, murmurait notre Ecossais le lendemain matin en s'asseyant sur une éminence qui dominait la crique de Bendigo. En vérité, c'est quelque chose de pitoyable, continuat-il, et je gage que personne ne voudrait croire que ce sont là des habitations destinées même à des chiens et à des pourceaux, bien loin de penser que des hommes y vivent avec des femmes et des enfants. Certainement la recherche de l'or doit être une déplorable occupation, puisqu'elle oblige d'honnêtes gens à passer leur vie dans de pareils endroits.

— Quel est donc le sujet de vos réflexions à cette heure, Charlie ? lui cria son compagnon Watty.

—*Fronti nulla fides*, ce qui veut dire que tout ce qui reluit n'est pas or ; c'était là l'objet de mes réflexions en considérant d'ici cette multitude d'habitations qui ressemblent plutôt à une agglomération de tas de boue qu'à toute autre chose, répondit Charlie avec un mélange de pitié satirique

et de mépris assez familier au caractère écossais. Et en vérité, poursuivit-
il, cela me rappelle un peu un marché de Glasgow que j'apercevais de loin
quand je passais dans la haute rue voisine du collége où j'apprenais autant
de latin que pouvait en graver dans ma cervelle mon rigide professeur...
Dieu me soit en aide! il y a bien du temps de cela !

Et il acheva sa période avec un soupir.

— Néanmoins, Charlie, dit Watty, il y a ici des millions de livres pesant
d'argent; plus que nous n'en verrons jamais !

— Oui, et je doute que nous en ayons jamais, interrompit Charlie.

— Oh! je ne pense pas ainsi, riposta Watty, autant qu'il y a vie, il y a
espoir, et le cœur ne nous faillira pas pour gravir une montagne escarpée,
et conquérir le bonheur et le repos.

— Sans doute, ami, mais c'est une côte ardue à gravir que celle de Ben-
lomond, et elle paraît plus rude encore quand il n'y a rien à gagner sur la
cime.

— C'est la vérité, reprit Watty comprenant sans peine la métaphore,
figure dont tout le monde fait un fréquent usage en Ecosse, et qui donne à
la conversation des Ecossais la forme expressive et intéressante qui la distingue. C'est la vérité, Charlie, mais si jadis nous nous sommes donné de
la peine sans utilité dans le pays que nous avons quitté, ce sera tant pis
pour nous si nous ne nous donnons aucune peine quand il y a quelque
chose à gagner.

— Fort bien! Watty, *consulto opus est,* comme disait Jock Screwum
quand le ministre de la paroisse de Lukmedouw le sermonnait sur ses mauvais penchants. Mais, Dieu nous assiste, avez-vous jamais vu de pareilles
cahutes habitées par des êtres humains?

— Et que voudriez-vous avoir de mieux ici? Personne n'y vient pour demeurer; tous y viennent pour travailler ou mourir.

— Fort bien! répliqua Charlie, quand nous sommes à Rome nous devons nous conduire comme on se conduit à Rome, et là où un Anglais peut
vivre, je suis bien certain qu'un Ecossais ne mourra pas. Ainsi, en avant!
nec cupias, nec metuas. Que ce soit notre devise.

Ils ne se préoccupaient pas le moins du monde de ce qu'on entendait
tout ce qu'ils disaient; aussi n'imposaient-ils aucune contrainte à leur
verve, et l'humeur toujours caustique de Charlie gratifiait toute la compagnie de son latin et de ses réflexions. Au fond, je crois qu'il était parfois
trop prodigue de latin ; mais c'était caractéristique chez lui. Charlie n'était
pas le premier spécimen d'hommes du Nord parfaitement instruits que

j'eusse déjà rencontrées et qui, en l'absence de richesses plus matérielles, dépensaient largement les ressources intellectuelles qu'ils possédaient.

Quant à moi, je n'en blâme pas Charlie, quoique le monde, plus sévère, eût traité de pédantisme son humeur grave et sa prodigalité d'érudition; tandis que s'il eût dépensé de l'argent dans les mêmes proportions, on n'eût pas manqué d'appeler cela libéralité, générosité ou bien munificence. Pour mon compte personnel, j'aime entendre un homme produire ses connaissances autant qu'il lui plaît, pourvu qu'il reste dans les limites de mon intelligence; et quand il les dépasse, je me sens plutôt humilié de mon ignorance que porté à le ridiculiser, quelque sentiment d'ostentation que je puisse lui supposer.

— Vous ne paraissez pas admirer la construction de ces villas, il me semble, monsieur Charlie? dit Brown avec un sourire.

— Vous appelez cela des villas? reprit Charlie avec un étonnement parfaitement exprimé. Je croyais qu'un Anglais ne pouvait voir là rien de mieux que des loges à pourceaux... Mais *dulcis sæpe ex asperis*, et tel est le cas, je n'en doute pas, pour les habitants de ces pauvres réduits.

— En effet, répliqua Brown, une hutte telle que celle qui est là plus rapprochée de nous dans le ravin me paraît avoir une certaine allure de loge à cochons.

— Laquelle? celle devant laquelle est un homme qui parle à sa femme et à son enfant?

— Oui.

— Elle ressemble davantage à une loge à cochons que cette autre qui s'offre à ma vue à l'instant même, dit Charlie, qui avait promené ses regards à la ronde; et ou bien mes yeux sont sous l'empire d'une illusion, ou bien je vois précisément un véritable jambon de cochon pendu à la perche du toit.

— Vous voyez exactement, Charlie, et je le vois aussi.

Tous les regards se portèrent sur l'objet en question, car les humbles habitations des mineurs étaient beaucoup plus communément ornées de pieds de moutons que de pieds de cochons ou de jambons. La tente qui avait attiré l'attention se distinguait par sa construction particulière. Elle ressemblait à la tente d'un individu, père de famille, qui de la vie errante a passé à une vie quasi stationnaire. Elle avait environ quatorze pieds de long sur douze de large et huit pieds de haut à l'arrête du toit, d'où la toile s'inclinait des deux côtés jusqu'à trois ou quatre pieds du sol. Là, la toile s'appuyait sur une clôture en bois mince recouvert d'écorce. Le fond de la tente était clos par de la toile et des écorces, tandis que la face antérieure était en partie occupée par la porte faite d'une grosse toile étendue sur un grossier châssis.

Il y avait d'autres tentes qui jouissaient de l'avantage de cheminées dans l'intérieur. Elles formaient ordinairement un appendice carré construit en pierres brutes et de dimension à recevoir de belles pièces de bois. La partie supérieure de la cheminée dominait le toit et était faite de bois brut recouvert d'une vieille couverture ou d'une peau de mouton pour que les fentes ne donnassent pas accès au vent qui aurait rabattu la fumée.

Il faut que vous sachiez que ni Charlie ni Watty n'avaient, ainsi qu'ils le disaient, expérimenté leurs mains aux mines. Ils s'étaient seulement arrêtés une couple de jours dans le voisinage de la crique de la forêt, avec un parti aventureux, dont les façons d'agir n'étaient nullement compatibles avec le caractère studieux et réfléchi du sage Charlie. L'un de ses aphorismes favoris était : Plus il y a de hâte, moins il y a de succès. Il en usait à tout propos et en confirmait sans cesse la vérité par des anecdotes remarquables, ou des exemples résultant de sa propre expérience. — Toutes choses, disait-il, pour être progressives, doivent être régulières, le soleil lui-même ne pourrait jamais accomplir son œuvre s'il n'était pas régulier, et la lune ne serait pas aperçue dans les nuits ténébreuses, si elle n'était pas constante dans sa marche. *Ergo*, fermeté et régularité, ou plutôt, pour ne pas mettre la charrue avant les bœufs, régularité et fermeté sont les deux premiers principes de toute véritable progression. Un homme lent et ferme va loin dans un jour, et certainement atteindra le terme de son voyage. N'est-ce pas vrai, Watty? dit Charlie, qui voyait dans la contenance de son ami l'expression anticipée de son assentiment.

— Je pense comme vous, dit Watty.

Alors Charlie rejoignit Watty, qui pendant tout ce temps s'était livré aux soins de la cuisine.

— Je trouve ce mouton fade, Watty, avez-vous du sel?

— Un peu de saumure.

— Donnez-moi donc un peu de votre saumure. C'est mon opinon... commença-t-il... Mais trouvant qu'on ne lui donnait pas assez vite ce qu'il demandait, il s'arrêta, et avec beaucoup plus de hauteur que ne le comportait un pareil objet, il dit sur un ton d'humeur et de commandement : Watty, mon garçon, vous négligez vos fonctions. Donnez-moi la saumure !

Il fut servi aussitôt sans le moindre murmure ou la moindre observation de son compatriote. Ayant ce qu'il désirait il reprit :

— C'est mon opinion, que les fonctions de berger, quelque modestes qu'elles soient, sont plus honorables que la recherche de l'or, qui en tournant toutes les têtes est loin de rendre les cœurs meilleurs.

— Pourquoi donc y participez-vous, M. Charlie? lui demanda Brown, qui prenait plaisir à écouter les sentences de l'Ecossais.

— La question serait embarrassante, répliqua Charlie, si je ne me considérais pas comme entaché moi-même du travers qui vous distingue tous.

Le ton sec avec lequel Charlie répliqua fut accueilli avec un rire universel, et celui-ci attaquant vivement le mouton qui fumait dans l'assiette de ferblanc qu'il tenait sur ses genoux, garda le silence pendant un moment. Tandis qu'il se livrait à un vigoureux exercice de ses mâchoires, il mit la dent sur un morceau de mouton qui ne lui parut pas autant de son goût que les précédents. Il posa alors solennellement son assiette auprès de lui, et s'éloigna gravement la bouche pleine, et alla cracher ce qu'elle contenait à une assez grande distance de la compagnie. Il revint ensuite avec la plus maussade contenance que j'aie jamais vu.

— Qu'avez-vous, Charlie? demanda Watty.

— Rien, rien, répondit Charlie faisant de risibles effort pour donner à sa physionomie son expression habituelle de gravité imperturbable et pour dissimuler la nature de ses sensations.

— Rien! reprit Watty, ce n'est pas pour rien que vous avez quitté la table et que vous avez fait une pareille grimace à votre viande.

— Watty, dit Charlie en le regardant avec une certaine sévérité, il y a deux choses que, je vous l'ai dit souvent, vous devriez autant que possible tenir fermées dans ce monde.

— Vous m'avez tant dit de choses, Chorlie, qu'il m'est impossible d'en retenir seulement la moitié.

— Bien! je vous dirai donc ceci une fois encore pour votre gouverne dans cet étrange monde. Ce que vous devez tenir fermé, c'est votre bouche et votre bourse. Vous agirez ainsi en homme sage et vous éviterez plus d'un désagrément. Et se dirigeant fièrement vers l'éminence où nous l'avions déjà vu s'arrêter dans la matinée, Charlie s'assit sur le rocher, cherchant à reconquérir dans le recueillement la placidité habituelle de son tempérament.

Les Ecossais ont dans leur façon d'être de singuliers traits de caractère. Je ne parle pas de tous, mais de ceux qui avec un grand esprit de conduite se trouvent déconcertés par la moindre bagatelle. Cette irritabilité est chez eux une faculté à peu près générale et qui ne se produit jamais plus que quand leur pays est l'objet de quelque critique. Leur susceptibilité est aussi vétilleuse dans les cas où ils croient avoir à se plaindre d'une infraction aux règles de la bienséance et à la loi de bienveillance. Dans la circonstance présente, Charlie ne voulut pas dire ce qui l'avait incommodé, jusqu'à ce qu'il eût vu que chacun avait fini de déjeuner et qu'il put penser que personne ne serait incommodé. Alors, à une question qu'on lui fit, il répondit :

— Rien, rien! seulement le mouton était dur et pas aussi frais que nous le mangeons en Ecosse. Voilà tout. Et gonflant sa joue avec sa langue, il s'éloigna, nous laissant digérer notre mouton du mieux que nous pûmes.

XXV. — Dispersion de notre parti. — Erection de notre tente. — Achat d'outils. — Essais de lavage de terres. — Découverte d'un peu d'or. — Réflexions à ce sujet et discusion sur les aborigènes.

Chaque parti avait maintenant à penser à lui-même. En conséquence, après la répartition de la propriété commune et des dépenses que chacun avait faites, le campement général se disloqua, et les compagnons de route s'érarpillèrent sur les terrains. Les uns prirent un chemin, les autres un autre, tous avec une égale confiance dans le résultat, sauf Charlie, qui continuait à examiner de préférence le mauvais côté de la question, et ne témoignait aucun désir de partager avec nous le grand travail pour lequel il avait émigré. L'or à l'état de minerai, tel qu'il se trouvait là, ne paraissait le captiver en rien. Son compatriote était loin de se montrer insensible aux charmes du précieux métal. Quoi qu'il en soit, Charlie paraissait faire exception à l'entraînement général et ne considérer l'or qu'au point de vue d'une certaine école de philosophes stoïques qui le prennent tout en le traitant avec le plus grand mépris. Cependant, comme nous ne partagions pas l'avis de Charlie, nous le laissâmes s'absorber dans ses méditations, et nous nous occupâmes de dresser notre tente, ce que nous fîmes dans un endroit peu éloigné de notre campement de la nuit précédente.

Binks raffermissait de plus en plus sa santé, et les récits des succès obtenus par quelques mineurs nous entretenaient dans le meilleur esprit Dans toutes les directions, on voyait des hommes traçant leurs lots de terrain, qui étaient de huit pieds carrés. Les disputes étaient fréquentes dans ces occasions.

Comme l'érection de notre tente n'exigeait pas le concours de tous, nous laissâmes ce soin à Raikes et Binks, tandis que Brown et moi parcourions les mines pour acheter les outils de quelque pauvre hère abandonnant la recherche de l'or pour s'en retourner au lieu d'où il était venu. Nous trouvâmes promptement ce que nous désirions, et nous apportâmes nos acquisitions au campement.

Enfin il nous fallait trouver un endroit favorable pour procéder au tirage de cette grande loterie dont le siége était dans le sein de la terre. Bons et mauvais numéros étaient sous nos pieds; mais mélangés dans une proportion plus équitable que dans la roue tournante de Cheap John. Pendant notre excursion à la recherche des outils, nous avions bien entendu parler de riches terrains et nous en avions nous-mêmes parcouru plusieurs; mais ils étaient complètement occupés et fouillés de part en part; et du reste, y eût-il eu de la place, la foule y était telle et composée de si hideux spécimens du genre homme, que nous n'eussions pu nous résoudre à nous mêler à eux. Nous prîmes cependant un parti, et nous allâmes dans le bas de la crique faire quelques essais de lavage des terres pour expérimenter leur richesse.

Voici notre procédé : nous prenions dans une poêle une couple de pelletées de terre que nous supposions devoir contenir de l'or, bien qu'il n'y eût aucune parcelle de métal visible; ensuite remplissant la poêle d'eau, nous agitions le tout pour que la terre dissoute coulât avec l'eau, et répétant l'opération en ayant soin que le liquide se renouvelât sans cesse. Nous obtenions ainsi, au fond, un résidu dans lequel nous cherchions l'or. Si nous y découvrions des indices suffisamment encourageants, nous ne changions pas de place et nous recommencions; si, au contraire, nos essais ne donnaient pas des résultats convenables, nous allions immédiatement porter nos expériences ailleurs. Nous travaillâmes de cette façon pendant plusieurs heures, Brown et moi, sans découvrir nulle part des indices d'une richesse suffisante pour fixer le choix de notre terrain. A la fin cependant nous mîmes la main sur quelque chose de mieux; c'était dans un endroit comparativement tranquille, derrière la crique: le lavage d'une seule pelletée de terre nous produisit une pépite qui pesait neuf pennyweight, et avait une valeur de vingt-sept schellings. Ce n'était pas beaucoup, mais c'était quelque chose, et en sa qualité de première parcelle d'or acquise par notre travail, elle stimula très-vivement notre ardeur. La pelletée suivante nous donna une pépite de quatre pennyweight, et d'autres pelletées furent encore un peu plus productives. Aussi, quand nous retournâmes à notre tente, qui était alors en bon ordre, nous nous trouvâmes possesseurs d'environ une once d'or, ou à peu près trois guinées.

— Vous voilà de retour, garçons, dit Charlie, qui jusqu'à ce moment ne s'était préoccupé en rien de ses travaux personnels d'installation et avait demandé l'abri de notre tente jusqu'au lendemain, où il comptait se mettre à l'œuvre. — Vous voilà donc de retour, mes garcons? En vérité, vous avez des figures rayonnantes!

— Oui, M. Charlie, dit Brown, nos tentatives ont eu quelque succès. Et ayant ouvert un petit sac de peau de chamois où était l'or, il prit une paire de balances et pesa les pépites.

— Elles pèsent près de trois guinées, Charlie, dit-il.

— Cela n'a pas été difficile à gagner, observa Charlie, qui, apercevant en ce moment son compatriote à une petite distance, lui cria : — Watty! Watty!

Mais Watty, soit qu'il fût plongé dans ses méditations, soit qu'il ne fût pas disposé à répondre à cet appel, ne parut pas l'avoir entendu. Charlie haussant de plus en plus la voix cria de nouveau : — Watty! êtes-vous sourd? Si j'étais près de vous, je gage bien que je vous rendrais l'entendement. Et il appela de nouveau en élevant la voix aussi haut que possible : — Watty!

— Oui, répondit enfin celui-ci comme sortant d'un songe, et il accourut.

— Ici, Watty, approchez. Nos amis ont commencé à frapper monnaie, tandis que vous et moi ne faisions rien, assis au soleil et grillant comme une paire de harengs de Glasgow traversés de part en part par une broche de vieux fer et pendus au pignon d'une vieille maison. Je ne sais quel est votre sentiment à ce sujet, mais *mihi turpe relinqui*, je veux me mettre à l'œuvre sans le moindre délai. Faites-lui voir votre or, M. Brown.

Brown fit voir sa trouvaille à Watty.

— Là, regardez, continua Charlie, il est pur comme les lèvres de notre première mère, et brillant comme la fleur du houx; et je vous garantis qu'il y en a encore bien d'autre à l'endroit d'où celui-ci vient.

— Ceci ne fait pas une grosse somme, dit Watty.

— La valeur de trois guinées environ, reprit Charlie, et il n'est pas moins bon pour avoir été extrait de la boue des rives d'un petit ruisseau. Il serait plus difficile d'en retirer autant des rives de la Clyde, du

Kelvin ou du Molindinar desséché, où vous aviez l'habitude de pêcher, planté dans la boue jusqu'aux mollets et quelquefois jusqu'au-dessus des genoux.

— Parlez pour vous, Charlie, répliqua vivement Watty. Je ne me suis jamais beaucoup livré à la pêche dans ma vie; mais je vous ai vu assez souvent avec une branche de saule pour ligne et une épingle recourbée pour hameçon, et pataugeant dans la même fange, tandis que vous auriez pu mieux employer votre temps.

— J'ose dire que vous avez vu bien des choses dans votre temps, répliqua Charlie en riant, et bien des choses que vous n'auriez pas dû voir. Mais vous n'avez jamais vu des hommes pareils à ceux-ci.

Cette remarque s'appliquait à un groupe d'aborigènes australiens qui passaient à une faible distance de notre tente. Ils marchaient lentement, et paraissaient parfaitement habitués à la vue d'hommes blancs. C'étaient là les premiers individus de cette race que Charlie et Watty eussent vus, aussi les regardaient-ils avec une stupéfaction non moins grande que celle des indigènes australiens la première fois qu'ils avaient vu des Européens.

— Dieu nous assiste! s'écria Charlie en les perdant de vue, quelle race d'êtres est ceci! Ils laissent nues leurs longues, minces et sales jambes, plus semblables à des rais d'une roue de charrette qu'à aucune partie du corps d'un être humain.

— Dieu nous soit en aide! Je ne saurais trop dire à quoi ils ressemblent.

— A quoi? reprit Charlie, ils ne ressemblent à rien sur la terre, si ce n'est à eux-mêmes. Ils sont d'autant plus originaux que le sang qui coule dans leurs veines est noir comme du boudin. Ils ne paraissent rien avoir d'humain.

— Et que font-ils? demanda Watty.

— Ce qu'ils font! répondit Charlie, ils vivent, et ne sont pas propres à autre chose, ou bien leur apparence me tromperait fort.

— Les deux femmes qui étaient au milieu d'eux ne m'ont pas paru douées de beaucoup de beauté, observa Watty.

— Et qui a jamais entendu parler de beauté chez des nègres, qui mangent des serpents et des escargots comme vous mangez du saumon et des saucisses grillées, répliqua Charlie. Que Dieu nous assiste! La beauté, même chez les femmes blanches, n'admet pas une peau basanée; comment donc voudriez-vous trouver dans une négresse...

— Ceci n'est pas exact, M. Charlie, interrompit Brown. Raikes et moi avons vu parmi ces gens une beauté qui aurait provoqué même votre admiration, si vous l'aviez vue.

— C'est une question, M. Brown, riposta Charlie, toujours disposé à contester un point qu'il supposait devoir lui fournir occasion de produire son opinion et ses connaissances en matière de goût et de science ; c'est une question, quoique je vous accorde que la beauté puisse se rencontrer dans des conditions indépendantes de l'effet des couleurs, par exemple dans la statuaire grecque. Mais pour la beauté vivante, la couleur est à mes yeux une circonstance qui accroît ou déprécie de moitié sa valeur. La couleur est le grand principe d'attraction, elle donne la vie par sa fraîcheur et son éclat. Ainsi figurez-vous nos fleurs les plus communes, leur forme peut sans doute paraître fort belle, mais privez-les de leur coloris, elles n'attireront plus l'attention.

— Bien, M. Charlie, observa Raikes, si la couleur est l'une des conditions capitales de la beauté, comme vous le dites, il me semble qu'il y a abondance de couleur dans la négresse.

— Oh ! répondit vivement Charlie, le noir est la couleur du diable, et lui a-t-on jamais associé la moindre idée de beauté ?

— Beauté ou non beauté, s'écria Watty, il est de fait que les deux jeunes demoiselles qui viennent de passer devant nous ressemblent plutôt à de grosses corneilles cherchant des vers dans un champ labouré, qu'à aucune espèce de créatures humaines.

XXI. — Lavage au plat de fer. — Charlie et Watty font des expériences. — État des mines de Bendigo. — Scènes de pugilat. — Réflexions à ce sujet.

L'opération au moyen de laquelle Brown et moi avions gagné trois guinées prend le nom de *lavage au plat de fer* dans le langage technique du chercheur d'or. Cette opération est très-simple. Le plat a ordinairement un diamètre de dix-huit pouces au plus, sur trois ou quatre de profondeur, avec le rebord évasé. On tient ce plat des deux mains dans une position oblique pour recevoir la terre que le mineur appelle *bourbe*. Cette terre est à plusieurs reprises couverte d'eau afin que les parties les plus subtiles et les plus légères s'écoulent avec elle. Pendant ce temps on imprime au plat des secousses alternatives de droite et de gauche, pour que l'or séparé se précipite dans le fond, où, s'il y en a, il est finalement recueilli.

Notre succès avait fait une profonde impression dans les esprits de Charlie et de son compatriote, qui immédiatement saisirent notre plat de fer et s'éloignèrent pour faire leurs débuts, comme ils disaient.

Cependant Raikes et Binks avaient complété l'installation de notre tente. Ils l'avaient aussi confortablement organisée qu'il était possible avec les matériaux dont ils disposaient. Ils l'avaient faite plus haute et plus large qu'elle n'était à la crique de la forêt, en élevant davantage les pièces de bois qui formaient les côtés. Ces pièces de bois étaient solidement clouées à de grossiers montants enfoncés en terre. Par ce moyen notre appartement se trouvait de beaucoup agrandi, et quand nos lits étaient enlevés, il y avait un espace suffisant pour placer au milieu une table d'une certaine dimension. Pour construire notre cheminée, nous enfonçâmes quatre pieux en terre et nous les entourâmes d'écorce sur trois côtés ; le quatrième, celui qui donnait dans la tente, demeura ouvert. C'était une œuvre grossière, mais qui remplissait notre but en garantissant notre feu des vents et des autres imtempéries de l'atmosphère.

Après ces arrangements, il fallut songer à nous procurer nos licences afin de pouvoir nous mettre au travail le lendemain d'aussi bonne heure que possible. Nous n'avions pas encore fait choix du lieu où devaient commencer nos opérations, mais ce qui était bien arrêté chez nous, c'était la résolution d'installer nes opérations dans un lieu nouveau et tranquille plutôt que dans les terrains déjà en voie d'exploitation et où la foule se portait. Il y avait non loin de notre tente un ravin que nous avions visité et où il n'y avait que deux ou trois trous ; ce fut là que nous résolûmes de nous mettre à l'œuvre. Personne ne parlait de cet endroit, mais pourquoi ne serait-il pas aussi riche que les plus riches districts de Bendigo ? C'était ce que nous voulions expérimenter. Le lavage est productif, et en cherchant l'or par ce moyen sur les bords de la rivière, nous eussions pu en acquérir autant qu'il nous en fallait pour vivre ; mais la recherche des pépites nous paraissait plus avantageuse ; on les rencontre disséminées au milieu des rochers ou entraînées à une certaine profondeur dans la terre. Nous obtînmes nos licences. Il fut décidé que nous commencerions le lendemain. Le restant du jour fut employé à construire un lit et à perfectionner nos aménagements.

Au soleil couchant et tandis que les bruits des pics et des cribles allaient s'affaiblissant de plus en plus, Charlie et Watty arrivèrent ; ils étaient radieux de joie et pleins d'espérance.

— Nous vous remercions de nous avoir prêté votre plat de fer, gentlemen, dit Charlie, il peut être comparé à la mesure qui joue un si grand rôle dans le conte d'Ali-Baba et des quarante voleurs, car il y a toujours de l'or au fond.

— Avez-vous été heureux ? lui demandai-je le premier.

— Comme ci, comme ça, répondit Charlie tirant son mouchoir de poche. Et il se mit à défaire un nœuf qu'il avait fait à l'un des angles ; il en tira une once et demie d'or. Voilà, messieurs, dit-il, c'est plus que nous n'espérions, et nous vous le devons, autant à cause de votre exemple qui nous a excités à nous mettre à l'œuvre, que parce que vous nous avez prêté le plat qui nous a permis de commencer.

— Vous y retournerez donc, Charlie, dit Brown, et vous ne considérez plus les mines avec le mépris dout jusqu'ici vous les avez gratifiées ?

— J'y retournerai, répliqua Charlie, et comme l'honnêteté est la meilleure prudence, nous devons d'abord prendre une licence. Nous pourrons ainsi travailler en toute sûreté et confiance ; et je ne fais aucun doute que nous n'ayons du succès. Mais, Dieu nous assiste ! c'est là un sale travail.

Cependant, en parlant Charlie était allé s'asseoir sur une pièce de bois, d'où il pouvait voir l'intérieur de la tente.

— Fort bien ! camarades, dit-il, quels que soient les vices des autres huttes, j'ose dire qu'il y a fort peu à redire sur la vôtre. Je désire que vous ne la quittiez qu'avec un sac plein d'or, un sac grand comme un sac à farine. Passant ensuite à un autre sujet, il poursuivit : — J'ai rencontré un bon compagnon, là-bas, au pied de la montagne ; il m'a généreusement donné de bonnes indications pour la découverte de l'or dans ce pays, et m'a enseigné la meilleure manière de s'y prendre pour réussir. Il m'a, en peu de mots, tracé un tableau complet de la façon de faire.

C'était là un sujet qui nous intéressait tous. Nous priâmes Charlie de nous faire part des renseignements qu'on lui avait donnés. Il commença aussitôt.

— Ce garçon-là m'a dit : Supposez que nous nous mettions au travail ensemble. Bien ! nous voilà dans un ravin où l'on est en train de creuser un ou deux trous. C'est un endroit que l'on n'a pas encore expérimenté : nous marquons notre lot de huit pieds carrés ; nous creusons un trou rond comme un puits. Jusqu'à seize pouces de profondeur nous ne trouvons rien qu'une terre noire peut-être. Ensuite nous rencontrons une couche d'une argile rougeâtre d'une épaisseur d'environ neuf pouces, et assez pénible à traverser. N'importe ! Je tiens le pic et vous la pelle ; nous rencontrons ensuite une couche de pierres, de sable et de minerai de fer mêlé à du quartz ; cette couche a une épaisseur de dix-huit pouces et est suivie peut-être d'une argile bleue ou brune ; elle a douze pouces de profondeur, et précède un mélange de sable, de glaise, de quartz et de minerai de fer ; c'est dur à fouiller, la sueur coule de nos fronts. Nous voilà à une profondeur de quatre à cinq pieds. Le jour approche de son déclin, nous retournons à notre tente. Le lendemain matin nous nous remettons à l'œuvre, et, tout en déjeunant, nous aiguisons notre pic. Nous pensons que notre trou est suffisamment profond, nous traçons deux nouveaux lots de huit pieds carrés ; nous creusons jusqu'à deux pieds au milieu d'un mélange très-dur suivi d'une terre brune mêlée de quartz. Ici nous examinons de près pour voir s'il y a de l'or. Je remplis de terre notre plat de fer, et je verse de l'eau en broyant la terre avec mes mains, j'agite, et l'eau coule emportant une certaine portion de terre et de sable. Je remets de l'eau et renouvelle l'opération. Je trouve en fin de compte une ou deux parcelles d'or. C'est peu de chose, nous creusons encore ; nous trouvons du quartz en abondance avec une terre grasse calcinée. Autre expérience avec le plat de fer, et ceci nous procure deux ou trois morceaux d'or avec une pépite et quelques légères parcelles, environ vingt grains en somme. Nous réservons cette terre, qui, bien que peu riche, ne doit pas cependant être rejetée. Nous traversons encore de l'argile, sans or, ce qui nous conduit à un lit mélangé de quartz, de minerai de fer, de terre grasse calcinée, de sable et d'argile, et nous voyons que nous ne sommes pas loin du fonds, où immanquablement l'or doit se trouver quand il y en a. Nouveau lavage d'un plat de terre, qui nous produit un peu plus d'un pennyweight d'or. Cette terre est mise de côté ; elle est bonne à laver, à passer au crible. Nous arrivons enfin à une argile blanche ; c'est le fonds. Voici le moment de nous servir de notre couteau à fouiller, et en grattant l'argile blanche, nous voyons briller un morceau d'or. Ce n'est rien encore ; continuons. Voici une grosse pépite ; c'est là un bon trou ; nous trouverons de l'or dans tout ce fonds-là. Il nous reste à creuser en voûte pour réunir les puits ensemble, et à miner de façon à recueillir tout l'or des alentours. Nous fouillons largement cette argile mêlée quelquefois de sable agrégé. Dans cette excavation il y a un coin où nous trouvons l'or ramassé comme des groseilles ou des raisins dans une boîte. Il y en a là deux livres et peut-être dix livres pesant. Avant de mettre la main sur ce trou, nous en avions fouillé quarante qui ne nous avaient pas donné une once d'or ; c'est ce qui arrive ordinairement. Tel est le récit qui m'a été fait, dit Charlie en terminant.

— Au total, Charlie, dit Brown, cela me paraît plus attrayant que l'élève des bestiaux.

— C'est fâcheux à dire. Au reste, cela dépend des sentiments naturels de l'individu. Ce qui est nourriture pour une personne est poison pour une autre. Vous aimez fouiller le sol pour gagner de l'or, j'aime rôder au milieu des troupeaux.

A ce moment, des clameurs retentirent pareilles au grondement des vagues de la mer, et en même temps nous vîmes une foule de mineurs accourir en toute hâte sur le sommet d'une colline.

— Qu'est cela? Allons donc voir, camarades! dit Charlie; et redressant son gigantesque individu, il joua des jambes dans la direction d'où venait le bruit. Nous le suivîmes, sauf Binks et Watty, qui restèrent pour garder la tente, et s'occuper du souper qui était confié à leurs soins.

Arrivés au sommet de la colline, nous y trouvâmes une foule de mineurs faisant cercle autour de deux vigoureux gaillards qui se disposaient à expérimenter leur force dans un combat à coups de poings. Ils avaient déjà mis bas leurs habits, et ils se mettaient en position au moment où nous arrivions auprès d'eux. Je n'ai pas l'intention de vous raconter les péripéties d'un pugilat à Bendigo avec toute la technique exactitude d'un journal de sport; mais c'était là un des plus sauvages spectacles qu'il fût possible de voir. L'un des deux lutteurs était Irlandais, l'autre Anglais, et il était évident que les passions du pays n'étaient pas étrangères ru principe de leur querelle. L'Anglais était le plus corpulent des deux. Chacun avait un de ses compatriotes pour second, et d'après ce que nous pûmes entendre, c'était là un combat arrêté d'avance, et sur l'issue duquel on avait engagé un enjeu considérable de pépites et de poudre d'or. A en juger d'après les apparences, et sauf un accident ou un coup de hasard, la victoire devait appartenir à l'Irlandais, qui avait pour lui la force, l'assurance et l'adresse. Il relevait sa tête et avançait la lèvre inférieure avec une résolution de mauvais augure pour son antagoniste. Ils en vinrent aux mains; ce fut un choc vigoureux; mais au bout de trente-cinq minutes l'Irlandais avait terrassé son adversaire, sans autre dommage pour lui-même qu'un nez contusionné et des yeux noirs.

En quittant ce disgracieux spectacle, Charlie, qui, de même que la plupart de ses compatriotes, n'était pas admirateur de l'art du boxeur, déclara que, quand les hommes ne peuvent terminer leurs contestations par le raisonnement, au moins ne devraient-ils jamais s'assimiler à la brute et avoir recours à la force matérielle de leurs bras.

— Ainsi vous n'admirez pas l'art masculin, M. Charlie? dit Raikes.

— Oui, j'admire cet art masculin qui consiste à faire usage des facultés dont l'homme est doué, et qui le distinguent des autres êtres; mais je n'admire pas cet art qu'à tort on a nommé masculin, et qui consiste à employer nos forces matérielles à nous entre-détruire.

— Le ceste, Charlie, dit Brown, était un exercice gymnastique des Grecs.

— C'est vrai, répliqua Charlie; mais à cause de son caractère sanguinaire et dégradant, il jouissait d'une très-petite considération chez ce peuple, dont les goûts étaient délicats. Il peut avoir été en faveur chez les Romains, nation féroce à qui plaisaient les jeux sanglants; mais les Grecs préféraient aux combats la simple course à pied. C'est ainsi que je suis, et que doit être tout homme doué de sensibilité.

— Oui, dit Raikes, vous pouvez bien être de cet avis, Charlie, vous seriez sûr de remporter la victoire à en juger par vos longues jambes, à moins que l'on n'accordât aux concurrents une compensation...

— Cela peut s'arranger, dit Charlie en leur donnant une avance de cinquante ou cent verges, selon que cela serait déterminé, et ceci établirait la partie autant que possible. Mais ce sujet me rappelle une épigramme que j'ai apprise étant à l'école. Il s'agit d'un ancien boxeur que les résultats de ses penchants ont tellement défiguré, qu'il ne peut plus constater son identité, si bien qu'il perd l'héritage d'un frère plus jeune que lui.

Nous arrivions en ce moment à notre tente. Le thé était prêt.

XXVII. — Réflexions sur le vaincu. — Histoire de Radley le convict, rôdeur
des bois.

Une heure et demie environ après notre retour, et tandis que nous nous entretenions des incidents du combat dont nous avions été témoins, celui des deux combattants qui avait eu le dessous vint à passer auprès de notre tente avec un ou deux de ses amis. Si la carrure et l'apparence générale d'un individu peuvent donner une idée de sa vigueur, certainement celui-ci paraissait être de force à assommer un bœuf d'un coup de poing. Mais où étaient les nombreux amis qui l'avaient si bruyamment excité pendant le combat, qui ne voyaient rien moins qu'un hercule dans leur champion, et qui se voyaient assurés de doubler la somme qu'ils avaient engagée dans

leur attente du succès? Qu'étaient-ils devenus tous? comment avaient-ils été
assez peu généreux pour l'abandonner, alors qu'il avait plus que jamais
besoin de leur assistance et de leurs encouragements? Pourquoi ceux qui
avaient eu auparavant de si chaudes acclamations n'avaient-ils pas un mot
de consolation pour lui tandis qu'il s'éloignait? A ces questions, la réponse
est prompte, car, en fait de lutte comme en toutes choses, la spéculation
n'applaudit que ce qui lui procure des bénéfices, et elle abandonne l'objet
de ses précédentes affections quand il devient pour elle l'occasion d'une
perte. Tel était le cas du vaincu ici. Les parieurs, désappointés par l'insuccès de leur champion, déversaient sur lui toute l'irritation résultant de leur
perte. Tout homme sur le travail duquel, intellectuel ou physique, reposent
les intérêts d'autrui, doit s'attendre à de durs procédés s'il ne réussit pas,
et à un blâme d'autant plus pénible, qu'après s'être donné de la peine nuit
et jour, après avoir dépensé son courage et son énergie, il devait plutôt
compter sur des applaudissements. Combien de faits de ce genre n'avons-
nous pas vus; combien de fois n'avons-nous pas expérimenté par nous-
mêmes cette triste vérité! Les exemples abondent dans la vie privée; ils ne
sont pas moins nombreux dans la vie publique parmi les hommes d'Etat
et les hommes de lettres. C'est heureusement un mal auquel un esprit droit
trouve en lui-même des compensations.

— Il est bien heureux qu'il n'y ait pas de miroir dans ce coin du
monde, dit Charlie rompant le silence qui avait suivi le passage du pugi-
lateur vaincu; ce pauvre diable, s'il se fût regardé dans une glace, ne se
serait pas reconnu lui-même, comme il arriva à ce champion de l'antiquité
dont je vous parlais.

— Bah! dit Raikes, il n'y paraîtra plus dans deux ou trois jours.

— J'ose dire que vous avez raison, reprit Charlie; les têtes de ces gail-
lerps-là sont aussitôt raccommodées que brisées. Mais, à propos, reprit-il
en haussant la voix, au souvenir subit d'un fait analogue à l'objet de la
conversation, avez-vous entendu parler de la tête de Radley, le convict
qui s'échappa dans les bois, et dont le crâne était tellement épais ou tellement dur, qu'une balle de mousquet ne pouvait l'entamer?

— Non, répondit Brown; et d'où venait-il?

— Précisément d'où vous venez, ou bien de l'Irlande, voisine de chez
vous, dit Charlie avec un sourire.

— Etes-vous sûr qu'il n'était pas Ecossais, Charlie?

— Parfaitement sûr! nous n'avons point de Radley en Ecosse. Les noms
de famille de notre pays sont connus pour avoir été célèbres pendant les

guerres de frontière ou de clan à clan, fréquentes jadis, mais aujourd'hui éteintes, Dieu merci !

— Et que savez-vous sur ce Radley, Charlie? demanda Brown.

— Peu de chose, seulement c'est une extraordinaire individualité. Son histoire est étrange même pour ce pays-ci. Il était convict transporté depuis plusieurs années pour divers méfaits dans son pays. Je vous raconterai du reste c̄e qu'il a raconté lui-même avant d'aller rendre compte de sa vie dans un autre monde.

Nous donnerons ainsi qu'il suit le récit de Charlie, et pour le rendre plus intelligible, nous le dégagerons des scoticismes dont notre Ecossais, soit par affectation, soit pour toute autre raison, faisait un usage fréquent dans son langage. Il parlait parfaitement l'anglais quand il le voulait bien.

Radley s'était échappé du lieu de détention où ses méfaits l'avaient conduit, et s'était sauvé dans les bois, où il menait une existence vagabonde, vivant des fruits naturels de la forêt, de la chair des animaux sauvages que son adresse lui procurait, et du produit de ses audacieuses déprédations. Une récompense avait été promise à qui le livrerait à la justice. Un homme chez qui il avait souvent trouvé un asile se décida enfin à le faire tomber dans les mains de la police. A cet effet, ce traître, car à mes yeux il mérite ce nom, cachait chez lui deux constables chaque fois qu'on supposait que Radley y chercherait un refuge. Un jour, ce dernier, suivi d'un compagnon, se dirigeait vers le lieu où jusqu'à ce jour il avait trouvé de la sécurité. Soudain il eut le pressentiment de quelque chose de fâcheux, et fit part de ses appréhensions à celui qui l'accompagnait. Ce sentiment était même si profond chez lui qu'il fut sur le point de rebrousser chemin; mais son camarade s'efforça de lui démontrer l'improbabilité d'une trahison de la part d'un homme qui s'était montré leur ami en maintes circonstances, et qui avait même prêté son concours a leurs premiers exploits. Sans être convaincu par ce raisonnement, Radley marcha où sa destinée le poussait, et quand il fut à portée, il essuya le feu des constables. Blessé au bras, il ne put éviter d'être fait prisonnier avec son compagnon. Les constables conduisirent immédiatement ce dernier au plus prochain magistrat, laissant Radley à la garde de son ancien ami.

— Certainement, Spokes, dit Radley, car tel était le nom du traître, je ne m'attendais pas à un pareil procédé de votre part.

— Je le crois, dit l'autre avec l'expression de la lâcheté sur sa physio-

nomie : et puis il ajouta : Car si vous l'aviez su, vous ne m'auriez pas
rendu visite cette fois.

— C'est étrange, reprit Radley ; mais quelque chose me disait que vous
me livreriez aux Philistins. Et si ce n'eût été pour mon camarade, je ne
serais pas venu ici.

— Bah ! ne pensez pas à cela, répondit Spokes ; vous serez tout simplement pendu.

Le sourire calme dont il accompagna cette sentence produisit sur
Radley une plus profonde impression que la pensée elle-même. Il changea
la conversation et amena habilement le souvenir de l'époque où l'amitié
et la confiance régnaient entre eux. Insensiblement le cœur de Spokes se
trouva ému de quelque sympathie. Il considéra la situation de Radley,
songea au peu de jours qui probablement lui restaient à vivre, et se rappela qu'il n'avait pas été étranger lui-même à ses premiers méfaits. Aussi,
à la demande qu'en fit Radley, il le laissa se coucher sur son lit et le cou-
vrit d'une peau de kangourou. C'était là ce que voulait Radley, qui, mettant ses mouvements sur le compte de la douleur que lui occasionnait sa
blessure, travaillait énergiquement à se débarrasser des cordes qui lui
liaient les mains.

Les soupçons que Spokes avait pu concevoir étaient complètement éva-
nouis, et pendant ce temps Radley s'était délivré de ses liens. Courageux
par nature et rusé par habitude et nécesssité, il demanda un verre d'eau
pour calmer les ardeurs de la fièvre que lui donnaient les souffrances qu'il
endurait. — Spokes, dit-il, vous aurez la complaisance de porter le verre
à mes lèvres, car étant garrotté, je ne le puis faire moi-même.

— Oui, oui, Radley, je le veux bien ! et Spokes quitta son fusil chargé
pour aller chercher l'eau. Radley s'élança alors du lit, saisit l'arme, et
poussant un cri de triomphe, posa le bout du canon contre la tête du traître. — Maintenant, chien ! lui dit-il, prépare-toi à mourir.

— Oh ! Radley, s'écria Spokes, qui n'avait pas le courage de son adversaire, Radley, pour l'amour de Dieu, laisse-moi la vie !

— Double damné, infâme coquin ! comment peux-tu me demander de
t'épargner pour l'amour de Dieu quand, il y a à peine quelques minutes,
tu disais qu'il n'y a ni Dieu ni diable ? Je veux voir ton sang, canaille à
face blanche, pour en connaître la couleur, si ce n'est pour autre chose.
Mais ce ne sera pas aujourd'hui, de peur que le coup de feu ne répande
l'alarme ; seulement, à la première occasion tu auras ton affaire.

Ceci dit, Radley sortit de la hutte et retourna à la liberté des bois.

Pendant longtemps il vécut en sauvage dans les solitudes. De temps à autre il se rapprochait des habitations, soit pour commettre quelque crime, soit pour solliciter la charité des gardiens de huttes. A la longue cependant cette existence lui serait devenue intolérable. Il parvint à s'entourer d'une bande de convicts échappés et réduits également à là vie désespérée qu'il menait. Avec eux il se livra à une série de brigandages aussi nuisibles aux colons que dangereux pour lui-même la plupart du temps. C'est à cette époque, pendant qu'il était à la tête de cette bande, que Radley tomba entre les mains de celui par qui il avait jadis été trahi. Spokes, aussitôt qu'il le tint, lui mit le pistolet sur la tempe, et lui dit de faire sa prière, qu'il n'avait plus que cinq minutes à vivre. Radley vit que sa mort était résolue, et, avec le plus grand sang-froid, plaça sa tête contre la porte d'une hutte auprès de laquelle ils se trouvaient. — Feu, et sois damné! fit-il. Aussitôt la balle lui frappa la tête.

Le corps, étant demeuré sans sépulture, ne tarda pas à être découvert. On reconnut alors que la balle avait à peine pénétré, et s'était aplatie comme un schelling. Radley, rappelé à la vie, fut de nouveau réintégré dans sa prison.

A cette époque le gouvernnment avait adopté un plan pour tâcher de détruire les bandes nombreuses de rôdeurs des bois qui infestaient la contrée et répendaient la terreur dans les districts adonnés à l'élève du bétail. Ce plan n'était autre que l'application de l'adage : Il n'y a tel qu'un voleur pour en prendre un autre. Radley était l'homme qu'il fallait pour un service de ce genre ; et comme du reste le crime dont il était accusé n'avait jamais été prouvé, on fit immédiatement appel à son adresse et à son courage pour mettre à exécution les intentions du gouvernement. Il devait en apparence agir comme s'il eût de nouveau brisé ses fers; et quand il aurait rejoint les rôdeurs des bois ses compagnons, il saisirait la première oocasion de les faire tomber dans les mains de la police. Ce stratagème avait déjà été employé plusieurs fois, et avait toujours été couronné de succès. Mais comme les bandits étaient de leur côté tenus en éveil à la suite de ces expériences fâcheuses pour eux, ils ne furent pas dupes longtemps de ces artifices. Cependant Radley, soit dans l'intention d'appeler l'indulgence sur lui, soit pour goûter encore les charmes de la liberté, accueillit les propositions qui lui étaient faites, et prit la chef des champs avec ses fers brisés.

Comme il connaissait parfaitement les repaires des bandits, il ne tarda pas à rencontrer une bande à laquelle il témoigna l'intention de se joindre.

Il leur dit qui il était, et comment il s'était encore échappé de prison. Mais le soupçon est le compagnon ordinaire d'une conscience coupable ; ses nouveaux camarades eurent un pressentiment du rôle de traître qu'il se proposait de remplir à leur détriment ; ils résolurent sa mort. On lui donna cinq minutes pour se mettre en paix avec Dieu. Radley n'avait pas grand'chose à dire pour excuser ses crimes ; aussi est-il à supposer que son esprit était alors livré à des préoccupations autres que celle de sa comparution devant le tribunal suprême.

À l'expiration des courtes minutes qu'on lui avait accordées, il fut garrotté avec les mêmes fers qu'il avait emportés de sa prison. Il ne fit aucune résistance, et l'eût-il voulu, que c'eût été inutile contre des bandits aussi nombreux et aussi déterminés qu'il l'était lui-même. Il n'avait donc qu'à se soumettre à sa triste destinée. Il ne tarda pas à s'apercevoir qu'il ne serait pas fusillé, mais qu'il mourrait par le poison ; car ces coquins avaient adopté les principes de quelques anciens philosophes : ils portaient toujours avec eux une certaine dose de laudanum, afin de se procurer une mort tranquille dans le cas où leur malheur les ferait tomber entre les mains de la justice. Ils préféraient cette mort à l'ignominieuse mort résultant de la pendaison.

—Vous n'allez pas, j'espère, me donner du poison ? dit Radley à l'exécuteur de la sentence des bandits, qui s'approchait de lui avec un verre contenant la potion.

— Ce n'est qu'une potion soporifique, répondit l'autre avec un hideux sourire ; elle vous fera passer dans l'autre monde sans autre bruit que celui de vos propres ronflements.

— Je préfère un coup de feu à ce honteux genre de mort, dit Radley. Mettez-moi une balle dans la tête, cela ne me tuera pas moins.

— User de la poudre et du plomb pour un coquin comme vous ! cria le chef de la bande. Et, avec de terribles imprécations, il ajouta que, s'il ne prenait pas la drogue, on lui enlèverait ses fers, et on lui ferait creuser à lui-même une fosse où il serait enterré vivant. Il est inutile de dire que la perspective d'une pareille mort fit cesser toute observation de la part de Radley. Il avala le verre de laudanum, tomba par terre, et au bout de quelques minutes fut jugé mort.

Mais, soit à cause de la quantité du poison, soit à cause de la qualité, le fait est que Radley ne mourut pas, car à peine la troupe s'était-elle éloignée en lui distribuant en guise d'adieux des coups de pieds, que Radley rendit le narcotique, qui ne produisit en définitive d'autre effet sur lui que l'agrément d'un sommeil beaucoup plus paisible que celui dont il jouissait habituellement. En se réveillant, il se retrouva enchaîné, et il ne pouvait croire qu'il fût encore sur la terre des vivants. Il eut quelque peine à se rendre compte de sa situation et à se persuader qu'il n'était pas mort. Cependant, se redressant avec ses menottes, il fit quelques pas, et se demanda le parti qu'il avait à prendre. Irait-il trouver les autorités pour faire le récit de ce qui lui arrivait, et suggérer un autre moyen d'exterminer les bandits, ou bien chercherait-il à rencontrer sa propre troupe pour reprendre avec elle sa vie de rôdeur des bois ?

En se livrant à ces réflexions, il avait pris une direction qui lui était bien connue ; mais le malheur voulut qu'il retombât au milieu de la bande qui l'avait laissé pour mort.

— Holà ! Quoi, vous n'êtes pas encore mort ? s'écria celui qui lui avait administré la potion, dont on disait qu'une seule gorgée donnait la mort ; fort bien, vous aurez votre compte cette fois !

Pendant quelques instants ils tinrent conseil entre eux. Quelques-uns parlaient suffisamment haut pour que Radley les entendît. Malgré son mépris général de la mort, il avait des idées à lui sur la façon dont il préférait mourir.

— Ecorchons vivant ce diable-là, dit l'un d'eux, dont les sourcils proéminents s'avançaient, comme un rocher, au-dessus d'une paire de petits yeux brillants, aussi remarquables par leur expression de méchanceté que par la profondeur de l'orbite où ils étaient placés. Ecorchons-le vivant, et salons-le pour le conserver pendant son agonie ! Et il sourit à la pensée de la nouveauté du divertissement que son idée, si elle était accueillie, procurerait à l'honorable compagnie dont il faisait partie.

— Ce serait trop long, et il n'en vaut pas la peine, observa un autre plus charitable, en jetant un regard du plus profond mépris sur leur victime.

— Il n'y a pas de mort assez cruelle pour lui, dit un troisième, car il aurait mis le grappin sur nous s'il avait pu, et nous aurait gratifiés d'une cravate de chanvre.

— Tuons-le tout de suite d'un coup de pistolet, dit le chef, c'est le plus sûr et le plus prompt moyen de nous débarrasser d'une pareille vermine.

— Allons, allons ! dirent deux ou trois autres, qui avaient leurs armes dans leur ceinture, en faisant jouer le ressort de la platine.

— Mon garçon, cria le capitaine, je vous ai accordé cinq minutes l'autre fois pour faire vos prières, vous n'avez pas besoin d'une pareille faveur cette fois-ci. Et il lui déchargea son pistolet par le travers du corps. Mais la balle ne toucha pas aux organes vitaux ; cependant, en lui labourant les chairs autour du corps, elle le blessa assez grièvement pour qu'il tombât comme un véritable cadavre. Il essuya encore un coup de pistolet qui ne l'entama que légèrement. En ce moment des pas de chevaux se firent entendre sur la route qui traversait le bois. Cette circonstance troubla les assassins dans leur œuvre de mort, et leur fit prendre la fuite, supposant d'ailleurs que le compte de Radley était parfaitement réglé en ce monde. Cependant il n'était pas mort, et se releva encore marchant du mieux qu'il pouvait, et résolu à aller se livrer aux autorités. Il fut assez malheureux pour rencontrer une troisième fois la même bande.

— Que le Seigneur nous délivre ! Il n'est pas encore mort, s'écria l'un des bandits.

— Il a plusieurs vies, comme un chat ! cria un autre. Plusieurs d'entre eux commençaient à douter sérieusement que ce fût un homme, et croyaient au moins que, comme Macbeth, il avait un charme pour protéger son existence. Mais les bandits marchaient en ce moment à une entreprise importante, ils n'avaient pas de temps à perdre ; l'un d'eux fit feu de son pistolet dans la tête de Radley, qui tomba à l'instant. Le meurtrier se pencha sur lui pour le considérer pendant un moment, et puis retourna brutalement le corps avec son pied. — Cette fois c'est bien fini, dit-il en rejoignant ses camarades.

Ce n'était pas fini pourtant, et Radley attestait un fois de plus combien la vie était chevillée en lui, et donnait une nouvelle preuve de la solidité de son crâne. Le fait est qu'au lieu de lui traverser la tête, ce qui aurait eu lieu pour tout autre, la balle l'avait seulement contournée en faisant une blessure assez grave pour que Radley tombât sans connaissance. Quelqu'un le rencontra dans cet état, et on le transporta dans une habitation où il guérit de ses blessures. Il remplit plus tard diverses fonctions relatives au service de la police, et vécut encore plusieurs années dans la colonie où il a raconté nombre de fois l'étrange et incroyable histoire de ses aventures. Le meurtre qu'il avait commis ne fut jamais prouvé, et il est probable qu'il était assez prudent pour ne jamais y faire allusion dans le récit de sa vie.

Telle était l'histoire que nous raconta Charlie comme tout à fait authentique. On peut douter cependant que le narrateur n'ait pas donné un peu cours à son imagination, et n'ait au moins exagéré le côté dramatique du récit. Quoi qu'il en soit, quand ce fut fini, l'heure de se mettre au lit était venue; ce que nous fîmes.

XXVIII. — Nous commençons nos opérations. — Nous trouvons enfin un rich trou. — Visite à l'acheteur d'or. — Incident.

Le lendemain, malgré l'aspect menaçant du ciel, nous nous mîmes à l'œuvre avec une ardeur telle qu'un observateur en eût tiré un heureux augure pour le résultat, et l'événement ne tarda pas à le justifier.

On commence ordinairement par enlever la croûte superficielle du sol avant de commencer le creusage proprement dit; ensuite le pic et la brouette fonctionnent. A l'heure du déjeuner notre trou était déjà profond de plusieurs pieds. Tout le jour on travailla avec beaucoup d'entrain, et le soir nous retournâmes auprès de Bink, qui avait pris les fonctions de pourvoyeur du logis, cuisinier, sommelier. Bref, il avait la haute main dans toutes choses concernant l'état intérieur de l'habitation, à la construction de laquelle il avait travaillé. Brown, Raikes et moi avions dans nos attributions toutes les fonctions extérieures, et notamment les soins de la recherche de l'or nécessaire pour nous procurer l'aisance et le bien-être dans notre patrie. Charlie et Watty s'étaient adonnés au lavage au plat de fer, et s'étaient adjoints à une autre compagnie qui avait une tente où, d'après leurs arrangements, ils devaient trouver un abri.

Pendant trois jours nous creusâmes plusieurs trous d'environ seize pieds de profondeur. Nous allions toujours jusqu'à la couche d'argile ardoisée dans laquelle l'or se trouve quand il y en a, et qu'on appelle le fonds. Pendant ces trois jours-nous ne recueillîmes pas une once d'or. Cette expérience nous accoutuma à la déception et cuirassa nos esprits contre l'influence des insuccès qui nous attendaient encore. Le fait est que nous avions résolu de triompher à tout prix, et de ne nous laisser abattre par aucun sentiment de lassitude ou de découragement. Jusque-là, quoique nous prissions bien de la peine, nous n'avions pas eu le moindre stimulant; mais nous allions de place en place, bien décidés à persévérer tant que nos jambes ne nous feraient pas défaut, et que la famine ne heurterait pas à notre porte.

Vers la fin de mars, nous avions creusé neuf trous, de seize à vingt pieds chacun, avec un égal insuccès. Mais nous étions faits à ces résultats négatifs; nos cœurs n'étaient plus accessibles à leur influence. Ce qui peut-être nous causait le plus d'ennui dans ces circonstances, c'était la question que nous faisaient une demi-douzaine de fois par jour des mineurs plus heureux : — Eh bien! qu'avez-vous trouvé? Nous ne pouvions que leur répondre chaque fois : — Peu de chose jusqu'à présent.

Enfin cependant nous allions pouvoir répondre autre chose. Le jour de bonheur arriva. Je n'oublierai jamais la violence de l'émotion qui gonfla ma poitrine quand, en approchant du fond d'un de nos trous, je mis à jour une pépite de quatorze livres.

— O Gemini! s'écria Raikes laissant tomber la brouette de ses mains et sautant au fond du trou avec une promptitude qui dénotait la vivacité de la sensation qu'il éprouvait, ô Gemini! elle est à nous! et nous en aurons d'autres encore!

Il disait vrai, nous avions trouvé un coin plein d'or, et pendant huit jours consécutifs nous en retirâmes de six à huit livres par jour. Nous gardâmes prudemment le silence sur notre bonne fortune. Nous avions été assez souvent témoins des inconvénients d'une conduite opposée. Aussitôt que des mineurs heureux avaient ébruité leur découverte, tous les terrains aux alentours étaient envahis par la foule, résultat que nous tenions à éviter. Nos travaux furent poursuivis avec persévérance et énergie, qualités qui du reste ne nous avaient jamais fait défaut depuis notre arrivée à Bendigo. Il nous était d'autant plus facile de taire notre bonne fortune, que le ravin où nous étions n'avait paru mériter d'être exploité qu'à un très-petit nombre de mineurs. Non loin de nous travaillait une famille tout entière. Dans son industrieuse activité, elle offrait une scène dont il y avait peu d'exemples aux mines. Dès le point du jour, ils se mettaient tous avec ardeur au travail; le père creusait la terre; la mère, tenant le plus jeune de ses enfants dans ses bras, agitait la terre sur laquelle l'aîné versait de l'eau. Et un autre petit enfant, âgé d'environ trois ans, apportait, dans la limite de ses forces, son contingent de terre au moulin à lavage. Tant de bonne volonté devait avoir sa récompense. Aussi nous sûmes qu'ils avaient obtenu d'heureux résultats.

Sous l'impression des sentiments qui nous assaillirent à la vue de l'énorme pépite d'or dans le fond de notre trou, nos bras se trouvèrent pendant quelques minutes dans l'impossibilité de reprendre leur travail. Nous nous remîmes ensuite à la besogne avec plus d'ardeur, tandis que Brown accourait vers notre tente pour montrer notre trouvaille à Binks, et lui faire partager notre joie. Pendant son absence, Raikes et moi nous poursuivions notre découverte, et notre étonnement allait croissant avec le nombre des morceaux d'or de moindre dimension que nous trouvâmes. En un seul endroit ils étaient réunis aussi dru que des groseilles, et leur grosseur variait de celle d'un grain de raisin à celle d'une tête d'épingle.

— De l'or, de l'or, de l'or! murmurait Raikes avec une sorte de délire. Il n'y a rien de tel que l'or; avec lui nous serons tous indépendants. Regardez ici! et ici, et là! sur mon âme! En verrons-nous la fin? Et tout en parlant, il ramassait à la hâte plusieurs morceaux d'or de plus en plus volumineux, et dont l'un atteignait la grosseur d'une belle bille. — Là, dit-il, je ne vais pas plus loin, ma tête a le vertige! Et il s'affaissa sur lui-même contre l'une des parois du trou, tout bouleversé par son émotion.

Je dois avouer que j'étais agité par des sentiments non moins puissants. Notre trouvaille était si précieuse et si inattendue qu'il eût fallu être dépourvu de toute faculté sensitive pour ne pas se trouver profondément impressionné, surtout en songeant que notre séjour à Bendigo nous occasionnait une dépense de quinze livres par semaine. Nous ne tardâmes pas à recouvrer notre sang-froid, et nous continuâmes nos recherches jusqu'à la nuit. Nous étions alors possesseurs de vingt et une livres et deux onces pesant d'or. Ainsi, en quelques heures nous avions gagné une somme d'environ huit cents livres sterling avec l'espoir de l'accroître en très-peu de temps dans de grandes proportions.

Vous comprendrez mieux qu'il ne me serait possible de la décrire, l'émotion qui régnait au milieu de nous quand le soir nous nous trouvâmes réunis sous la tente en présence de ce trésor qui nous appartenait. Nous avions pu, sans la moindre difficulté, circonscrire à nous quatre le secret de notre découverte; aussi nous n'avions aucune crainte qu'un étranger s'appropriât notre trou pendant la nuit. Du reste, cette partie du pays avait un renom de pauvreté qui la protégeait et en éloignait la partie la plus mauvaise de la population des mines. Cependant le soupçon et l'inquiétude naissent avec la fortune, et nous jugeâmes nécessaire, avant de quitter notre trou, de lui donner un certain aspect capable de détourner de leur idée ceux qui pourraient avoir envie de s'y installer.

Nous prîmes le thé; ensuite nous décidâmes qu'on irait vendre une livre de notre précieux métal afin d'en faire expérimenter jusqu'à un certain point la valeur. Brown et moi fûmes chargés de cette mission. Nous avions à peu près un mille à faire et à traverser la partie la plus tourmentée des mines. Nous remarquâmes la gaieté qui régnait assez généralement sur les divers points de cette vaste scène; elle nous frappa plus encore que ne nous avait frappés l'aspect de tristesse et de désespoir qu'offraient les exploitations voisines du mont Alexandre à l'époque où nous y étions. Ceci provient sans doute du changement qui s'était opéré en nous-mêmes. Jusqu'à ce jour nous n'avions eu que des insuccès. Actuellement il n'en était plus de même; et nous avions plus d'or que n'en avaient jamais possédé dans leur vie quelques-uns d'entre nous; peut-être même tous en pouvaient dire autant. De cette situation de nos esprits résultaient des dispositions joyeuses et une tendance naturelle à ne considérer les objets qu'en leur prêtant un reflet de notre propre situation intérieure.

Il n'était pas encore nuit close; aussi un grand nombre de mineurs travaillaient encore. Nous fîmes de fréquentes poses pour examiner les travaux de quelques-uns de ces milliers de mineurs qui tous avaient les mêmes espérances. Jeunes et vieux, de six ans à soixante ans, étaient là travaillant du matin au soir sous l'empire de la même passion. Ni la chaleur ni la pluie ne pouvaient les interrompre dans leurs labeurs. Il n'y avait que les besoins toujours impérieux de la nature qui pussent les arracher quelques instants à leur tâche jusqu'à ce que le dégoût, la maladie ou la mort vinssent clore la scène.

Le magnifique attrait de l'or pouvait seul produire un tableau pareil à celui que nous avions sous les yeux. A chaque instant nous nous trouvions arrêtés et détournés de notre chemin tantôt par un cri de joie, tantôt par une querelle issue de l'ivresse ou encore provoquée par la malignité d'un mineur pour qui les succès d'autrui n'étaient que fiel et absinthe.

Nous n'étions plus qu'à une faible distance du terme de notre route, quand, avec quelques autres individus, nous fûmes attirés par des cris de : Au secours! qui s'échappaient du fond d'un trou et s'affaiblissaient de plus en plus. En arrivant, nous reconnûmes que deux hommes se trouvaient ensevelis sous l'éboulement d'une masse de terre, qui formait la séparation entre leur trou et un trou voisin. Il n'y avait pas de temps à perdre, et comme nous étions les premiers arrivés, nous sautâmes par-dessus la terre éboulée, et nous nous mîmes activement à dégager les victimes de l'accident. La tête de l'un d'eux nous apparut bientôt, et il nous sembla que nous le reconnaissions, mais nous n'avions pas le loisir de nous arrêter à cela tant qu'un autre individu se trouvait en danger. Enfin nous eûmes la satisfaction de le retirer de sa fâcheuse situation; et le premier usage qu'il fit de sa parole, aussitôt qu'elle lui fut rendue, fut de s'écrier : Gloire, gloire à Dieu ! je suis sauvé !

Avant d'avoir eu le temps de jeter un coup d'œil sur ce dernier personnage, nous le reconnûmes à l'éclat de sa voix ; c'était notre indigne frère Jan Trevellyan, qui, selon la prédiction de son ami Simon, avait renoncé à cultiver le sermon, et se livrait à la profane occupation du chercheur d'or. Son compagnon de danger était Simon lui-même. Quand Jan Trevellyan se vit, grâce à nous, hors du péril très-sérieux qu'il venait de courir, sa gratitude s'exhala en enthousiastes expressions empruntées aux passages les plus éloquents de ses meilleurs sermons, et il nous fit l'honneur de nous comparer à nombre de personnages distingués de l'Ecriture. La reconnaissance de Simon, aussi sincère que celle de son camarade, était moins expansive, et elle me parut faire infiniment plus d'impression sur l'esprit de Brown que les flots d'éloquence de son compagnon. En ce qui me concerne, j'en puis dire autant. Quand nous fûmes assurés que ni l'un ni l'autre n'étaient blessés, sauf quelques contusions insignifiantes, nous reprîmes notre chemin, et, en nous éloignant, nous entendions Trevellyan qui disait avec emphase :

— Remarquez, Simon, remarquez le doigt de la Providence dans le secours qui nous est arrivé si à propos pour nous empêcher d'être enterrés vivants... et précisément pendant que nous nous livrions à ce diabolique travail de l'or... l'or... la source de tout mal !

L'acheteur d'or, chez qui nous arrivâmes enfin, tenait en même temps un entrepôt ; mais comme sa physionomie n'était pas meilleure qu'il ne fallait, nous ne le perdîmes pas de vue tout le temps qu'il eut notre or entre les mains. Après nous, et tandis que nous étions encore là, entra un de ces gaillards mal embouchés, qui sont aussi communs aux mines que la pierre de quartz. Il ne parut pas avoir une pleine confiance dans le changeur, car il lui fit peser à deux reprises quelques pépites et un peu de poudre d'or qu'il venait vendre.

— Regarde ma figure, dit le changeur en pesant du moins en apparence avec la plus scrupuleuse exactitude, regarde, et vois s'il est raisonnablement possible de douter de ma probité.

Le vendeur laissa sans réponse cet impudent appel adressé à son organe visuel. Il se contenta de retirer tranquillement sa pipe de sa bouche en laissant échapper de ses lèvres une grosse bouffée de fumée. Pendant ce temps il surveillait les balances aussi attentivement que possible, et paraissait s'exprimer à lui-même cette opinion que le changeur ressemblait tout autant à un fripon et à un voleur qu'à n'importe qui.

Notre affaire fut promptement faite, et nous revînmes à notre tente avec environ quarante livres sterling.

XXIX. — La population originaire ou flottant de la colonie australienne.

Quand un homme est descendu au plus bas sur la roue de la fortune tout changement de position ne peut que lui être avantageux. Notre situation s'améliorait rapidement. D'un jour à l'autre nos bourses se gonflaient d'or, et nos cœurs se dilataient sous l'empire de sensations qu'il faut éprouver pour les comprendre.

La partie de la population des mines qui se trouvait dans le voisinage le plus immédiat de notre tente nous offrait les spécimens les plus variés de la race humaine. Parmi eux on reconnaissait le type de la population coloniale proprement dite, à laquelle un plaisant trésorier avait donné le nom de population courante de l'Australie, par une sorte de comparaison à la livre courante, qui est inférieure à la livre sterling.

La franchise et la bravoure qui caractérisent les natifs de la colonie sont telles qu'elles feraient honneur à des sociétés de vieille date. L'ivrognerie leur est presque complètement inconnue, et leur probité est proverbiale. Ce fait forme le trait principal du caractère des Australiens. Les colons primitifs ne se sont pas adonnés à la boisson, mais ont au contraire suivi leurs instincts les plus moraux. Ils sont en général partisans du mariage, ce qui est une heureuse circonstance pour la société australienne. Ils peupleront promptement les immenses déserts de ce pays.

Les natifs australiens sont en général d'une taille élevée et d'une corpulence proportionnée. Avant longtemps ils conquerront leur indépendance. Etant jeunes, ils ont le teint jaune rougeâtre, et ils sont, même dans un âge avancé, très-faciles à distinguer des originaires de l'Angleterre. On ne voit pas des joues vermeilles sous le climat de l'Australie ; c'est le résultat des ardeurs du soleil qui éclaire ces contrées.

Les jeunes femmes perdent leurs dents de bonne heure. Il est possible que ce soit le résultat d'influences atmosphériques ; mais on peut espérer que ce résultat se fera beaucoup moins sentir après quelques générations.

Les jeunes gens des classes inférieures se livrent particulièrement au commerce, à la navigation, ou bien recherchent des emplois de garçons de ferme chez les colons. Ces goûts résultent de la répugnance qu'ils éprouvent à se mêler avec des individus dont l'arrivée dans la colonie a pu être entachée d'un caractère pénal.

14

Les jeunes filles australiennes sont douées du plus charmant caractère et d'une grande simplicité. Elles sont en général crédules et faciles à tromper. Avant la découvert de l'or, celle des classes inférieures avaient hâte de se placer pour échapper à la tutelle de leurs parents. On pouvait remarquer parmi elles quelques filles de l'Ecosse. Elles marchaient d'un pas alerte, toujours fredonnant des chansons. Elles ont toutes un penchant décidé pour l'eau. On peut voir fréquemment celles qui demeurent dans le voisinage de la mer nager et plonger comme des poules d'eau.

L'indigène blanc de l'Australie aime passionnément son pays, qu'il déclare supérieur à toutes les autres contrées. De temps à autre il visite l'Angleterre, mais il n'y voit rien qui ne soit de beaucoup inférieur à ce qu'on voit chez lui. — On demandait à un jeune Australien ce qu'il pensait d'un magnifique magasin de Ludgate-Hill.

— Cela ne vaut pas nos magasins de Melbourne, répondit-il avec une grimace désapprobative ; là nous avons tout ce que la fantaisie peut souhaiter de plus nouveau dans chaque saison.

L'Australien se marie jeune en général.

« Les garçons australiens, dit un écrivain de la Nouvelle-Galles du Sud, sont renommés pour leur esprit et leur courage autant que par leur patriotisme. Si un soldat se prend de querelle avec l'un d'eux, toute la ruche vient en aide à ce dernier. A la Noël et au jour de Saint-Patrick ils chassent les soldats et les poursuivent à coups de triques jusque dans leurs casernes. — Il n'est pas rare de voir dans les rues des enfants lutter, assistés de leurs seconds. — Après chaque passe, ils tombent sur leurs genoux, essuyant avec leur manche de chemise le sang qui coule sur leur jeune visage ; et puis, à un signal donné, ils s'élancent de nouveau l'un sur l'autre au milieu de bruyants encouragements.

» La plupart des passe-temps de l'indigène anglais ont été ici en grande faveur chez le joyeux colon, notamment les chants de Noël et les mascarades de Guy-Faux. — La variété des déguisements et l'habileté des chanteurs, avec l'accessoire nécessaire de bouffonneries et de gaieté, ne le cèdent en rien dans ces occasions aux façons de faire des plus habiles de l'Angleterre.

» Les sociétés savantes proposent fréquemment des prix que se disputent les jeunes gens des écoles. Quand la lutte a lieu entre un jeune *sterling* et un jeune *courant*, on remarque généralement la supériorité de ce dernier.

» Un dimanche je débarquai à Sydney, et je remarquai une nombreuse et bruyante foule qui remplissait notre principale rue. Tout le monde parlait avec beaucoup d'animation. Je pensai que tout ce monde sortait du prêche, et je prêtai l'oreille pour connaître son opinion sur le sermon ; mais, jugez de ma surprise, la discussion roulait uniquement sur le mérite d'un combat auquel ces gens venaient d'assister sur les hauteurs de Surrey. »

Je devais ce court chapitre aux originaires blancs de l'Australie, que j'étais impardonnable d'avoir complètement oubliés dans le cours du récit de ces aventures. Maintenant nous allons leur dire adieu pour entamer un sujet que je suppose intéresser tous les futurs émigrants.

XXX. — Notre fortune est faite. — Grande affluence à Bendigo. — Notre départ des mines. — Nous nous joignons à l'escorte des convois d'or au mont Alexandre. — Terrible tempête. — Notre arrivée à Melbourne. — Sentiments des nouveaux débarqués dans la colonie.

Ceux des lecteurs de ce récit qui ont eu le bonheur ou le malheur de se trouver dans le district de Bendigo vers la fin du mois d'avril 1852 se rappelleront l'abondance des pluies qui y tombèrent, et qui, avec une promptitude tenant de la magie, occasionnèrent un accroissement tel de la population de cette localité, qu'elle s'éleva au chiffre de quarante mille âmes. Cette augmentation extraordinaire du nombre des mineurs multiplia tout naturellement le nombre des heureux, et dans une proportion pareille celui des infortunés. A cette époque, on avait déjà réalisé des bénéfices considérables dans cette localité, et cela en quelques semaines. Des gens avaient fait leur fortune en un petit nombre de jours. Le bruit s'en était répandu dans toutes les directions, et il en résulta une irruption de tous ceux qui n'avaient ailleurs que peu ou point de succès. Ces masses de mineurs arrivaient armés de pioches et de pelles, et décidés à surmonter tous les obstacles qu'ils pourraient rencontrer.

A ce moment, notre cupidité commençait à être satisfaite, et nous attendions seulement le milieu du mois de mai pour cesser nos travaux, vendre nos outils, notre tente et ses accessoires, et retourner à Melbourne avec les gent d'escorte des convois d'or. Les pluies avaient cependant mis les plus insurmontables obstacles à notre voyage. Des milles entiers de la route étaient changés en marécages. Voyager avec une somme pareille à celle que nous possédions, sans la protection d'une escorte militaire, eût été en tout temps une imprudence; mais actuellement les difficultés se trouvaient décuplées par le fait des intempéries de la saison. Néanmoins, trois semaines après, nous nous disposions à nous rendre au mont Alexandre en temps utile pour profiter de l'escorte qui de là allait à Melbourne. Nous n'eûmes pas à nous féliciter de notre hâte à vouloir toucher le terme des contrariétés qui, imaginaires ou non, ne cessaient de nous harceler depuis que nous étions devenus riches.

— Nous arriverons bientôt à la ville maintenant, dit Binks; nous en aurons fini avec les fatigues de la route; nous mettrons notre fortune en sûreté, et nous pourrons jouir du fruit de nos peines.

Hélas! nous avions encore à subir nos plus rudes épreuves personnelles.

Cependant je n'entrerai pas dans de longs détails à ce sujet, car il me reste encore à faire connaître certaines particularités de l'Australie, qui, je le pense, offriront au lecteur plus d'intérêt que n'en peuvent présenter des détails personnels. Je dois cependant raconter l'incident capital de notre voyage, de compagnie avec l'escorte du gouvernement, et alors que nous étions dans l'entière confiance que nous touchions au terme de toutes nos fatigues et de nos dangers; nous fûmes assaillis par la plus épouvantable tempête qui se puisse imaginer. Pendant plusieurs jours l'eau ne cessa de tomber sur nous par torrents. Les routes étaient complètement submergées. Les profondeurs des bois que nous traversions étaient incessamment illuminées par le feu des éclairs, et retentissaient des éclats de la foudre. Plusieurs centaines de charrettes étaient çà et là renversées dans des fondrières. Les arbres déracinés jonchaient la terre de leurs débris, et les voyageurs ne savaient où chercher un refuge au milieu de la scène de désolation qui de tous côtés frappait leurs yeux. — Les chiens, la queue basse, le dos voûté et ruisselant, hurlaient contre les éléments déchaînés. Les chevaux, la tête courbée et les yeux fixés vers la terre, se détournaient devant l'ouragan; les bœufs, le museau enfoncé dans la boue, râlaient affreusement dans les convulsions de l'agonie. Tous les animaux ailés avaient fui au loin. Les enfants se cachaient dans le sein de leur mère, et les hommes stupéfaits étaient sourds aux plaintes de leurs femmes. Seules, les grandes voix de la tempête pouvaient se faire entendre. — Nous étions aussi dépourvus d'abri que les gens de l'escorte avec qui nous voyagions. — Telle fut notre position pendant plusieurs jours, ensuite nous nous trouvâmes sans vivres. Dans ces périlleuses circonstances nous dûmes

notre force, et par suite notre salut, à notre union. Enfin, après sept
jours et sept nuits de tempête, de fatigues et de privations sans pareilles,
à travers d'inextricables chemins, nous arrivâmes sains et saufs à Melbourne.

Là était le terme de nos peines. Des milliers de malheureux, errant sans
pain et sans asile autour de la ville, étaient loin d'en pouvoir dire autant.
Nous avons eu occasion de venir en aide à plus d'un le long de la route.
Malheureux mineurs! leur souvenir me navre encore le cœur. La tristesse
et le désespoir étaient profondément empreints sur leur physionomie, tandis que les lambeaux dont ils étaient revêtus indiquaient assez à quel
extrême degré de misère ils étaient descendus.

C'est ici le cas de rappeler les difficultés de tout genre qui attendent le
pauvre émigrant à son débarquement sur la côte de Victoria, point de
mire de tant de brillantes espérances. La population de cette ville s'accroît
dans d'effrayantes proportions; c'est par milliers qu'à la fin de chaque semaine on peut compter les nouveaux venus. Parmi eux, un sur dix à peine
est propre au travail des mines, tandis que l'immense majorité, par suite
d'habitudes précédemment contractées, par tempérament ou par goût, est
impropre à se tirer des embarras qui les attendent au sein des étranges
agitations de la société australienne. Cette émigration exagérée est une
folie. Le laboureur, l'artisan, l'homme intelligent et actif; bref, les gens
énergiques de toutes classes, peuvent faire leur chemin aux mines comme
partout ailleurs; mais quant aux individus étrangers au travail, ayant de
petites ressources et de nombreuses familles, quant aux boutiquiers ruinés,
aux hommes qui n'ont qu'une demi-éducation, aux jeunes gens qui moralement sont sans caractère, et physiquement sans aptitude spéciale, quant
à cette innombrable catégorie d'émigrants, il y a de quoi frémir à la pensée
de ce qui les attend. — La plupart se trouveront dans l'alternative de mourir de faim ou de voler, et la plupart iront périr dans les innombrables
abîmes que l'infortune creuse devant les faibles et les pervers. — Combien
n'est-il donc pas cruel alors d'appeler, de pousser des populations entières
dans les voies d'une pareille destinée! Et quand des amis mêmes nous en-
gagent dans une semblable aventure, quels scrupules pourraient avoir les
agents de compagnies qui ne se sont fondées que pour exploiter à leur
profit le sentiment qui nous porte à émigrer? Les embarras qu'éprouve
l'émigrant en arrivant en Australie sont encore aggravés par la tromperie
calculée dont il est victime, à Liverpool ou à Londres, de la part des
agents d'émigration. Leurs navires sont soi-disant en charge pour Mel-

bourne et Port-Philipp. — On laisse croire aux passagers qu'ils débar-
queront à Melbourne, tandis que le capitaine a des instructions qui l'obli-
gent à jeter l'ancre dans la baie d'Hobson, en-dehors de Williamstown, et
à débarquer là ses passagers, ou à les transborder dans un autre navire, à
leur gré. C'est là une position très-embarrassante et d'où on ne sort qu'en
dépensant beaucoup d'argent. Les steamers qui font le trajet entre Geelong,
Williamstown et Melbourne entrent dans la baie d'Hobson et accostent les
navires qui arborent le pavillon signal. Les passagers passent sur ces
steamers, leur bagage les suit, et ils sont conduits à Melbourne, moyennant quatre schellings payés d'avance par personne. Les bagages sont
tarifés à trente schellings par tonneau. Ces dépenses s'élèvent très-haut
pour une famille qui comprend plusieurs personnes, et elles sont d'autant
plus sensibles, qu'il faut les prélever sur une bourse qui, dans la majeure
partie des cas, est extrêmement dégarnie. On peut calculer qu'en moyenne
le débarquement d'une personne et de son bagage lui coûte trente
schellings.

Néanmoins, malgré les désordres réels de l'émigration et les murmures
des émigrants, il ne faut pas se hâter de trancher la question. La communication suivante d'un gentilhomme, qui plus qu'un autre a eu occasion de
se trouver en contact avec les nouveaux débarqués en Australie, fait connaître sous une forme brève et nette les sentiments d'une bonne partie des
émigrants; en même temps elle énumère les principales causes de leur mé-
contentement :

« Je crois pouvoir dire hardiment que six émigrants sur dix commencent par dénigrer la localité et tout ce qui s'y trouve; les quatre autres en
parlent avantageusement, et sont pleins de confiance dans la salubrité du
climat et dans les immenses ressources du pays.

» Permettez-moi d'observer en passant que la majorité des mécontents
est composée d'Irlandais qui, depuis leur débarquement, n'ont absolument
rien fait que déblatérer contre tout, qu'ils aient vu ou non. Ces gens s'attendaient en arrivant ici à trouver les bois pleins d'or, et à n'avoir qu'à se
baisser pour le prendre; et vous leur mettriez une véritable mine sous les
pieds, qu'ils affirmeraient que ce n'est pas de l'or, mais seulement du mica,
du cuivre, du bronze ou autre chose de ce genre, et tourneraient le dos,
allant, les mains dans leurs poches, à la recherche d'une fortune qu'ils
rencontrent à chaque pas et ne veulent pas voir.

» Je demandai à l'un d'eux ce qui lui déplaisait dans le pays!

» — Peuh! tout est si cher! fit-il; vous habitez de véritables loges à pourceaux, et c'est le loyer d'un palais qu'on vous demande. Et les provisions que nous pensions être à si bon compte, elles sont trois fois plus chères qu'en Angleterre.

» — C'est vrai ! Mais n'avez-vous pas un bon emploi qui vous rapporte de bons gages?

» — Oui, je n'ai pas à me plaindre quant à cela. Je gagne douze schellings par jour en qualité de journalier, et ma femme gagne autant que moi à laver du linge.

» — Fort bien ! Ainsi à vous deux vous gagnez environ de six à sept livres par semaine?

» — Oui.

» — Quel loyer payez-vous.

» — Ma femme, moi et nos deux enfants nous habitons une chambre dans Colling-Wood, et nous la payons vingt-cinq schellings par semaine.

» — Bien. Et combien vous coûte votre nourriture?

» — Je ne pense pas que moi et ma femme nous dépensions au-delà de douze schellings chacun par semaine. Il faut ajouter six schellings pour chaque enfant.

» — Tout cela fait trente-six schellings de dépense pour la nourriture, plus les vingt-cinq de loyer; ajoutons-en encore cinq pour l'eau et le bois, et dix autres pour les vêtements, c'est un total de trois livres seize schellings; soit encore quatre schellings pour les dépenses imprévues, il vous reste chaque semaine deux livres que vous pouvez mettre de côté.

» — Oui, c'est à peu près cela, deux livres de bénéfice par semaine.

» — Quels gages aviez-vous dans votre pays?

» — Ah ! c'était une bonne semaine que celle où nous avions gagné moi quinze schellings et ma femme huit.

» — Viviez-vous aussi bien là-bas qu'ici?

» — Non certes.

» — N'économisiez-vous rien?

» — Oui, environ cinq schellings par semaine; c'est à l'aide de nos économies de quatre ou cinq ans que nous avons pu venir ici.

» — Ne vous trouvez-vous pas dans une bonne position?

» — Oui, passable.

» — Alors, au nom du ciel, mon cher ami, de quoi vous plaignez-vous.

» — Oui sans doute, Monsieur, je ne puis me plaindre tout à fait, mais aussi quel pays! Et encore que dites-vous des routes? Après la moindre petite ondée, on ne peut s'y aventurer sans glisser comme sur la glace ou sans avoir de la boue jusqu'au-dessus de la cheville.

» — Mais les choses dont vous vous plaignez seront améliorées avec le temps. Les mouches et la chaleur ne sont vraiment pénibles que pendant deux ou trois mois d'été. Les loyers baisseront au fur et à mesure que les maisons deviendront plus nombreuses, les matériaux et la main-d'œuvre moins chers. Dans un an ou deux, les routes seront pavées et desséchées au moyen d'une taxe prélevée sur les habitants, et alors ils pourront les fréquenter en toute saison.

» — Mais vous dites que les loyers diminueront par suite de la diminution du prix de la main-d'œuvre, et que les routes seront améliorées au moyen d'une taxe sur les habitants. En vérité, s'il en est ainsi, comment pourra-t-on vivre?

» — Mais si la main-d'œuvre baisse de prix, toutes choses diminueront d'autant, loyers, vivres, vêtements, de telle sorte que vous n'économiserez pas un schelling de moins qu'aujourd'hui. Et quand vous vous plaignez de l'état des routes, dites-moi, je vous prie, qui devra payer la dépense de leur amélioration, si ce ne sont ceux-là mêmes à qui elles sont utiles et qui bénéficieront de la mesure?

» — Très-vrai, Monsieur, très-vrai!

» — Maintenant, dites-moi, vous avez beaucoup crié contre ce pays, voulez-vous retourner dans le vôtre?

» — Oh! grand Dieu, non!... Après tout, oui, ce pays-ci n'est pas mauvais... surtout pour l'homme laborieux.

» — Depuis combien de temps êtes-vous ici?

» — Trois mois environ.

» — Combien d'argent possédiez-vous en arrivant?

» — Oh! bien peu. Il me restait à peine une couple de livres quand je me mis au travail : c'était le troisième jour après mon débarquement. Nous avions expliqué au capitaine que nous avions pris passage pour débarquer à Melbourne et que les agents de l'émigration en Angleterre nous avaient assuré que nous y serions effectivement débarqués. Mais ce n'était pas l'usage, et le capitaine nous dit qu'il n'y pouvait rien faire; que son navire ne pouvait aborder à Melbourne, l'eau n'étant pas assez profonde, et il ajouta que l'habitude était de jeter l'ancre dans la baie d'Hobson et de déposer les passagers sur le rivage, où ils s'arrangeaient comme ils l'entendaient, à leurs frais. Le fait est que cela me coûta quatre schellings pour me rendre par le steamer à Melbourne, afin d'y chercher un logement, et quatre autres schellings pour revenir ; puis ce fut le transport de toute la famille : quatre schellings pour moi, autant pour ma femme et trois schellings pour chaque enfant. Cela faisait vingt-deux schellings pour nous rendre à la ville : à quoi il fallut ajouter les frais de transport des bagages, soit quinze schellings. Mon débarquement à Melbourne me coûtait donc une livre quinze schellings. Ensuite le port de nos effets du quai à la chambre que j'avais louée à Colling-Wood me prit encore une livre. »

.XXXI. — **Réflexions concernant les nouveaux débarqués à Melbourne. — Valeur du souverain. — Les logements et les subsistances. — Melbourne et Adélaïde.**

La beauté du district de Victoria, la douceur de sa température et la merveilleuse renommée des trésors du sol qui accueillent l'émigrant à son arrivée le séduisent tout d'abord ; mais il ne tarde pas à se trouver incessamment aux prises avec des embarras de tous genres réels ou imaginaires, et l'une des principales contrariétés qu'il éprouve est sans contredit la rapidité avec laquelle l'argent s'échappe de sa bourse. C'est là que tous ses calculs, fondés naturellement sur le chiffre de ses ressources, se trouvent renversés. A peine arrivé, un fait lui saute aux yeux : le métal monnayé n'a plus ici sa valeur originaire, et un souverain, malgré l'empreinte de la noble image de notre bien-aimée reine, n'a plus même la valeur attribuée à la demi-couronne en Angleterre. Aussi arrive-t-il fréquemment qu'après les frais du débarquement et ceux de l'installation, c'est-à-dire au bout de huit ou dix jours, le nouveau venu se trouve avoir épuisé ses ressources. Que celui qui a l'intention de se rendre en Australie se pénètre bien de ce fait, que les frais de transport de ses effets, son premier loyer, si toutefois il trouve à se loger, et la dépense pour sa nourriture en arrivant suffisent pour mettre sa bourse à sec ; or, tout ce qu'il peut se trouver dans la nécessité de se procurer en outre est à un prix proportionnellement élevé. Sans doute quelques émigrants, soit isolés, soit associés comme nous l'étions, peuvent avoir les moyens de surmonter les premiers obstacles et de quitter la ville, après un séjour d'une semaine, pour se diriger vers les mines ; mais, d'autre part, combien de centaines d'individus de toutes classes verront dès les premiers jours s'évanouir leurs illusions dorées et retomberont dans de moins brillantes rêveries ! Alors il faudra faire argent de tout ce qu'ils possèdent en-dehors du nécessaire, et ils se trouveront en face d'une position terrible, inévitable conséquence d'une démarche inconsidérée. Ils n'ont plus alors que la ressource de trouver sans retard dans la ville un emploi quelconque qui ne soit pas trop en désaccord avec leur aptitude.

Le gouvernement de la colonie, à l'époque où nous y étions, s'occupait très-activement de deux questions fort importantes et qui prenaient un caractère de gravité d'autant plus prononcé, qu'il était nécessaire de les résoudre par de très-promptes solutions. Il s'agissait de pourvoir aux moyens de loger les milliers d'individus qui débarquaient journellement dans des localités nullement préparées à recevoir si subitement un aussi grand nombre d'hôtes. En second lieu, il fallait veiller à la subsistance d'une population instantanément accrue dans d'énormes proportions.

Pendant que ces soins absorbaient les esprits des législateurs coloniaux, tout le reste de la population n'avait qu'une préoccupation : l'or, l'or seul. Dans une pareille société où les classes étaient à peine distinctes, on ne pouvait s'attendre à rencontrer les mœurs raffinées de Londres ni l'élégance parisienne. Une stature vigoureuse, de bonnes armes étaient ce qu'on y appréciait le plus ; la supériorité intellectuelle était à peine reconnue. L'avarice dominait dans tous les cœurs ; le seul vice était le manque d'argent ; on faisait peu de cas de toute la valeur morale des citoyens les plus recommandables. Telles que sont actuellement les choses, il est à peine possible d'apprécier leur véritable état social. L'instabilité prodigieuse des scènes qui passent devant les yeux de l'étranger égare son jugement et laisse son esprit perdu dans un dédale de théories de probabilités. Telle est l'opinion de l'auteur d'une lettre écrite cette année (1853) et reçue tout récemment :

« Melbourne, dit-il, est le squelette d'une grande ville qui peut avoir de nobles destinées, mais qui n'est pas faite pour le commerce, à moins qu'un chemin de fer ou un canal ne la mette en communication directe avec la baie. Les rues sont spacieuses, avec de larges trottoirs, et se coupent régulièrement dans les directions est-ouest et sud-nord. Il y a quelques beaux établissements publics ou privés bien construits en briques ou en pierres ; mais la plupart des habitations sont en bois, relevées d'un étage et fort peu solides. Point de pavés d'aucune sorte dans les rues ; aussi dans l'hiver elles sont couvertes d'une couche de boue de plusieurs pouces d'épaisseur, et en été la poussière y est tellement épaisse, qu'elle obscurcit le soleil et empêche de distinguer les objets à quelques mètres devant soi. Il n'y a point d'entreprises pour le gaz ou l'eau ; la nuit on éclaire quelques réverbères à huile, qui n'ont qu'un effet : c'est de rendre l'obscurité plus profonde. Le personnel de la police est très-nombreux dans cette ville, ce qui n'empêche pas qu'il ne soit tout à fait insuffisant pour la répression des délits. Il est très-dangereux de sortir le soir, à cause du grand nombre de malfaiteurs qui hantent la ville et viennent en général de la terre de Van-Diémen et de Sydney.

» Un homme seul ne peut se loger à Melbourne à moins de trente-cinq à quarante schellings par semaine, et il arrive qu'on réunit quatre et jusqu'à huit individus dans la même chambre. Des bottes de paille étalées sur le plancher leur servent de lit. Depuis mon départ d'Angleterre, je n'ai jamais rencontré un lit de plume ni vu un bois de lit, à moins que ce ne fût à la porte d'un marchand.

» Des milliers de gens arrivent ici journellement d'Angleterre, et, avant d'avoir eu le temps de se retourner, se trouvent descendus à un degré tellement au-dessous de leurs espérances, qu'ils sont obligés d'avoir recours à leurs moindres ressources pour ne pas mourir de faim.

» Toutes les industries sont encombrées de monde. Cependant les scieurs de long et les charpentiers trouvent encore à s'employer ; mais leurs salaires ont à plusieurs reprises descendu de trente à quinze schellings par jour. Les servantes de maison sont rares et gagnent de bons gages. Les forgerons et les ferblantiers sont dans le même cas. Les clercs de tous genres abondent, et bien des gens de toutes professions offrent leurs services pour leur nourriture seulement. »

Voici en regard le tableau d'Adélaïde, capitale de l'Australie méridionale ; il est également extrait d'une lettre particulière récente :

« Depuis trois jours que nous sommes arrivés, il pleut ; cela fait une boue impénétrable. On parle de la boue en Angleterre : vous ne savez ce que c'est, en vérité ; venez ici si vous voulez connaître un pays boueux.

» Une curieuse remarque à faire ici, c'est que presque tous les arbres diffèrent de ceux de notre patrie, et fort peu d'entre eux sont aussi agréables à la vue. Ils sont plus beaux dans la terre de Van-Diémen et dans la Nouvelle-Zélande. Le plus singulier est le *grass-tree*; il a de un à dix pieds de hauteur, et est couronné d'une épaisse touffe d'un rude gazon d'où sort un roseau gros comme le bras et long de cinq à six pieds, dont un tiers fleurit dans la saison et produit la semence. Quelquefois, quand on peut serrer assez vigoureusement dans ses mains la partie fleurie, elle éclate, et il s'échappe une quantité de miel. Les abeilles se plaisent beaucoup ici;

elles travaillent la plus grande partie de l'année, et on peut retirer d'une seule ruche plusieurs gallons de miel. Il n'est pas exact cependant, ainsi que le disent certains livres, que ces gracieux insectes soient dépourvus d'aiguillon. Les abeilles d'Australie sont peut-être moins farouches que les nôtres ; mais elles piquent parfaitement quand elles se mettent en colère. Les fleurs sauvages ne leur manquent pas dans ce pays ; nous sommes à même de le voir dans cette saison. Un de nos amis, par une belle journée de printemps, a ramassé en quelques heures et sur un terrain peu étendu cent quatre-vingts différentes espèces de fleurs. On a introduit ici bon nombre de fleurs étrangères et d'arbres à fruits.

» Mais ce qui me réjouit plus particulièrement, c'est de voir que le blé peut être cultivé en Australie avec succès. Le sol y paraît convenir parfaitement au froment, et plusieurs districts peuvent fournir deux récoltes pendant six ou dix années de suite avec un seul labourage et sans engrais. Sans doute ceci ne pourra durer ; cependant il est certain que la terre peut, deux années sur trois, porter des moissons et produire environ vingt-huit boisseaux de grain par acre. Le revenu est de quatorze à quinze schellings par acre, selon la situation ou la qualité des terres. Le terrain non défriché vaut vingt schellings l'acre ; mais c'est à une distance de vingt milles au plus de la ville. Il y a déjà des moulins dans le voisinage, et les acquéreurs ne manquent pas, non plus que les moyens de transport. Au prix actuel du blé, sept schellings les soixante livres, un homme qui voudrait cultiver lui-même pourrait en un an gagner suffisamment pour acquérir le fonds au prix de cinq livres l'acre. Et il se présente précisément en ce moment de nombreuses occasions de faire valoir des terres déjà défrichées, avec faculté de les acquérir ensuite à ce prix. Dans l'état actuel des choses, un homme avec un jeune garçon pourrait suffire à la culture de quatre-vingts acres en employant la machine à moissonner. J'ai fait entrer en compte le prix de cette machine, plus cinquante livres pour frais de nourriture pendant la première année, dans le calcul qui m'a prouvé que le revenu d'un an permettait d'acquérir le fonds. C'est à tort, il est vrai, que j'ai considéré le prix de sept schellings par soixante livres de blé comme prix moyen : c'est le prix actuel ; anciennement cette mesure ne valait guère que quatre schellings, mais la qualité de ce blé est aujourd'hui très-supérieure. D'ailleurs la population s'accroîtra, l'argent deviendra encore plus abondant pendant quelques années ; il y a donc à parier que le prix actuel se maintiendra. Ceci ne s'adresse évidemment pas aux émigrants qui ignorent le travail des champs et qui ne sauraient s'accommoder d'une habitation aussi grossière que possible.

« Les maisons dans ce pays ne sont pas à moitié aussi abritées et aussi propres que les étables chez nous. La plupart ressemblent à des hangars. Il n'est pas rare de voir six lits dans une chambre. Une dame m'a dit que, pendant la première année après son arrivée, elle a habité avec toute sa famille une petite maison qui se composait de quatre pièces et dont le loyer était de quinze schellings. Cette famille se composait de douze personnes. Les unes se couchaient sur les tables, les autres dessous. On ne saurait se figurer la bizarrerie des expédients auxquels ont recours les gens qui émigrent dans une contrée nouvelle. Des positions qui paraîtraient intolérables sur le sol de la patrie sont ici acceptées philosophiquement et même avec une certaine gaieté. Pour un homme, passe encore; mais pour les femmes, c'est là une existence pénible et désagréable! Cependant beaucoup se font à ce genre de vie; mais je n'en ai pas rencontré une qui n'avouât qu'au fond elle aimerait mieux vivre en Angleterre. »

XXXII. — Visite au quai de Melbourne. — Nouveaux arrivés. — Les mineurs enrichis. — Les citoyens de Melbourne; leurs maisons, leurs industries.

A cette époque, il ne fallait pas un long séjour à Melbourne pour porter au plus haut degré le dégoût de quiconque conservait un sentiment de moralité. C'était un spectacle inouï que celui des égarements de l'espèce humaine sous la double influence de bénéfices énormes et d'une passion désordonnée. Tant que nous y demeurâmes, nous mîmes tous nos soins à nous préserver du contact de ce sauvage enivrement qui dominait toute la population et paraissait devoir entraîner toutes choses à une ruine inévitable et absolue.

Je me rendais fréquemment sur le quai pour assister au débarquement des émigrants. J'obéissais en cela à un penchant qui m'est propre, d'observer avec intérêt les scènes de tous genres, plaisantes ou tristes, nobles ou abjectes, dans lesquelles l'espèce humaine joue un rôle. D'autre part j'espérais rencontrer quelque vieil ami arrivant de la vieille Angleterre, pour laquelle, malgré tous ses vices, je commençais à ressentir un sentiment d'amour qui jusque-là ne s'était jamais révélé en moi. Peut-être cela tenait-il à ce que j'étais sur le point d'y retourner dans des conditions bien meilleures que celles où je me trouvais quand j'en étais parti.

Rien de curieux et d'attachant comme d'examiner les divers groupes d'individus qui successivement débarquaient de chaque navire, chacun dans des conditions spéciales, avec une physionomie particulière, et vivement dominé par des situations indescriptibles au moment où il foulait cette terre promise. Les uns semblaient s'imaginer que les eaux mêmes de la baie d'Hobson devaient rouler à leur surface un fluide doré; d'autres paraissaient supposer que le bénit Yarra, comme l'avait appelé le pauvre Shanty, roulait autant de pépites qu'il roulait effectivement de débris d'animaux, et croyaient presque trouver des pavés d'or dans les rues. Ces pauvres dupes de leur imagination, au sortir de leur rive, n'avaient d'autres ressources que de vendre ce qu'ils possédaient pour pourvoir à leurs plus pressants besoins. Il fallait faire argent de tout, vêtements, livres, les livres eux-mêmes, eux les plus constants des amis de l'homme; enfin tous les objets qu'ils avaient apportés s'en allaient un à un, tous, même ceux auxquels se rattachait le souvenir des personnes les plus aimées; tous, jusqu'aux habits qu'ils avaient sur leur dos.

Nous étions tous égoïstes par nature, et si par hasard il se fût rencontré parmi nous quelque caractère hautement généreux, il serait devenu la victime de la malignité des sceptiques, des moqueurs et des méchants, et en supposant que ses sentiments fussent sincères, la calomnie l'eût bientôt fait périr sous ses traits; mais on ne voyait rien de pareil sur le quai de Melbourne. Au surplus, les efforts d'un homme généreux eussent été bien insuffisants en présence de la quantité d'infortunes qu'il y avait à secourir.

Rien n'était disposé pour recevoir un pareil flux de gens. Aux personnes sans asile on accordait des tentes dans un enclos appartenant au gouvernement et dans les champs attenants à la ville, moyennant une redevance de cinq schellings par semaine pour chaque tente. C'était quelque chose, mais bien peu. Car enfin, si vous n'aviez pas cinq schellings, que deveniez-vous? Ce que vous pouviez. En vérité, j'ai vu une famille respectable ayant pour tout domicile la carcasse d'une vieille chaudière laissée sur le quai; j'ai vu des gens se disputer à la force du poing l'asile que pouvait offrir le tube d'une machine à vapeur. D'autres le soir se couchaient sur des bûches, ou, faute de mieux, dans des bateaux découverts. D'autres, à qui leurs moyens le permettaient, à peine débarqués, se disposaient à retourner dans leur pays.

A ce moment, le pain valait deux schellings six deniers les quatre livres; les œufs se vendaient quatre schellings quatre deniers la douzaine; on demandait deux livres dix schellings par semaine pour le moindre logement.

Le prix du blanchissage d'une douzaine d'articles variait entre cinq et six schellings. Une paire de bottes Wellington coûtait quatre livres quatre schellings. Tous les autres objets étaient à des prix analogues.

Cependant la ville regorgeait d'argent, mais en-dehors du cercle des nouveaux arrivants, bien entendu. C'étaient en général des hommes hardis, grossiers, aventureux et de la pire espèce, qui obtenaient le plus de succès aux mines, et moins que d'autres, par conséquent, ils étaient à même d'apprécier sa valeur et le parti qu'on en pouvait tirer. Une pelle et une pioche avaient été tous leurs moyens de fortune; ils étaient physiquement aussi peu accessibles aux influences climatériques qu'ils l'étaient moralement aux lumières de la raison; ils buvaient, jouaient, chantaient, se querellaient et se battaient, et souvent se mariaient : ceci, au total, n'était pas ce qu'ils faisaient de pire, quoique dans cette occasion ils ne fussent pas non plus sans courir des chances dangereuses. Quand un mariage de ce genre avait lieu, c'était un spectacle tel qu'il n'a jamais été donné d'en voir dans aucune autre ville. Un landau, avec postillon, promenait en tout sens dans les rues la jeune épousée et son mari, qui étalaient l'étrange luxe de la plus extravagante parure fréquemment souillée par le trop-plein des abondantes libations faites avec les meilleures liqueurs qu'on pût se procurer dans le pays. Quelquefois la voiture roulant le long des rues, au milieu des tourbillons de poussière, emportait, en outre du couple nouvellement uni, un grossier camarade du marié avec sa compagne. Il serait difficile de peindre l'excentricité de leur tenue et des témoignages d'amitié qu'ils se donnaient ainsi publiquement, sous l'influence des fumées de l'ivresse. Ces scènes, qui se reproduisaient fréquemment, amusaient fort le public, quoique bien souvent elles dussent avoir une triste fin.

Combien cependant ces dissipateurs eussent mieux servi leurs intérêts et ceux de la colonie en menant une conduite régulière et proportionnant leurs dépenses au chiffre de leur fortune! Leur vigueur et leur aptitude à tous les travaux manuels ne tarderaient pas, sous une direction un peu intelligente, à convertir en un véritable jardin cette déserte et sauvage Australie; mais il ne faut pas s'attendre à pareille chose de la part de gens qui pour la première fois peuvent librement donner cours à leurs passions et consacrer à leur satisfaction le produit de leur labeur.

En général, les personnes établies à Melbourne vivent dans de petits cottages consistant ordinairement en deux pièces et construits en bois, en briques ou en pierres. Le toit est couvert avec des morceaux d'écorces fibreuses taillées en forme d'ardoises. Les chambres sont enduites d'un plâtre excessivement poli, mais n'ont aucune autre espèce d'ornement. Elles sont peu spacieuses, quatorze pieds de profondeur sur onze de large, et sont de niveau avec le sol. Au total, ces habitations sont très-modestes, surtout comparées à certaines villas du pays dans lesquelles la décoration est l'objet de soins tout particuliers. Ceci est le fait des dames maîtresses de ces logis, qui savent que le confort intérieur a un attrait puissant pour l'homme que son travail retient tout le jour hors de chez lui. Les portes et les volets sont ordinairement peints en noir, en vert ou en jaune; assez souvent une veranda règne sur toute la longueur de la maison du côté exposé au soleil de midi. Il n'y a qu'une seule cheminée dans chaque habitation, et elle se trouve dans la pièce du fond, qui est pavée en briques et où l'on fait la cuisine selon les règles excessivement simples du manuel culinaire adopté dans la colonie. Le bois est le combustible dont on fait généralement usage; depuis la découverte des mines, il a atteint un prix excessif. Le loyer de ces cottages, qui était antérieurement d'environ huit schellings par semaine, est maintenant de vingt schellings et même davantage.

Les ustensiles de cuisine sont aussi chers qu'à Londres. Peu de familles possèdent au-delà de deux ou trois plats en fer, une poêle à frire, un gril et cet objet le plus indispensable de tous, une théière. On rencontre aussi assez ordinairement dans les intérieurs un four de campagne. Pendant ces dernières années, on a encore introduit dans la colonie des poêles à four; mais à cause de leur prix élevé, ils ne sont pas très-répandus.

Les colons étant habitués à des plats plus substantiels que délicats, une grande variété dans le choix des mets n'aurait d'autre résultat que de faire perdre du temps pour leur préparation et d'encombrer inutilement la table. On fait généralement trois repas : le déjeuner à huit heures du matin, avant de se mettre au travail; à midi, un dîner substantiel, et le souper à sept ou huit heures du soir. Pendant l'été, on fait une prodigieuse consommation de raisins, de melons, de gingembre. Dans cette saison, quand règnent les vents chauds, la viande répugne, car moins de cinq heures après que l'animal a été tué, sa chair entre en putréfaction et se couvre de vermine.

Parmi les commerçants de la ville, il y a un grand nombre de drapiers qui vendent en outre tous les objets se rattachant à leur commerce, tels que vêtements confectionnés et articles de bonneterie. Il n'y a pas beaucoup de boutiques de cordonniers. Les ouvriers de cet état préfèrent travailler chez eux pour leur propre compte. Les briquetiers, les maçons, les charpentiers et les menuisiers sont très-nombreux, et parmi les premiers beaucoup possèdent maison à Melbourne et des terres. Il y a quelques fondeurs en fer et en cuivre, mais peu de forgerons. Il y a encore quelques marchands de fer qui importent les objets de tous genres qui remplissent leurs boutiques. Les ébénistes sont nombreux, beaucoup plus que les tailleurs de pierres, les peintres en bâtiments, les décorateurs et les vitriers. Il y a peu de tailleurs; mais on rencontre à chaque pas des épiciers et des petits boutiquiers vendant au détail. Les bonnes librairies sont peu nombreuses. Il n'y a que deux ou trois selliers, pareil nombre de chapeliers et plusieurs magasins de porcelaine, cristaux et poteries. Les bouchers et les boulangers sont en grand nombre ; on les considère comme une classe très-heureuse. Les avocats ne manquent pas; mais les médecins sont moins nombreux qu'on ne le pourrait supposer, eu égard à la clientèle que fournissent les excès de tout genre dont plus de cent auberges sont le théâtre journalier. Les marchandes de modes et d'objets de toilette abondent, ainsi que les femmes de journée et les blanchisseuses, qui travaillent beaucoup, et depuis la découverte des mines gagnent de bons salaires.

XXXIII. — La ferme de M. Palmer à Kyneton. — Promenade à cheval dans les bois. — Vie du berger.

Ne parlons plus de l'or, et en attendant que je m'embarque pour l'Angleterre, quittons le séjour poudreux et bruyant de Melbourne. Suivez-moi dans les bois ; venez contempler la vie sous un point de vue différent, et, selon moi, bien plus heureux. Que de charmes dans la vie paisible des campagnes ! La verte prairie, les bois remplis d'ombre, le clair ruisseau, les rives fleuries, les hautes collines, voilà ce que j'aime ! Dans mes heures de trouble et de souci, combien de fois je me suis réfugié dans leur solitude pour y trouver le repos dont j'avais besoin !

Mon étude de la vie des campagnes en Australie est nécessairement bornée ; mais comme je vous ai conduit à deux reprises au mont Macédoine entre Melbourne et le mont Alexandre, je veux vous faire connaître un honnête fermier qui vit près de Kyneton, dans le voisinage du mont Macédoine dont je vous ai parlé. Son récit est simple, mais il parle en homme qui sait, et c'est là ce qu'il faut. Il écrivait ce qui suit à ses amis, il y a à peine quelques mois :

« Nous avons joui d'une parfaite santé depuis notre arrivée dans la colonie, et à l'heure où je vous écris nous nous portons encore admirablement. Nous rendons sincèrement grâces au ciel de nous trouver sur cette féconde terre, où avec un de peine l'on ne manque de rien. L'homme industrieux est ici amplement récompensé de ses efforts. Ici point de taxes! point de dîme à payer! Chacun est libre comme l'air qu'il respire. Je n'ai pas lieu de me vanter de ma fortune, et cependant je ne voudrais pas retourner en Angleterre pour les deux plus belles propriétés de Glassouby, si j'étais forcé de les habiter et de dire adieu pour toujours à la colonie.

» Depuis que je suis arrivé ici, cela a été un travail continuel. Mon premier soin a été d'acheter de la terre; ensuite j'ai construit une maison, clôturé mes terres, abattu le bois qui la couvrait. La clôture et l'abattage m'ont coûté trente schellings par acre. J'ai maintenant soixante acres dépouillés de bois et vingt-quatre portant moisson. J'ai l'intention d'avoir l'année prochaine quatre-vingts acres ensemencés, dont soixante en blé et vingt en avoine et pommes de terre.

» Je pense que vous serez bien aise que je vous donne quelques renseignements sur cette colonie. Je ne vous ferai connaître que des faits parfaitement exacts. Je commence par l'agriculture. Les fermiers labourent et ensemencent pendant six ou huit ans consécutifs les mêmes terres sans engrais, et obtiennent de fort belles récoltes. Alors ils les laissent reposer et exploitent d'autres terrains. Le sol produit deux moissons d'avoine avec un seul labourage et une seule semence. Les pommes de terre donnent de magnifiques récoltes sans engrais. Le prix moyen du grain est de quatre à six schellings le boisseau; mais en ce moment le blé vaut de six à douze schellings parce qu'il a souffert par suite de l'extrême sécheresse. Les avoines d'été se sont vendues de trois à cinq schellings; mais elles sont actuellement à huit et neuf schellings, par suite du renchérissement de toutes choses qu'a amené l'exploitation des mines. On ne peut trouver de journaliers à moins de dix schellings par jour, car ils sont tous partis pour les mines. Je passe à l'industrie des éleveurs de bestiaux que l'on appelle ici *squatting*. Il y a des squatters qui afferment vingt milles et jusqu'à soixante milles carrés pour le parcours de leurs troupeaux; ils payent dix livres par an pour la licence que leur octroie le gouvernement, et en sus un demi-denier par tête de brebis, un denier par tête de bœuf, et un denier et demi par cheval. Ils ne déclarent jamais le nombre d'animaux qu'ils ont en réalité. C'est une excellente affaire. Ils gagnent de mille à neuf mille livres par an. Quelques-uns ont jusqu'ici quarante mille moutons, de trois à cinq mille bœufs, et un grrnd nombre de chevaux. Quelques-uns de ces squatters, qui, à leur arrivée dans la colonie il y a huit à dix ans, ne possédaient pas une livre, ont actuellement trente mille et quarante mille livres. En ce moment on obtient des stations à des conditions très-favorables...

» On pent dire en vérité qu'il n'y a pas sous le soleil de meilleur pays que celui-ci pour le travailleur industrieux. Personne n'a à se repentir d'y être venu. Avec de la persévérance chacun y peut réussir. Je ne prétends pas que tout le monde sans exception y fasse fortune, mais celui qui se donne de la peine y trouve toujours une bonne rémunération. Pendant ce temps n'est-il pas déplorable que tant de gens meurent de faim en Angleterre. Des milliers de moutons et de bœufs sont tués uniquement pour leur suif ; il n'y a pas assez de bouches pour consommer leur viande. Je ne puis vous donner comme je le voudrais le chiffre exact des salaires des travailleurs de toutes sortes ; car ils sont tous partis pour les mines ; mais il en reste quelques-uns qui travaillent pour leur propre compte et qui gagnent vingt schellings par jour. Un maréchal ferrant prend vingt schellings pour ferrer un cheval ; tout le reste est à l'avenir.

» Nous avons ici le climat peut-être le plus tempéré du monde, ni trop chaud, ni trop froid, et une terre des plus fécondes et très-bon marché. Mieux vaut venir ici que de vivre péniblement en Angleterre, et cela le plus tôt possible. Je n'ai pas à me repentir de l'avoir fait en ce qui me concerne. J'ai à l'heure qu'il est mille livres de plus que le jour où j'ai quitté l'Angleterre ; c'est là un fait incontestable. Je possède aujourd'hui deux cents acres de bonnes terres que j'ai acquis peu après mon débarquement. Un homme qui arrive ici avec une nombreuse famille habituée à l'activité et à la sobriété est plus riche, n'eût-il pas un schelling, que celui qui ayant mille livres dans sa poche n'a pas d'enfants ou bien les a trop jeunes pour se passer de services étrangers qu'il faut payer. Dans ce cas les mille livres sont bientôt dissipées. Tandis que celui qui a une famille dans le genre de la mienne peut se considérer comme possédant mille livres au jour de son débarquement dans la colonie. Telle était la position d'un Irlandais avec lequel je me suis rencontré. Il arriva ici il y a quatre ans sans fortune autre qu'une famille de neuf enfants. Je l'ai revu à la dernière vente de terres du gouvernement ; il venait acheter trois ou quatre cents acres de terrain. Il me dit que depuis son débarquement il avait économisé cinq cents livres.

» Je dois vous dire que la fabrication du beurre est ici une excellente entreprise. J'ai en ce moment quatorze vaches laitières, et je me propose d'en avoir vingt ou trente. Nous vendons tout notre beurre deux schellings la livre, et on m'a offert un schelling trois deniers par livre de tout le fromage que je pourrais avoir ; mais j'ai refusé, comptant trouver un prix plus avantageux. Je sais qu'en Angleterre on conteste tout cela ; cependant je ne vous écris que la vérité.

» Je suis établi à cinquante-cinq milles de Melbourne et à un mille de Kyneton, ville de quatre cents âmes, qui n'a que dix mois d'existence. La route militaire de Melbourne passe devant ma maison, ce qui me met à même de voir aussi bien ceux qui se rendent aux mines que ceux qui en reviennent. Je puis comparer l'affluence quotidienne du monde sur cette route à celle qui règne chez vous les jours de marché.

» Je vais envoyer en Angleterre de l'or pour une somme d'environ sept cents livres, afin de l'y faire frapper en souverains. Nous déposons l'or entre les mains de la banque, qui nous fait une avance de quarante schellings par once, en attendant qu'il revienne monnayé d'Angleterre. Cet or est le produit d'une tournée de quatre de mes fils au mont Alexandre.

» Je me rappelle que vous me disiez jadis, auprès de Long-Steg, que vous n'iriez jamais tenter la fortune dans une colonie, bien certain que vous étiez de ne pas réussir. Je vous répondis que je n'en avais pas l'intention non plus, mais que je pensais que je me trouvais dans de meilleures conditions à cause de ma famille. Je n'aurais jamais pensé, cependant, que j'étais destiné à recueillir des livres pesant de minerai d'or. Décidément je dois beaucoup de reconnaissance et bien des remercîments à la Providence, qui m'a conduit avec ma famille dans cette terre d'abondance. Nous pouvons avoir quelques dizaines de mille livres ; c'est assez pour vivre, surtout avec de l'économie. Engagez de tout votre pouvoir les hommes honnêtes et laborieux à venir ici. N'eussent-ils pas un farthing le jour de leur arrivée, les jours de leur misère ne seront pas moins passés. Fermiers qui avez perdu votre fortune en Angleterre, accourez en Australie, vous recouvrerez votre bien. Que le voyage ne vous effraye pas. C'est une excellente navigation ; le Tout-Puissant est le Dieu de la mer aussi bien que le Dieu de la terre. Embarquez-vous sur un bon navire, et soyez sans crainte. Si vous pouvez décider quelques-uns de vos pauvres travailleurs à partir pour cette lointaine colonie, ce sera une bonne œuvre et pour vous et pour eux.

» La moisson est mûre en ce moment, et legrain est abondant. Je ne dois pas oublier de vous dire que toutes les sectes religieuses de l'Angleterre existent ici. Vous pouvez adorer Dieu comme vous l'entendez. J'ai promis d'écrire à H. R., mais je ne l'ai pas encore fait. Faites-lui part de cette lettre; communiquez-la aussi à qui vous jugerez à propos.

» Je termine en exprimant mon vif désir de voir arriver ici le plus de monde possible pour attester l'exactitude de tous les faits consignés dans ma lettre. J'ai la conviction de n'avoir pas dit un mot au-delà de la vérité : à Dieu ne plaise que je me vante d'un succès pareil si je n'en étais réellement redevable à la Providence !

» Je suis votre sincère ami,

» JOHN PALMER. »

Cette lettre, écrite par la main calleuse d'un vieux fermier anglais, sur un sujet dont il a une longue expérience, me paraît préférable à cinquante pages des plus magnifiques théories agricoles qu'a pu écrire dans son cabinet le plus ingénieux des spéculateurs.

En attendant, je me trouve de nouveau au sein des bois, non plus voyageant pédestrement comme en premier lieu, mais monté sur un cheval qui, sans avoir la taille du célèbre Rossinante, est cependant aussi capable de rendre de bons et longs services qu'aucun mangeur d'avoine de son espèce. C'est le vrai cheval des bois : il en connaît tous les sentiers et toutes les profondeurs ; il sait où se trouvent toutes les sources d'eau. Du matin au soir il marche de son pas paisible et mesuré. Au besoin, la vivacité ne lui fait pas défaut ; non, non. Il sait prendre un vigoureux galop et tenir la tête d'un troupeau sauvage avec l'ardeur d'un vieux chasseur anglais du temps où les grandes chasses étaient en honneur dans nos campagnes. On prétend que ce cheval a du sang arabe dans les veines ; mais je crois qu'il faudrait être bien fin connaisseur en généalogie chevaline pour reconnaître en lui des traces d'une aussi honorable lignée. Il me paraît plutôt issu de la terre de Van-Diémen ou de quelque poulinière du pays même ; et sans remonter bien haut, on le trouverait provenant du troupeau de quelque éleveur du district des forêts dont il connaît si bien tous les détours.

Ce remarquable Bucéphale, car je répugne à l'appeler de son nom colonial, nous a déjà transporté à environ quinze mille de la ville, non plus dans la direction des mines où la balle de quelque rôdeur pourrait nous distraire désagréablement, mais sur une route paisible qu'il venait déjà de parcourir ; et, après mille détours, il nous a conduit à une station et s'est enfin arrêté devant la hutte d'un gardien de bestiaux. Les murs de cette habitation sont construits en ce qu'on appelle dans la colonie *claie et boue*. C'est une sorte de treillage d'osier enduit extérieurement de boue et supportant un toit de branches d'arbres, lesquelles sont maintenues dans la position convenable par des perches qui les traversent et sont arrêtées par leurs extrémités. Quelques ouvertures laissent pénétrer le jour dans l'intérieur; une cheminée de gazon d'une rusticité toute primitive est à l'une des extrémités de l'habitation. Ne croyez pas pourtant que l'on ne puisse être heureux derrière ces grossières murailles. On peut trouver là des livres, et sous ce toit habite la femme du gardien, livrée aux soins champêtres et menant une vie toute de silence, de travail et d'économie. Là, aucun bruit ne se fait entendre si ce n'est le braiement de l'âne, l'aboiement du chien, le bêlement des brebis et le caquetage de la basse-cour.

« Les fonctions d'un gardien de bestiaux dans la Nouvelle-Galles du Sud, dit l'auteur de l'extrait suivant, sont excessivement simples. Un troupeau se compose ordinairement de quatre à cinq cents brebis ou de six cents à mille moutons maigres. Trois troupeaux sont parqués dans une station. Le berger doit prendre chaque matin le troupeau au parc, au plus tard une heure après le soleil levé. Pendant tout le jour il le mène de pâturage en pâturage, et le ramène au parc dès que le soleil est couché. Le bétail alors compté et confié au gardien de nuit, dont les fonctions consistent à surveiller le troupeau dans le parc jusqu'au lendemain matin, où le berger le prend encore en charge après avoir constaté le nombre de têtes. A l'époque de la mise bas, dans un établissement bien administré, les brebis avec leurs agneaux sont séparées du troupeau et confiées à la garde d'un surveillant spécial, jusqu'à ce que les agneaux soient assez forts pour suivre le troupeau. A l'époque de la tonte, chaque troupeau est conduit à son tour à la station centrale pour subir l'opération du lavage et de la tonte. Le berger accompagne son troupeau et veille à ce que, autant que possible, les animaux ne salissent pas leurs toisons, jusqu'à ce qu'elles soient coupées, ce qui ordinairement a lieu le troisième ou le quatrième jour après le lavage.

» Cet exposé des devoirs d'un berger de la Nouvelle-Galles du Sud prouve que presque tout le monde peut remplir des fonctions de ce genre. Les bestiaux sont sujets à fort peu de maladies, et le maître ou le surveillant connaissent la manière de les traiter. En pareil cas le berger n'a qu'à suivre à la lettre les instructions que lui donne celui sous l'autorité de qui il est placé, et avec une intelligence très-ordinaire il ne tardera pas à être parfaitement capable de soigner les animaux sans le secours d'autrui. Un tisserand ou un ouvrier quelconque, après quelques mois de pratique, font de meilleurs bergers dans la Nouvelle-Galles que celui même qui a été berger en Angleterre ; car ce dernier a acquis des habitudes et a accueilli des préjugés dont il se défait difficilement et qui ne sont pas compatibles avec le nouveau milieu dans lequel il se trouve placé. Ce qui le prouve, c'est que les meilleurs surveillants de troupeaux dans la colonie sont originaires de Londres, de Manchester ou de Birmingham, et que fort peu d'individus ayant été bergers en Angleterre ou en Ecosse sont préposés à la garde même d'un seul troupeau.

» Les fonctions du gardien de nuit sont aussi faciles que celles du berger. Il se couche au milieu du parc dans une petite cabane mobile, se reposant sur la vigilance de ses chiens pour le prévenir en cas d'approche d'un chien sauvage ou dans toute autre circonstance alarmante. Il compte le bétail à l'entrée et à la sortie du parc et dispose les claies. Voilà tout.

» La vie du berger n'est pas même antipathique à ceux qui ont été accoutumés à un travail sédentaire. Au contraire, il est maints exemples de personnes se trouvant dans ces conditions qui ont pris goût à cette existence, et cela n'est pas étonnant, eu égard à l'extrême indépendance et à l'absence de souci qui la caractérisent. Aussi remarque-t-on communément que, plus que tous autres domestiques de ferme, ils jouissent de la santé physique et du contentement d'esprit. »

Et comment en serait-il autrement? Ils ont une vie active, avec des livres pour se distraire, s'il leur plaît, autant de nourriture et de vêtements qu'ils en désirent. Ils peuvent se marier, et s'ils ont des enfants, rien ne leur fera défaut, pas plus le logement que toutes les autres nécessités de la vie.

XXXIV. — La ferme australienne. — Ses aménagements et dépendances.

Nous avons quitté la hutte et continué notre voyage solitaire pour visiter l'habitation du colon. A une distance de quelques milles nous apercevons son cottage devant nous, ombragé par un bouquet de beaux gommiers, abri nécessaire contre les ardeurs de l'été. En arrière sont les dépendances et les jardins, également garantis par l'ombre des eucalyptes. Deux enclos entourés de haies vigoureuses renferment l'un une prairie, l'autre un champ de blé, et se trouvent enclavés dans la forêt. Que dire sur cette habitation, si ce n'est qu'elle est le siége d'une solitaire activité toute dépensée pour la métamorphose d'un sol où la nature a été entièrement livrée à elle-même depuis la création; vous trouvez là les choses dans un état qui, eu égard au pays, est presque de la magnificence. Mais voici une description meilleure que je ne la pourrais faire :

Il y a ici une vraie table et de vraies chaises; ce ne sont pas seulement quelques planches assemblées et des escabeaux comme ceux que vous trouvez dans les autres huttes; et en outre il y a un vieux coffre en bois de sapin formant bibliothèque et contenant une douzaine de volumes fréquemment feuilletés; il y a aussi des portes aux pièces intérieures et des rideaux sur les quatre carreaux de vitre qui laissent pénétrer la lumière. Tout est de la plus extrême propreté, grâce aux soins du gardien de la maison, qui est regardé comme un modèle en son genre dans toute la contrée. A six heures du matin nous prenons le thé; c'est la boisson par excellence dans nos bois; maîtres ou subalternes n'ont pas d'autre boisson, et si vous n'êtes pas trop difficile, la bouilloire avec son contenu vous suffiront. A dîner, les tasses sont placées auprès des assiettes comme à déjeuner, et vous boirez aussi souvent que vous voudrez. Il en est de même pour le souper. La quantité de thé que l'on absorbe ainsi est vraiment incroyable. Pas d'ivrogne qui ait vidé autant de barriques de vin que l'habitant de nos bois vide de boîtes de thé. Et le premier n'est à moitié près aussi heureux avec sa bouteille que le second avec sa tasse d'étain pleine de thé sucré et blanchi de crème. C'est là son seul rafraîchissement après ses longs et pénibles voyages. Tous les autres liquides plus ou moins spiritueux lui font tout à fait défaut : non pas, nous devons l'avouer, non pas qu'il en fasse fi; mais à cause de l'extrême difficulté de les faire parvenir dans l'intérieur. Avant qu'un barriquot de rhum atteigne sa destination, Dieu sait les innombrables dangers qu'il a à affronter. La charrette qui le porte se brisera sur quelque mauvaise route, et le chargement sera perdu ; ou bien les charretiers infidèles perceront le tonneau, s'adjugeant à eux-mêmes les folles hallucinations du joyeux liquide promises à leur maître; et supposé que le rhum arrive sain et sauf à sa destination, aussitôt la nouvelle s'en répand à la ronde : chacun accourt pour le goûter, si bien que les dégustateurs ne se retirent que lorsqu'il n'en reste plus une goutte. Il est donc tout naturel que les colons préfèrent charger leurs charrettes avec une marchandise moins sujette à accident que la malheureuse eau de feu.

Au lieu de pain nous avons le damper, véritable soutien de la vie dans le fond des bois de l'Australie. Prenez une dose de pâte de la consistance du fromage mou, couvrez-la avec de la cendre brûlante, et laissez cuire jusqu'à ce que la surface soit dure; alors ôtez la cendre, le damper est fait. — Vous en coupez un morceau avec votre couteau, et vous passez le reste à votre voisin. — Il se peut que le susdit couteau ait servi à découper votre tranche de mouton; peu importe, les serviettes sont un luxe sur lequel vous ne devez pas compter dans les bois; et vous n'aurez pas même la ressource de la nappe, c'est un objet inconnu à vingt milles à la ronde. Le damper bien cuit, bien qu'il ne vaille pas le pain avec levain, vous plaira cependant bientôt, comparativement à la spongieuse consistance que présentent tous les autres genres de pain, dont le meilleur procurera toujours des indigestions à l'estomac non encore réconforté par l'air vivifiant des forêts.

Je gage que notre cuisinier fait bien des jaloux parmi ses camarades colons. Vous n'en trouveriez pas un à moitié près aussi habile dans toute l'étendue des bois. Chez nos envieux il n'y a que de l'étain et du fer pour garnir la table; nous avons, nous, des plats et des assiettes de faïence, et il n'y en a guère que la moitié qui soient fêlés. C'est là un grand raffinement de luxe, et pour couronner la chose, ces plats ne contiennent pas seulement l'éternel mouton, base de tous les repas; ils nous offrent encore des friandises inusitées sous forme de pommes de terre et autres légumes. Or, quelle hutte peut se flatter de voir pareille chose? Il faut dire que, dans la plupart des stations, le dîner se compose de deux plats, sans plus. — Vous avez aujourd'hui du mouton et le damper; demain vous aurez le damper et du mouton, et ainsi de suite; jusqu'à la fin de l'année votre dîner se composera de mouton bouilli, rôti ou grillé, selon le goût du maître de la hutte. — Le dîner n'est pas plus tôt fini et la dernière tasse de thé avalée, que chacun sort sa blague à tabac, et la fumée commence à s'élever en nuage. Le thé et la pipe, voilà le parfait bonheur de l'habitant des bois. — Dans toutes les circonstances où il ne peut avoir recours à la théière, il demande des consolations et des inspirations à sa pipe. — Dans ses solitaires travaux elle ranime son courage et fait couler rapidement les heures pendant lesquelles la chaleur le retient dans sa hutte.

Notre station peut être considérée comme un échantillon de tous les établissements de colons qui parsèment la province. Un exposé de la façon dont elle est administrée donnera au lecteur une idée de ce qui se passe dans toutes les autres stations, sur une plus ou moins grande échelle. Le cheptel est de trois mille moutons; la moyenne est plutôt au-dessous qu'au-dessus de ce chiffre, — plus quelques têtes de gros bétail et quelques chevaux. Le parcours s'étend sur un pays ouvert et traversé par une série de trous d'eau, dont les pluies de l'hiver font un ruisseau. Les pâturages sont beaucoup plus étendus qu'il ne serait nécessaire en Angleterre pour un pareil nombre de moutons ; ils peuvent même être considérés comme exagérés en Australie. Mais les colons aiment pouvoir compter sur une certaine étendue de pâturages au-delà de leurs besoins réels, afin de ne pas laisser constamment séjourner les troupeaux sur les mêmes terrains, et de plus pour être en mesure de suffire aux besoins des animaux dont le troupeau doit s'accroître successivement. Dans ce but le colon place ses stations aussi loin que possible de la station centrale, sans que cela puisse nuire aux nécessités du service. Les terrains intermédiaires sont alors disposés pour recevoir les nouveaux bestiaux, et ils ne tardent pas à être aussi complètement occupés. Les stations extrêmes sont des huttes solitaires habitées par un berger gardien d'un troupeau. Elles se trouvent quelquefois à plusieurs milles de la station principale où réside le propriétaire. Auprès de celle-ci est un champ de blé de quelques acres. On réduit ce blé en farine au moyen d'un moulin mécanique, et cette farine est consommée dans l'établissement. Il y a en outre un parc pour les chevaux, des hangars, des magasins pour la laine. Là aussi se fait la tonte des moutons.

La tonte s'effectue ordinairement en octobre ou novembre. C'est la saison laborieuse du colon. Tout d'un coup la station sort de son état de torpeur, se remplit de vie et de mouvement. Maître et domestiques déploient une activité inusitée, due à la présence des tondeurs, qui s'en vont en troupes d'une station à l'autre à cette époque. Avant d'être tondu, le mouton est lavé soit dans un ruisseau, soit dans un trou d'eau ; c'est afin de dégager la laine de toutes les impuretés qu'elle a pu retenir, ce qui ne pourrait être fait que plus difficilement après la tonte. Quelques colons ont l'habitude de parquer les moutons après le lavage, et de les laisser ainsi pendant quelque temps serrés dans une situation qui pourrait être appelée l'étuvage. Le but de cette opération est de faire monter dans la laine la graisse de l'animal. D'abord cela augmente le poids de la laine ; ensuite elle subit aussi une préparation qui, en la rendant onctueuse, lui donne une qualité que recherchent beaucoup les manufacturiers.

Malgré toutes ces précautions, il est difficile de débarrasser complètement la laine de substances étrangères. Quoi qu'il en soit, aussitôt qu'on la juge dans un état suffisant de propreté, on la foule dans des sacs de toile, que des charrettes transportent au port d'embarquement le plus voisin. Avant d'être portée à bord, elle subit une autre pression, et enfin sur le navire, avant de la descendre à fond de cale, on la soumet à l'action d'une presse dont la puissance est telle que deux balles de laine sont comprimées dans l'espace d'une seule.

L'un des pires maux dont le colon a à garantir son troupeau est une maladie contagieuse, appelée *scab*, à laquelle les moutons sont sujets. Son effet, à moins qu'il ne soit conjuré en temps opportun, se produit dans un déchet tant dans la quantité que dans la qualité de la laine ; en même temps il se fait vivement sentir sur la santé de l'animal. La contagion est si subite, qu'un simple lambeau de laine qui en serait atteint suffirait pour répandre le poison dans un parc; plus prompt que l'éclair, il envahirait aussitôt tout le troupeau et ne pourrait être détruit que par des procédés lents et coûteux. Une application réitérée de sublimé corrosif est, dit-on, le remède le plus efficace. Encore la maladie n'est-elle pas complètement extirpée, quoique le troupeau soit réputé sain et sorte de nouveau après une courte claustration.

Quelques personnes aiment mieux élever le gros bétail, dont elles pensent devoir retirer plus de profit. La raison en est que les bœufs n'occasionnent que des frais très-peu élevés comparativement à ceux que nécessite l'élève des bêtes à laine. Un seul gardien suffit pour plusieurs centaines de bœufs, car ces animaux ont un instinct particulier qui dispense d'une surveillance aussi active que celle que réclament les moutons. Non-seulement les bœufs n'ont aucun ennemi à craindre, mais ils se prennent naturellement d'un très-vif attachement pour la localité où ils ont été élevés, et ils ne sortent jamais d'un certain cercle. Ceci cependant a ses inconvénients : car lorsqu'on les dirige sur une nouvelle station, on doit ne pas les perdre de vue si l'on ne veut qu'ils retournent à leur ancien pâturage, et cette active surveillance doit durer deux ou trois mois, enfin jusqu'à ce que l'animal paraisse avoir renoncé à s'éloigner. On ne peut expliquer comment les bœufs, ainsi que les chevaux, du reste, parviennent à retrouver leurs premiers pâturages. On a fréquemment essayé de leur faire suivre un chemin circulaire dans la pensée que les sinuosités d'un long trajet dérouteraient leur instinct; mais ils n'étaient pas plus tôt libres, qu'ils prenaient sans hésiter le chemin direct qui devait les ramener à leur point de départ, à travers des campagnes inconnues, et ils allaient avec la certitude du marin qui regagne le port à l'aide de la carte et du compas. C'est là la source de bien des ennuis pour le colon. Il perd beaucoup de temps à la recherche des animaux égarés, et il arrive fréquemment que l'absence des bœufs et des chevaux l'oblige à suspendre ses travaux. Ceci a donné naissance à un genre de spéculation tout particulier. Des gens font métier de recéler des bœufs et des chevaux jusqu'à ce qu'une récompense soit promise à ceux qui les ramèneront; ils arrivent alors conduisant les animaux et réclamant la récompense promise. Cette industrie, dans le langage de la colonie, est nommée *planting;* et comme la nature du pays est très-favorable à ce genre d'exploitation, il n'est pas un colon qui une fois ou une autre n'en ait été victime. On découvre de temps en temps quelques-uns de ces industriels; mais en général ils font leur coup avec tant d'adresse et d'audace que neuf fois sur dix ils ne livrent pas la moindre preuve de leur méfait à la plus soupçonneuse investigation. Les premiers aubergistes sur les routes des bois mettaient à profit ce moyen pour accroître leurs bénéfices. Les gens qui logeaient chez eux laissaient ordinairement paître leurs chevaux aux environs de l'auberge. Le lendemain matin grande désolation : les chevaux avaient disparu, et l'aubergiste paraissait le plus affligé de cette mystérieuse disparition. Impossible à lui de savoir ce qu'ils étaient devenus. Enfin les voyageurs, pour qui c'était un événement très-désastreux, offraient de l'argent pour stimuler les recherches ; alors les animaux ne tardaient pas à être retrouvés dans un coin ou dans un autre ; et on ne pouvait comprendre, disait l'honnête aubergiste, comment ils avaient pu s'égarer dans un pareil endroit.

De tout ce que j'ai pu voir de l'existence des colons, il m'a paru qu'ils étaient loin de se livrer à des travaux aussi pénibles que bien des gens sont portés à le croire. Il va sans dire que sur les confins de la colonie, dans les endroits sauvages où la spéculation a placé le siége de ses exploitations les plus avancées, la somme des dangers et des privations est proportionnellement plus considérable, par la raison toute simple que l'avant-garde d'une armée envahissante est plus particulièrement exposée aux maux de la guerre. Mais, sauf cette réserve, on peut dire que la majeure partie des colons vit dans la plus complète sécurité.

Pendant le cours des dernières années il y a eu une tendance marquée des gens du dernier rang dans chaque profession à embrasser la carrière agricole; presque tous ont été déterminés par l'attrait d'une indépendance qu'ils n'eussent pu qu'espérer toute leur vie en continuant à se livrer aux travaux de leurs professions. Aussi, rien de varié comme la composition de la population agricole des bois. Il y a là des marins, des militaires, des médecins, des légistes, des écrivains, des marchands, tous colons aujourd'hui; pas un enfin qui n'ait débuté dans une carrière autre que celle où il se trouve. Nul doute que quelques-uns n'aient pas à se féliciter de cette métamorphose; mais ce sont de rares exceptions. La majorité s'est accommodée à sa nouvelle position avec une merveilleuse facilité; si bien que, sur la liste des plus hardis, je ne puis trouver un seul nom dont le souvenir ne se rattache à l'exploitation antérieure d'industries d'un genre complètement opposé.

XXXV. — Retour dans la patrie.

Les meilleurs des amis doivent se séparer, et le temps est venu où Binks et moi devons quitter Brown et Raikes, deux hommes dont je conserverai toujours le plus affectueux souvenir. Binks a, comme moi, l'amour du sol natal, et nous désirons revoir les rochers crayeux d'Albion. Là, nous pourrons nous reposer, sans oublier un seul moment les étranges aventures qui ont si bien rempli quelques mois de notre vie. La santé de Binks, quoi qu'il en pût dire, n'était pas complètement rétablie, car il était fréquemment fatigué par une toux aiguë, qu'il prétendait n'être causée que par une irritation de la gorge, mais qui avait sa source plus intérieurement. La traversée lui a été favorable, et il jouit actuellement d'une bonne santé dans la retraite qu'il s'est choisie sur les rives du Dart, dans le Devonshire. Là, il mange des dumplings et d'excellent bœuf, et boit à pleins verres un cidre généreux.

Brown ne se souciait pas de revenir dans sa patrie, qui ne l'avait jamais bien traité. Au surplus, suivant les impulsions de son esprit aventureux, il préférait se fixer quelque part dans le district de Victoria; mais il ne savait encore au juste s'il se livrerait au commerce de l'or, ou bien s'il se ferait colon dans quelque district frontière. Là il aurait un désert lui appartenant, et personne ne pourrait lui contester la propriété d'un terrain qu'il avait toujours eu l'ambition de posséder.

— Je n'ai jamais possédé un pied de terre dans ma vie, disait-il, et par nature j'y suis plus enclin que tout autre. Actuellement je puis acquérir quelques mille acres, les garder tant que je vivrai, et les laisser après ma mort à qui il me plaira.

— Cela a son charme, dis-je.

— Oui, reprit-il, et d'autant plus qu'on sait que ce n'est pas un rêve irréalisable.

Il ne m'a pas encore fait savoir s'il avait mis son projet à exécution.

Raikes ne se souciait pas plus d'un pays que de l'autre. Il se déclarait carrément cosmopolite. — Il trouvait que tous les points du globe se ressemblaient. — Les champs, les arbres, les rochers, l'eau, ne lui paraissaient offrir, en quelque lieu que ce fût, que de très-légères dissemblances, et les différents spécimens de l'espèce humaine se distinguaient à peine à ses yeux au point de vue de leurs attributs généraux. En conséquence, il se trouverait également heureux dans n'importe quel endroit.

— Cependant, disait-il, comme j'ai fait seize mille milles pour chercher de l'or, et que j'en ai trouvé, je ne suis pas assez éventé de refaire la même route pour le dépenser et en même temps risquer de donner ma carcasse en pâture aux requins, au beau milieu du voyage. — Non, non, amis, sain et sauf attaché, sain et sauf je demeure. — Or, je me suis attaché ici.

Et en effet il l'était, car il avait épousé une Australienne de Melbourne élevée au sein de la vie des champs et appartenant à une famille des plus honorables.

Lui et Brown nous accompagnèrent à bord de l'*Anna*, et quand vint le moment du départ, ils nous firent leurs adieux avec des larmes dans les yeux. Je n'ai pas besoin d'ajouter que nous étions sous le coup d'une semblable émotion en quittant nos amis pour ne les jamais revoir peut-être.

Bientôt après nous sortions du port Philipp, et nous passions le détroit de Brass ; au bout de quinze jours nous étions sous le tropique. Les albatros planaient de temps en temps autour de nos têtes. Enfin les calmes, les grains, les tempêtes, les ardeurs du soleil et tous les incidents ordinaires des longues navigations remplirent nos trois mois de voyage. Et au bout du compte nous nous trouvâmes, Binks et moi, au sein des rues de Londres, avec le menton et les lèvres aussi lisses que le papier sur lequel j'écris, et nous distinguant de la multitude uniquement par la nuance de notre teint bronzé.

Après une semaine de séjour à Londres, Binks partit pour sa destination et y arriva sain et sauf ; j'en fis autant de mon côté. C'est alors que vous entendîtes le récit de ces aventures qui vous parurent pleines d'intérêt. Je les ai donc écrites avec l'espoir qu'elles pourront procurer le même plaisir aux personnes qui voudront bien les lire.

FIN.

TABLE

—

FIN DE LA TABLE.

Limoges. — Imp. EUGÈNE ARDANT et Cⁱᵉ